Das Buch

Der eine geht auf den Pilgerpfad, der andere auf Kneipentour. Bernd Imgrund hat es mehr mit Bier und Frikadellen als mit Wasser und Brot. »Und gute Geschichten lassen sich auf beiden Wegen sammeln«, sagte er sich, packte seine Tasche und machte sich auf zu einem 100-tägigen Sabbatical durch deutsche Kaschemmen.

Die Milieus, in die er unterwegs eintaucht, werden in der Literatur selten ausgeleuchtet. Es sind die schrägen Welten der Eckensteher und Quartalstrinker, der einsamen Frauen und redseligen Schnapsdrosseln, der Nörgler, Misanthropen, Aufschneider, Großmäuler, Prasser, Schnorrer und sympathischen Clowns an den Rändern unserer Gesellschaft. Der Tresen ist der mythische Ort, an dem sie zusammenkommen und ihre Geschichten erzählen: hirnrissige und herzzerreißende, derbe und dramatische, trostlose und tragikomische. Mittendrin der Autor, der von seinem Barhocker aus die Fäden weiterspinnt: in die Ur- und Abgründe der Gastronomiehistorie genauso wie in die (Kultur-)Geschichte des jeweiligen Ortes.

Im Dienste seiner Notizen folgt er einer eisernen Regel: Kein Bier vor vier.

Eisern?

Nun ja.

Der Autor

Bernd Imgrund wurde 1964 in Köln geboren und mit Kölsch getauft. Er war Messdiener, totaler Kriegsdienstverweigerer und Redakteur eines alternativen Stadtmagazins. Seine mittlerweile über 20 Romane und Sachbücher beschäftigen sich u. a. mit Tischtennis, Skat und Motorrädern. Mit seiner Frau und den beiden Kindern lebt Imgrund in Köln, wo er auch gern mal ein Bier trinken geht.

BERND IMGRUND

Kein BIER vor VIER

Meine 100-tägige Kneipentour
durch die Republik

Kiepenheuer & Witsch

Verlag Kiepenheuer & Witsch, FSC® N001512

1. Auflage 2014

© 2014, Verlag Kiepenheuer & Witsch, Köln
Alle Rechte vorbehalten. Kein Teil des Werkes darf in
irgendeiner Form (durch Fotografie, Mikrofilm oder ein anderes
Verfahren) ohne schriftliche Genehmigung des Verlages
reproduziert oder unter Verwendung elektronischer Systeme
verarbeitet, vervielfältigt oder verbreitet werden.
Umschlaggestaltung: Barbara Thoben, Köln
Umschlagmotiv: © Barbara Thoben, Köln
Autorenfoto: © Lutz Voigtländer
Gesetzt aus der Apollo und der Rockwell
Satz: Buch-Werkstatt GmbH, Bad Aibling
Druck und Bindearbeiten: CPI books GmbH, Leck
ISBN 978-3-462-04698-4

Inhalt

- 7 **Ostfriesische Bohnensuppe** – Prolog
- 12 **Gefoppt, gemobbt und verkloppt** – Cuxhaven
- 37 **»Stoßet an und ruft einstimmig …«** – Helgoland
- 63 **Schwule Pinguine** – Bremerhaven
- 77 **Klassenkampf und Kassenklampf** – Rostock
- 91 **»Unsere Leber ist glücklich«** – Stralsund
- 105 **Der Kaugummi** – Freiburg
- 128 **Quitten und Kutteln** – Marbach
- 149 **Endstation** – Aalen
- 169 **Humpen, Haxen, Hostien** – Andechs
- 190 **Barock statt Barhocker** – Altötting
- 212 **Die Ballade von Ina und Fiorenzo** – Miltenberg
- 234 **Eselschweiß und Schwarzbier** – Eisenach
- 254 **Wenn die Oma mit dem Rollmops baden geht** – Altenburg
- 269 **Die Bollen-Juste** – Berlin-Mahlsdorf
- 284 **Chinesische Vasen** – Helmstedt
- 308 **Fliederrouladen** – Castrop-Rauxel
- 331 **4711** – Köln

Ostfriesische Bohnensuppe

Prolog

Die Frau mit der blondierten Haarpalme mochte Neil Young nicht. Also legte der Wirt Hannes Wader auf, das 7-Lieder-Album von 1972. Die Frau, die ich später als Nadine kennenlernte, hatte noch nie von Hannes Wader gehört, mochte ihn jedoch spontan noch weniger als Neil Young. Das war, bevor die zwei Typen in der Ecke anfingen, »Heute hier, morgen dort« mitzusingen. Und bevor der etwas schlankere von beiden sich bei ihr einhakte und mit ihr zu schunkeln begann.

Ich hatte nach meiner Lesung den Wunsch geäußert, statt wie üblich in die nächstgelegene Pizzeria in eine möglichst lebhafte Kneipe zu gehen. Die Buchhändlerin schien zunächst ein wenig ent-, dann jedoch auch ein bisschen be-geistert zu sein. Jedenfalls stornierte sie den bestellten Tisch und führte unsere überschaubare Gruppe in dieses enge, angenehm angeranzte Ecklokal. Links auf dem Tresen stand ein riesiges Einmachglas mit in Weinbrand eingelegten Rosinen.

»Bei uns zu Hause nennen wir das Ostfriesische Bohnensuppe«, erklärte mir die Wirtin, eine rüstig-rustikale Frau in den besten 60ern. »Normalerweise wird die für Geburtsfeiern angerührt, davon hast du ziemlich schnell die Lampe an.« Ihre Oma jedoch habe allmorgendlich mit diesem Zeug gegurgelt, um es danach in die Hände zu spucken und dem Opa in die Glatze zu massieren. Das wirke belebend und kuriere von Kopfschmerz.

Hannes Wader war inzwischen beim »Tankerkönig« angekommen, einem 11 Minuten 45 langen Song, in dem der Erzähler unter anderem einen Ölmogul zum Kiffen bringt, der daraufhin den Schoßhund seiner Frau erschlägt und vom Villendach in den Tod springt. Dass auch bei diesem Talking Blues musikalisch nicht gerade die Post abgeht, schien Nadine mittlerweile egal zu sein. Wenn sie lachte, schlug sie ihrem neuen Bekannten bereits kumpelhaft vor die Brust. Ihre Haarpalme hatte sich zum Zopf gelöst.

»Liebe geht eben durch den Magen, das weiß man nicht nur bei uns im aufgeklärten Abendland«, hob einer der Lesungsbesucher, ein emeritierter Ethnologe, an. In Ecuador, erzählte er, gebe es einen Indianerstamm, der die Penisknochen von Nasenbären pulverisiere, um sie dann der angebeteten Frau ins Getränk zu mischen. Von gewissen Beduininnen aus Palästina wiederum wisse man, dass sie sich zunächst die Fußnägel schnitten, wenn sie einen jungen Mann begehrten. Danach wurde das Material sieben Mal gewaschen und eingeweicht, bevor es ebenfalls zum Ingrediens eines aphrodisischen Cocktails mutierte.

Unsere Runde war begeistert. Auch Nadine hatte zugehört, weil sie gerade an der Theke zwei neue Jäger M mit Cola bestellte. Als sie kamen, warf sie einen misstrauischen Blick auf die Gläser, gerade so, als sei hier womöglich Nasenbär im Spiel.

Ich hingegen war in Gedanken noch immer bei der Oma, die sich ihre Mandeln mit Rosinenschnaps marinierte. Irgendetwas an der Geschichte mit Opas Kahlkopf leuchtete mir nicht so recht ein.

»Aber warum«, fragte ich schließlich, »musste es unbedingt der vorgegurgelte Aufgesetzte sein?«

»Ist doch klar«, antwortete die Wirtin. »Damit's den Opa nicht so kalt überkam.«

Die Rosinen, verschrumpelt, wie sie waren, erinnerten an labbrige Warzen. Und wenn sich eine von ihnen ins Glas verirrte, stellte der Trinker fest: So schmecken sie auch. Aber wer sagt schon Nein, wenn die Gastgeber eine Runde nach der nächsten schmeißen?! Mit anderen Worten, ein großartiger Kneipenabend nahm seinen Lauf. Am Ende hatten sich der Wader-Interpret und die Haarpalme zwar wieder getrennt, aber dafür knutschte ihre mit seiner Begleitung. Die Buchhändlerin schnitt sich verträumt die Fußnägel, die Indianer gingen auf Nasenbärjagd. Und während der emeritierte Ethnologe Rosinen aufs Parkett kotzte, schenkte mir die Wirtin ein ganzes Glas ihrer Ostfriesischen Bohnensuppe.

Na ja, beinahe. Jedenfalls sang Hannes Wader »Kokain« dazu.

Ich hatte so etwas lange nicht mehr erlebt – viel zu lange. Anstatt meine Zeit glücklich zu vertrödeln, hatte ich allzu viele öde Tage arbeitend verbracht. Das muss sich ändern, sagte ich mir, du solltest dir eine Auszeit nehmen. Wie aber könnte so ein ganz auf dich zugeschnittenes Sabbatical aussehen? Es ist erstaunlich, wie schnell selbst so ein existenzielles Brainstorming zu einem alle Seiten befriedigenden Ergebnis führen kann. Im Grunde war die Sache mit dem allerersten Gedanken beschlossen: Der eine geht auf den Pilgerpfad, der andere auf Kneipentour. Ich hab's halt mehr mit Bier und Frikadellen als mit Wasser und Brot. Und wenn ich dieses Deutschland danach ein bisschen besser kenne, schadet das sicher auch nichts.

Gesagt, getan. Drei Monate später war ich startklar. Das Konzept meines Sabbaticals, angenehm simpel: Ich nähere mich 100 Tage lang nicht der Heimat und gehe in jede Kneipe, die mich anzieht.

Reiseregel Nummer 1, damit die Sache nicht vorzeitig endet:
Kein Bier vor vier.

Reiseregel 2:
»Bei Helga« ist es immer schöner als »Im Goldenen Löwen«. Jederzeit einen Besuch wert sind auch Lokale à la »Zum Anker«, »Hannen-Eck«, »Kurts Bierstübchen« oder »Gaststätte Schmitz«. Bevorzuge Kneipen, die keine Website haben und im Internet praktisch nicht zu finden sind. Wenn es nicht einmal Telefon gibt – nichts wie hin!

Daraus ergeben sich logisch Reiseregel 3 ...:
Meide Lokale, die ihre Kontaktnummern mit internationaler Vorwahl versehen. Welcher Bulgare ruft denn schon den »Roten Ochsen« in Oberniederdorf an, um sich für abends einen Jägerschnitzeltisch zu bestellen? Dahinter stecken entweder hoffnungslos aufgeblasene Land-Wirte oder echte großgastronomische Langweiler.

... und Reiseregel 4:
Meide Lokale, deren Websites und Speisekarten mit Vokabeln wie »lauschig« (gern in Verbindung mit »Biergarten«), »urig« (gern mit »Gewölbekeller«) oder auch »kultig« werben. Verdächtig auch, wenn schon auf Seite 1 dreimal das Wort »verwöhnen« vor-

kommt. Vgl.: »Wir sind nur für SIE da!«, »Wir küssen Ihnen die Füße und unser freundliches Personal aus Osteuropa kümmert sich während des Mahls liebevoll um Ihren Hund«.

Vor Ort gilt stattdessen Reiseregel 5:
Frage nach der ältesten, der schönsten und der miesesten Kneipe der Stadt. Besuche sie alle drei, es wird immer interessant sein, welche dir am besten gefällt. Falls möglich, eruiere zudem die Öffnungszeiten: Lokale, in denen schon morgens um acht gezapft wird, können nicht falsch sein. Rette sie vor dem Aussterben!

Um meine Tour de Deutschland ein wenig zu strukturieren, beschließe ich, Großstädte außen vor zu lassen. Die Qual der Wahl zwischen allzu vielen Vierteln und Kneipen will ich mir ersparen. Auf dem Land wiederum ist das Risiko zu groß, fünf Tage allein mit dem Wirt im Dorfkrug zu sitzen. Die Regel werden also Kleinstädte sein, und bei der Frage, wohin die Reise zunächst gehen soll, orientiere ich mich an der Schnapswerbung: Nach Norden und dann immer geradeaus.

Von Köln aus gelangt man auf diese Art genau nach Helgoland. Bevor ich jedoch dorthin übersetzen kann, hänge ich in Cuxhaven fest, der Stadt an der Elbmündung. Nicht zu meinem Unglück, wie sich herausstellen wird.

Gefoppt, gemobbt und verkloppt

Cuxhaven

»Wer in Duhnen Urlaub macht und nicht bei Aale gewesen ist, der hat keinen richtigen Urlaub gehabt. Ist ein Superpublikum dort, man kann lachen, bis der Arzt kommt«, schreibt ein »C. H.« euphorisch. »Jochen und Barbara aus Hagen« pflichten bei: »Aale Peter, ein Original, das viele Witzchen und Geschichten auf Lager hat. Jedes Jahr kommen zwei, drei neue hinzu.«

Der Nachsatz könnte zu denken geben, und dementsprechend fallen auch die kritischen Internetkommentare zu dieser Cuxhavener Kneipe aus. »Ich wusste nicht, wie mir geschah, als er plötzlich die Ballermann-Musik ausmachte und meinte, einen Witz zum Besten zu geben«, beschwert sich »Rattendoll« aus Hamm. »Richtig peinlich« sei ihm das gewesen, weil »er nur alte Kamellen von sich gab und dabei von sich so überzeugt war, als wäre er Fips Asmussen selbst«.

Mein Gefühl sagt mir, dass der Aale Peter und ich von verschiedenen Planeten kommen. Aber auch, dass ich dort unbedingt hinmuss.

Mein Zimmer in Cuxhaven habe ich blind im Netz gebucht. Zentrumsnah, billig, frei – nehme ich. Vor Ort packt mich ein gewisser Bammel, dieses Haus folgt einer ganz alten

Schule. Die Stimme in der Gegensprechanlage fragt mich aus wie ein nordvietnamesischer Grenzbeamter. Eine falsche Antwort, und du bist tot, Bürschchen. Zu weiteren Verhandlungen werde ich in den zweiten Stock beordert, wo mich Frau Pohl mit einer Verächtlichkeit mustert, die nur 80-jährige Frauen zustande bringen. Sie ist schlecht auf den Beinen, die gleichwohl viele, viele Kilos tragen müssen. Ihr Gesicht unter der fadenscheinigen Dauerwelle hat wegen des ewigen Ärgers mit der Kundschaft quaddelige Zornpocken angesetzt.

Ein Sommerfrischler mit Pepitakäppi von anno 1973 wäre meiner Wirtin sichtlich lieber gewesen. Auch mein Zimmer hat den Charme von Frau Pohls frühen Jahren. Angeknabbertes Eichenfurnier an Bett, Nachttisch und Kleiderschrank, darunter ein flauschiger Teppich irgendwo auf dem Weg von Dunkelrot zu Graubraun, dessen krause Kunsthärchen so dicht gewebt sind, dass kein Staubsauger der Welt die bruchgelandeten Hornfortsätze meiner Vorgänger daraus entfernen könnte. Weil man sich hier kaum drehen kann, ohne Schürfwunden und Prellungen zu riskieren, versuche ich ein wenig Platz zu schaffen. Aber als ich die Vase auf den Schrank stelle, zerfällt das Strohblumenarrangement in 1000 Stücke und regnet mir wie irrlichternde Motten auf den Kopf.

Spektakulär gebrochen wird das Retroensemble der Pohls durch den vollautomatischen Rollladen, den ich über einen Kippschalter am Kopfende meines Bettes bedienen kann. Als Frau Pohl mir diesen stupenden Mechanismus erklärt (»Wenn Sie links drücken, geht der Rollladen runter. Wenn Sie rechts drücken, hoch«), hellt sich ihre Miene für einen Augenblick auf. Diese Gelegenheit nutze ich, um sie auf das ausgewiesene WLAN anzusprechen.

»5,95 pro Tag«, nennt sie mir ihren Preis, der in etwa einer Jahresflatrate entspricht. Frau Pohl scheint das zu wissen, blickt mir aber nur umso angriffslustiger in die Augen. »5000 Euro hat uns der Anschluss damals gekostet. Denken Sie, das bezahlen wir selber?«

Einen Moment lang bewundere ich jenen Handwerker, dem es gelungen ist, dieser beinharten Greisin so viel Geld für ein paar Meter Kabel aus dem Kreuz zu leiern. Aber gleichzeitig verfluche ich ihn auch für seine Dreistigkeit, die mir nun schadet. Mit Frau Pohl einige ich mich vorerst auf ein Unentschieden. Im Einzelnen: Ich bekomme kein Internet, sie keine Jahresflat.

Der Aale Peter residiert in Duhnen, einem Cuxhavener Ferienvorort. Bevor ich mich auf die gut einstündige Wanderung mache, will ich zunächst einmal mein näheres Umfeld erkunden. Es scheint vor allem aus Altersheimen zu bestehen.

Ein Mütterchen, noch wackliger als Frau Pohl, schiebt seinen Rollator so schwächlich, dass er über die ganze Breite des Bürgersteigs eiert. Jede aus den Fugen geratene Gehwegplatte kostet sie mehrere Anläufe. Jede abschüssige Ausfahrt droht sie über den Bordstein und unter die nächsten Räder zu jagen. Aus ihrem Altenheim auf der anderen Straßenseite stakselt eine weitere Frau, quer über die Fahrbahn und ohne auf den Verkehr zu achten. Ihre osteuropäische Verfolgerin ist völlig aus dem Häuschen. »Frau Klinkhammer, wo wollen Sie denn hin? Ist doch Abendbrotszeit.«

»Ich habe keinen Hunger«, sagt Frau Klinkhammer mit malmenden Kiefern.

Aber die Krankenpflegerin kennt ihre Klientel. »Ja, aber Sie haben doch gar keine Jacke an.«

»Huch«, macht Frau Klinkhammer. Und kehrt nun bereitwillig um.

Weil ich ohnehin kein klares Ziel habe, begleite ich die ausgebüxte Oma auf die andere Straßenseite. Vor dem Eingang zum Pflegeheim steht zur Abwechslung mal ein Mann, der seinem zerknitterten Gesicht zufolge gerade aus der Mittagsruhe kommt.

»Haben Sie gut geschlafen, Herr Klaßen?«, fragt Frau Klinkhammer formvollendet.

»Weiß ich nicht«, antwortet Herr Klaßen.

In der zentralen Flanierzone, dem Lotsenviertel, werden die Straßen von bescheidenen Häuschen gesäumt, die alle einen kleinen, hanseatisch-protestantischen Abstand zueinander wahren. Im überdachten Einkaufszentrum hat ein Billigbäcker Mobiliar zum Verspeisen der belegten Brötchen und Pizzastücke aufgestellt. Am gekennzeichneten »Stammtisch« sitzen drei Frauen in Strandkörben. Während sie sich zurückgelehnt unterhalten, sieht man nur ihre Pappbecher wippen, im müden Takt des Parkinson-Boogie. Die Rollatoren haben sie so zwischen sich und ein paar Blumenkübel postiert, dass nur ein schmaler, leicht zu bewachender Durchlass zu ihnen führt. Aber gut, ich will mich da ja nicht einmischen. Eigentlich brauche ich eher ein Bier als einen Filterkaffee.

Duhnen wacht nur in den Sommerferien richtig auf. Das Meer und gutes Wetter bilden das Fundament beinahe jedes Hauses hier. Von den Dutzenden Pensionen, Hotels und Restaurants, den kleinen Geschäften für Mode, Kosmetik und Geschenknippes ist jetzt im Mai nur ein Bruchteil geöffnet. Als ich einen riesigen Einheimischen nach der Kneipe *Zum Aale Peter* frage, zeigt er auf eine besonders hässliche, von einem leuchtturmhohen Wohnhaus zerdrückte Einkaufspassage. »Siehst du das Schild da?«

Ich sehe es. Darauf steht: »Sitzplätze: 350. Jedenfalls nach und nach.« Und mir schwant allmählich, was jene Internetuser gemeint haben könnten, die den Humor des Wirtes eher grenzwertig fanden.

»Da«, fährt mein Wegweiser fort, »geht's zum Aale Peter.« Dann lacht er, als habe er über den Schilderwitz gerade zum ersten Mal nachgedacht. Eine krachende Rechte landet auf meiner Schulter und zwingt mich kurz in die Knie. »Grüß ihn von Hauke.«

Der Aale Peter ist einer dieser Jungs, die sich beim Eintritt in eine Kneipe sofort im Takt der Musik wiegen und jeden Bekannten mit einem angedeuteten Boxhieb begrüßen, bevor sie seinen Nacken in beide Hände nehmen und ihn an sich ziehen. Sein Gesicht sieht aus, als hätte man es fürs Ohnsorg-Theater geschnitzt. Haare aus Draht, klaftertiefe Furchen rings um den Schnauz und eine Nase wie ein Amboss. Dazu eine mit 40er-Sandpapier geschmirgelte Stimme, gegen die Ivan Rebroff wie ein Chorknabe klingt.

Als hätte man mein Kommen angekündigt, dreht der Peter direkt einmal seine Anlage aus und lässt einen Witz vom Stapel.

Den mit der Frau, die zum Arzt kommt. Sie wissen schon.

»Hab ich heute Nachmittag schon mal erzählt«, sagt er. »Aber schad' ja nix.«

Meine Uhr zeigt gerade einmal kurz nach sieben. Dennoch bekommt man im *Aale Peter* keine Sardelle mehr unter. (Apropos Sardellen. Dazu später mehr.) Vor allem der rundlaufende Tresen wird belagert wie einst das Köln der heiligen Ursula von den Hunnen. Nur tobt hier keine Schlacht, sondern es wird hemmungslos gelacht. Nach jedem von Peters Witzen bricht die Meute kollektiv zusammen. Hier schlägt sich einer die Hände vors Gesicht, da knallt eine Stirn aufs Thekenbrett, dort nässt sich jemand ein. Ich unterdrücke den Impuls, einen Schwindelanfall vorzutäuschen und mich rückwärts wieder hinauszustehlen. Stattdessen bestelle ich mir erst mal ein Bier und klammere mich daran wie ein Affenkind ans Fell seiner Mutter.

Joachim Ringelnatz, der in Cuxhaven seine Marinezeit während des Ersten Weltkriegs verbrachte, hatte sich in der Kaserne ein Terrarium eingerichtet. Mittels Einmachgläsern, Netzen und Fallgruben schuf er sich ein eigenes Reich, eine Welt aus Kupferottern, Ringelnattern, Fröschen, Molchen, Eidechsen, Heuschrecken, Grashüpfern, Mistkäfern, Sandböcken, Regenwürmern, Maden und Raupen. Er sammelte faules Holz und Kuhfladen, legte Wasserlöcher und unterirdische Gänge an. Und immer wenn der über die Maßen eintönige Dienst ihm Zeit ließ, sah er zu, wie die Tiere spielten, jagten und dösten, wie sie sich bekämpften, töteten, auffraßen. Wie sie verwesen.

»Oh, wie war ich dann glücklich«, schrieb der kriegsmüde Minensucher. Damals hieß er noch Hans Bötticher. Bald darauf jedoch legte er sich den Künstlernamen Ringelnatz zu.

Folgt man seiner Beschreibung der Terrariumwelt, so spielte darin wohl die Kröte Willibald die Hauptrolle. Die wohnte normalerweise in einem von einer Suppenschüssel am Versickern gehinderten Tümpel. Wenn jedoch eine der Schlangen zur Wasserstelle kam, musste Willibald weichen. Zahllose Male, so Ringelnatz, habe eines der Reptilien versucht, den Kröterich zu fressen. Willibald jedoch wusste, dass er wegen seiner schieren Leibesfülle nichts zu befürchten hatte. Welch ein vollendeter Stoizismus: sich in Ruhe attackieren zu lassen in dem Wissen, so viel gefressen zu haben, dass man nicht mehr gefressen werden kann. So sehen Sieger aus.

An Ringelnatzens Hobby muss ich denken, während ich beim *Aale Peter* sitze. Denn diese Kneipe – wie alle Kneipen – ist nichts anderes als ein Terrarium. In jeder Kneipe findet man den aufgeblasenen Frosch, die lauernde Kupferotter, die Made im Speck und den schwatzhaften Grashüpfer, der mal hier, mal dort auftaucht. In der Performance des Aale Peter wiederum erkennt der Fachmann jenes Beharrungsvermögen, das die Kröte Willibald auszeichnete: Was auch immer kommen mag, wer auch immer gehen mag, ich bleibe – hier und wie ich bin. Dass in dieser Duhnener Höhle nur einer an der Spitze der Nahrungskette steht, wird besonders deutlich, wenn sich mal ein Gast an einem Witz versucht. Unwillkürlich setzt dann ein allgemeines Gemurmel ein, das dem vorlauten Menschen zu verstehen gibt: Egal, was du erzählst, es interessiert uns nicht. Und erst recht nicht werden wir darüber lachen. Die meisten geben dann auf halber Strecke auf, ihre Stimme erstirbt, ohne dass es jemand anderem auffällt als der pikierten, von ihrem Mann restlos enttäuschten und beschämten Gattin. Warte nur, bis wir nach Hause kommen! Vier Wochen Lysistrata, du Loser!

Und der Aale Peter dreht die Anlage auf, grinst mit kleinen Augen in die Runde und wendet sich dem Zapfhahn zu.

Bald durchschaue ich erste Mechanismen. Wie alle anderen nehme auch ich auf jeden Witz einen tiefen Schluck, anders geht das gar nicht. Und schon wieder ist ein Glas leer. Mittlerweile bin ich ein wenig lockerer und habe sogar Anschluss gefunden. Harry und Marianne fahren seit über 40 Jahren nach Duhnen und landen jeden Abend beim Aale, wie ihn die Insider nennen. Vor ein paar Jahren haben sie sich hier eine Ferienwohnung gekauft, in der sie jede freie Minute verbringen. Wenn sie nicht gerade auf Kreuzfahrt sind: »Im Juli muss der Aale auf uns verzichten. Da haben wir auf der Aida gebucht.«

Marianne ist es auch, die mich dem Phänomen näherbringt, dass in dieser lauten, überfüllten, männerbündischen Kaschemme so unverhältnismäßig viele Frauen verkehren. »Wenn Kinder hier drin sind, erzählt er keine versauten Witze«, sagt sie, während ihre Augen durch sanftes Wasser zum Wirt hinüberkraulen.

Natürlich landen Peters Geschichten gerne mal unter der Gürtellinie. Ich könnte jetzt noch den Jokus mit dem kleinen Asiaten referieren, zu dem der Wirt immer einen winzigen Gummipenis aus einer seiner Schachteln zaubert und den ein bisschen wippen lässt. Aber fängt man damit Frauen? Womöglich bin ich hier, in Duhnen bei Cuxhaven, einem großen Geheimnis der Menschheitsgeschichte auf der Spur. Das da lautet: Frauen sind genauso primitiv wie Männer.

»Der Peter hat auch schon mal Freikarten fürs Autokino auf Neuwerk drucken lassen und die dann an Neuankömmlinge verteilt«, erzählt meine Nachbarin. »Dabei wohnen da im Wesentlichen nur Vögel.«

Wieder habe ich den Eindruck, nur ein Medium zu sein für das sehr intime Gelüst dieser Frau, den hiesigen Gastwirt im Munde zu führen. Der ist unterdessen in seiner kaum quadratmetergroßen Kombüse verschwunden, die er sich in den Rückraum der Theke gebaut hat. Als er hintenherum wieder erscheint, trägt er eine Zombiemaske, streckt seine rote Zunge durch den Mundschlitz und nähert sich von hinten einer ahnungslosen Frau. Der Saal feixt, die Frau schiebt wegen der auf sie gerichteten Blicke bereits Panik, bevor sie sich umdreht. Ihr folgender Schrei ist markerschütternd und psychoakustisch durch keinen Mallorca-Hit zu toppen.

»Die Maske hab ich mir in Hamburg gekauft, mal sehen, wie lange ich die besitze«, sagt der Aale. Das männliche Wackelschweinchen, das Kopulierbewegungen machte, habe man ihm letzte Woche gestohlen. Von der Theke weg! Jetzt bleibt ihm nur noch das weibliche Wackelschweinchen, das aber längst nicht so eindrucksvoll ist. Denn das zieht nur an einer Stelle die Bluse hoch und zeigt seine Speckfalten. Um die Trauer über den herben Verlust zu bekämpfen, reißt Peter den Regler runter und erzählt den Witz mit den drei Männern im Krankenhauszimmer.

Wo der eine Hämorrhoiden hat, der nächste einen Hodenbruch und der letzte die Hasenscharte. Sie wissen schon.

Während Schweinchen und Maske fertig gekauft wurden, geht der Flaschenzug rechts überm Tresen auf das Konto des technisch begabten Wirtes. Ein daran befestigtes Tablett befördert Bier und Spirituosen an den Tisch ganz hinten in der Ecke. Damit die Sache richtig gefährlich aussieht, hat der Schöpfer auf einen hochstehenden Rand verzichtet. Die Pilstulpen werden in Aussparungen gehängt, Flaschen und Schnapsgläser schwanken frei auf der Fläche. Wer jetzt vermutet, dass der Wirt diese Konstruktion gern über einem der Tresenköpfe schaukeln lässt, nun, der liegt richtig.

Muss ich mir unbedingt merken, denkt man sich. Aber zwei Schlückchen später schon hat man die umwerfende Anekdote bereits vergessen. Um solche Verluste zu minimieren, steckt vorn links in meiner Hose ein kleiner Notizblock. Weil ich mich bislang jedoch nicht traue, ihn öffentlich zu zücken, verschwinde ich für eine Weile aufs Klo. Die Geschlechterkennung der Toiletten erledigen hier

»Dietrich« und »Marlene«; das habe ich anderswo schon alberner erlebt. In der Jubiläumsbroschüre zum 100. Geburtstag des Emdener Wirtevereins liest man etwa: »Für die Kennzeichnung hatte der damalige Inhaber des *Schwarzen Bären* eine außergewöhnliche Idee. An den Türen der stillen Örtchen hingen Schilder mit einer ausgefallenen Bezeichnung. Für die Herren ging es ›Zum Blasorchester‹ und für die Damen ›Zu den Niagarafällen‹.«

Dann doch lieber zu »Dietrich« und »Marlene«.

Auch hier hinten scheppert die Musik ohrenbetäubend, wie beim Niveau seiner Witze kennt Aale in Sachen Dezibel keine Kompromisse. »Zehn nackte Friseusen«, singt irgendein schamloser Mensch ohne Stimme. Als ich wieder vor meinem Bier stehe, hat sich der Wirt einen alten Besenstiel aus der Kammer gefischt, mit dem er gegen die Decke hämmert. »Kannst die Flamme abdrehen, will keiner mehr was essen«, ruft er einem imaginären Koch zu. An dem Stock hat er ein Schild befestigt, auf dem in krakeliger Schrift »Nix mehr zu essen« steht. Und die kindliche Klaue auf diesem lumpigen Stück Pappe spült mich plötzlich auf Peters Seite.

Diesen ganzen Aufwand, die stundenlange Clownerie betreibt der Mann für einen abendlich wechselnden Haufen von Verrückten wie mir. Dieses Improvisierte, Gnadenlose, dieser Mut auch, mit dem Aale seine immer gleiche, immer andere Show darbringt, sind schlicht bewundernswert. Inzwischen habe ich auch den Witz von dem Mann, der mit grün und blau geschwollenem Geschlechtsteil zum Ohrenarzt kommt, delektiert. Der war, live vorgetragen, ebenfalls umwerfend komisch. Für diesen Kerl, sage ich mir, müsste man ein neues Genre erfinden. Wie andernorts zum Krimi gedinnert wird, säuft man sich hier zu unfassbaren Witzen die Hucke zu. So ein Sketchgelage ist allemal billiger als ein dreigängiger Dinnerkrimi. Und ich wage zu behaupten: auch spannender.

Bis Cuxhaven-City sind es fünf Kilometer, die ich mir nach dieser Vorstellung nicht mehr per pedes zutraue. Es ist Samstagabend, der »hauptste Tag«, wie mein Kölner Kumpel Rupert sagen würde. Aber der letzte Bus macht hier, am Fisch-Ende von Deutschland, schon um 22.16 Uhr die Biege. Den muss ich kriegen, ein Taxi käme zu dieser Zeit des Jahres wahrscheinlich von Hamburg angereist. Als ich endlich neben dem Fahrer sitze, merke ich, wie erschöpft ich bin. Keine Ahnung, wie viel ich getrunken habe, jedenfalls hat der Aale Peter konditionell alles aus mir herausgeholt.

Und das Schärfste ist: Der trinkt selber gar nichts.

In der Nacht bin ich viele Male aufgewacht. Die Federkernmatratzen der Pohls katapultieren den Schläfer bei jeder leichten Wendung bis knapp unter die Decke. Immerhin kann man auf dem Weg zurück nach unten nicht neben dem Bett landen – dafür ist es hier einfach zu eng. Beim Versuch, den haarscharf zwischen Bettgestell und Wand passenden Stuhl herauszuziehen, habe ich mir den rechten Mittelfinger gequetscht. Um ihn mit Wasser zu kühlen, musste ich den Sitz wieder unter den Tisch schieben, weil er sonst die Tür zum Badezimmer versperrt. Selbst Harry Houdini wäre es schwergefallen, sich hier frei zu bewegen. Einmal wache ich mit einem kleinen, peinlich hellen Schrei auf: Ich hatte von Willibald im über die Maßen aufgerissenen Maul der Kupferotter geträumt. Ihre Augen waren die der Frau Pohl.

Auch ihr Mann ist ein fürchterlicher Fischkopp. Um mich für meine nächtlichen Unannehmlichkeiten zu rächen, stehe ich Punkt acht Uhr im Frühstücksraum. Direkt nebenan in der Schänke sitzt der Hausherr an seinem Stammplatz, einen Haufen handbeschriebener Zettel und Kreuzworträtsel um sich herum. Weder liegen die Brötchen in ihrem Korb, noch ist die Wurstplatte aufgetragen. Auch das morgendliche Ei fehlt mir auf dem Buffet, und das lasse ich Herrn Pohl auch spüren.

»Bin ich etwa zu früh?«, frage ich mit einer angemessenen Portion Scheinheiligkeit. Denn natürlich habe ich vorher auf dem Zimmeraushang kontrolliert, dass hier auch sonntags ab acht gefrühstückt werden kann.

Dienstbeflissen und ein bisschen schwitzend macht er sich auf in die Küche. Weil er mir offenbar mehr misstraut als dem Leibhaftigen, hat er mich genau in der Sichtachse postiert, die meinen Tisch mit seinem Stammplatz verbindet. Kurz nachdem er einen ersten Blick über seine fleischige Schulter geworfen hat, lasse ich das soeben geschmierte Schinkenbrötchen in meiner mitgebrachten Serviette verschwinden.

Am Fenster sind zwei weitere Tische eingedeckt, aber die Herrschaften schlafen wohl noch. Vielleicht liegen sie auch längst mumifiziert im Keller, exekutiert wegen gastronomischer Aufmüpfigkeit. Es ist ausgesprochen unangenehm, in einem großen Frühstücksraum allein zu essen, während nebenan ein Mann sitzt, der einen von Herzen hasst. Die offene Tür zur Kneipe sowie die Tatsache, dass Herr Pohl kein Freund morgendlicher Radioberieselung ist, machen es auch nicht leichter, sich mit Proviant für den Tag einzudecken. Aber geübt wie ich bin, gelingt es mir, auch noch eine dicke Camembertwacke, einen Joghurt, einen Apfel und mehrere Tomaten abzuzwacken. Ein zweites Ei zu stehlen, spare ich mir allerdings, denn die Eier im Körbchen entsprechen offenbar der Zahl der Gäste. Es sind fünf.

»Möchten Sie noch einen Kaffee?«

Möchte ich eigentlich schon. Um ihm jedoch zu demonstrieren, dass ich seinen Vorurteilen zum Trotz ein seriöser Gast und kein maßloser Schlemmer bin, lehne ich dankend ab. Die durch diesen Verzicht gewonnene Souveränität ermutigt mich zu einem weiteren Vorstoß in Sachen Internet. »Herr Pohl, ich gebe Ihnen 5 Euro 95 für alle drei Tage zusammen. Okay?«

Der Gastwirt betrachtet mich mit jenem Blick, den Robert de Niro in »Taxi Driver« kultivierte: »Reden Sie mit mir?«

Dann erzählt er mir in knappen Worten von dem Haufen Geld, den man für die Installation hingeblättert habe. Seine Frau nach oben korrigierend, spricht er von 5500 Euro. Als er dabei die Hände in meine Richtung erhebt, zwei Mal fünf Finger streckend, ergreife ich die Flucht.

Die Nordsee begrüßt mich im feucht-funkelnden Wattkleid und mit völliger Windstille. Ein kühler, klarer Sonntagmorgen ist das, genau das Richtige für meinen aalgepeterten Schädel. Schiffe aller Art kreuzen zwischen Hafen und Horizont, als hätte ein Modellbauer sie programmiert. Die Krähen krächzen bereits ihren Morgenchoral, während die Möwen anscheinend erst mit den Cuxhavenern auf die Beine kommen. Ich will durch die ganze Stadt und »umzu« laufen, wie man hier sagt. Ein früher Jogger führt seinen Hund aus, der eine rundum mit Bernstein besetzte Halskette trägt. Auf der Alten Liebe, einer Aussichtsplattform, sitzt ein Mann vom Caravanstellplatz mit seinem Sohn in der Sonne. Rechts von uns wächst der Hamburger Leuchtturm in den Aquariumshimmel, ebenso ausgedient wie die berühmte Kugelbake zur Linken. Das Cuxhavener Wahrzeichen liegt auf halber Strecke gen Duhnen in Döse und markierte in alten Tagen die Elbmündung. 1924 ersetzte man die namensgebende Kugelspitze durch zweidimensionale Scheiben, und die heutige Konstruktion wurde erst nach 1945 errichtet. Aber bereits 1914, als Joachim Ringelnatz hier anlangte, hatte die alte Bake ihre nautische Bedeutung verloren.

Als ich bei ihr anlange, ist es Mittag geworden, die Frühlingssonne scheint vom Himmel. Im Sand, zu Füßen des 30 Meter hohen, hölzernen Bauwerks, sitzt eine junge Familie. »Wenn auf dem Spielplatz noch irgendein anderer Mann seine Jacke ausgezogen hätte, hätte ich's auch getan«, sagt der Vater der beiden blonden Kinder. »Mir war nämlich bannig warm.«

Seine Frau nickt verständnisvoll und zupft ihrem Kleinen den Nackenkragen zurecht.

Ringelnatz war 17, als er 1901 sein Elternhaus verließ, um zur See zu fahren. Der Junge war blass und schmächtig, entsprach also nicht gerade dem Klischee eines Seemanns. Als gebürtiger Sachse hatte er zudem noch nie Meeresluft geschnuppert. Wie sein Dialekt bei den Kameraden ankam, ist nicht überliefert. Sein Witz jedoch, der ihn später bei den Frauen so beliebt machen sollte, stempelte ihn in der Männerwelt an Bord eher zum Hanswurst als zum Filou. Mit anderen Worten: Hans Bötticher, der Schiffsjunge mit dem Nussknackergesicht, wurde permanent gefoppt, gemobbt und verkloppt. Schon auf seiner allerersten Fahrt hielt er es nicht mehr aus. In Belize flüchtete er vom Schiff und versteckte sich im Dschungel. Dass man ihn bald wieder einfing, dürfte seine Situation nicht gerade verbessert haben.

Dennoch hielt Ringelnatz durch. Drei weitere Jahre verdingte er sich auf den verschiedensten Frachtern und bereiste die Weltmeere. Sämtliche Biografen heben seine

Zähigkeit und den Ehrgeiz heraus, mit dem er seine Seemannskarriere vorantrieb. 1917, mit 34 Jahren, wird der gehänselte Knabe von einst zum Offizier befördert. Als Leutnant zur See kommandiert er fortan ein Minensuchboot.

Den kompletten Krieg über schiebt er Kohldampf und ernährt sich vor allem von Kleienudeln und Steckrüben: »gekocht, gedämpft, gebraten, gebacken, gerieben, paniert.« Die oft stundenlange Arbeit im eiskalten Wasser führt zu langwierigen Krankheiten und körperlichen Malaisen aller Art. Gegen den Stumpfsinn hinter der Front helfen nur wilde Saufgelage und wechselnde Geliebte. Und das Schreiben. Wird nicht gerade Verdunkelung befohlen, arbeitet Ringelnatz in jeder freien Minute, bei jedem noch so wilden Seegang, an neuen Novellen. Manchmal werden sie von einer Satirezeitschrift akzeptiert, zumeist jedoch schon vorher von der kaserneninternen Zensur eingezogen. Ständig leidet er unter Geldnot, aber Uniform und Säbel muss der angehende Offizier selbst bezahlen. Ringelnatz schreibt Bittbriefe an seine Freunde und hat damit Erfolg. Von den 20 Mark Restgeld kauft er sich eine völlig verschüchterte Terrierhündin. Matrosen hatten sie mit Schnaps betrunken gemacht und sich daran erfreut, wie die Kreatur ein ums andere Mal die Kajütentreppe hinunterstürzte. Nach dem an seinen neuen Offizierssitz angrenzenden Wernerwald bei Sahlenburg tauft er sie Frau Werner.

Wer Ringelnatzens biografische Texte zum Ersten Weltkrieg liest, verfolgt die Ernüchterung und zunehmende Verzweiflung eines Mannes, der mit Hurra in die Schlacht zog, um bald zum entschiedenen Kriegsgegner zu mutieren. Nie und nimmer hätte er sich an dem pathetischen »Minensucher-Ehrenmal« erfreut, das heute an der Cuxhavener Mole liegt. »Wo aus Tiefen der Tod/ deutsche Kriegsfahrt bedroht,/ setzten Männer sich ein,/ daß frei sollten sein/ die Andern«, steht da zu lesen. Eine nachträglich installierte Tafel interpretiert dies als »Mahnung zum Frieden« um. Das Ehrenmal gedenke aller Seemänner »gleich welcher Nationalität als Verbundenheit der Gemeinschaft aller Minensucher«.

Mal abgesehen davon, dass der kleine Sachse besser gereimt hätte: Ist da nicht ausdrücklich von »deutscher Kriegsfahrt« die Rede? Und gehören zu den Minensuchern nicht zwangsläufig auch die Minenleger? – Wie sieht es denn mit deren internationaler »Verbundenheit« aus?

Da knirscht die Schraube doch gewaltig im Kies, irgendwie.

Das selbstverständlich als Mine gestaltete Denkmal wurde 1935 eingeweiht. Weil jedoch jeder weiß, in welche Zeit das fällt, steht auf der Erklärungstafel, dass es bereits fünf Jahre zuvor geplant worden war. Man sieht sie beinahe vor sich, die alten Seebären, wie sie schwitzen und sich krümmen unter der Last der gegen sie sprechenden Fakten. Und wie sie sich in immer neuen verschwiemelten Formulierungen ergehen, die aus Schwarz Weiß machen sollen, ohne eine Sekunde ignorieren zu können, dass sie da ein sehr faules, kratziges Seemannsgarn spinnen. Wer vor diesem plumpen Monument steht, spürt die Bigotterie geradezu körperlich – als ein Frösteln und Fremdschämen. Mariner scheinen bis heute von dem irrigen Glauben auszugehen, dass ihre alten Kameraden zunächst nicht Ausführende des Hitlerregimes waren, sondern vor allem Seefahrer und als solche Teil einer verschworenen Subgemeinschaft.

Auch Ringelnatz genoss die wärmende Kameradschaft der Mariner, verachtete aber stets jeden primitiven Nationalismus. Schon im ersten Kriegsjahr retournierte er eine Ansichtskarte mit dem Aufdruck »Deutsch sein, heißt edel und tapfer sein«, indem er kurz und bündig kommentierte: »Geschmackloser Quatsch.«

Das kleine, privat betriebene Museum an der Südersteinstraße hat einen Stadtplan erstellt, mit dem man Cuxhaven auf den Spuren des Dichters erwandern kann. So gelange ich vom Schloss Ritzebüttel über seinen alten Exerzierplatz an der Marienstraße zur Villa »Kiek in de See«, in die er sich nach seiner Beförderung im Herbst 1917 einmietete. Ein paar Meter weiter an der Dohrmannstraße liegt das ehemalige *Café Royal*, in dem er seine Absacker nahm und das später in *Ringelnatz-Kneipe* umbenannt wurde. Dass sie geschlossen ist, enttäuscht mich zutiefst. Außerdem kommen gewisse Fragen hoch: Wäre auch der Mariner Ringelnatz früher oder später beim *Aale Peter* aufgekreuzt? Wie wäre sein Urteil über diese Kneipe ausgefallen?

Meine Recherche in Sachen *Aale* ist, so scheint es mir, noch nicht ganz abgeschlossen. Die journalistische Gründlichkeit erfordert es, dort noch einmal nachzuarbeiten, die eine oder andere Facette unter Umständen hinzuzufügen. Außerdem wächst, je geschlossener mir die Pforte der *Ringelnatz-Kneipe* erscheint, mein Durst.

In Cuxhaven ist inzwischen die entspannte, immer auch ein bisschen traurig stimmende Betriebsamkeit eines Sonntagnachmittags ausgebrochen. Das Pinguin-Museum (einziges Pinguin-Museum in Deutschland, größte Pinguin-Sammlung der Welt, Pinguine aus Plüsch, Keramik, Glas, Holz und Porzellan, Pinguine in Büchern und Ü-Eiern, Panini-, Puzzle-, Opel-, Steiff-Pinguine und vieles mehr) hat neue Öffnungszeiten. Am Kiosk bekommt man auch einzelne Roheier, und im *Deichtreff* kostet der

Korn nur 1,20. Eine sehr dicke Frau sagt angesichts eines Erotikladens zu ihrem sehr dicken Mann: »Oh Markus, da würd ich mich nie reintrauen.« Die Sportsbar am Hallenbad heißt *Sportler*. Direkt davor quert ein Radfahrer mit goldblauer Mütze die Straße und passiert die Penner, die mit ihren Pullen rund ums öffentliche Pissoir sitzen. Wer jedoch war Kapitän Alexander, nach dem im Hafen eine Straße benannt ist? Ich setze einen Joker auf Minensucher und marschiere weiter. Richtung Duhnen, und dann immer geradeaus.

Peters Terrarium beherbergt auch heute keine Haie, dafür aber ein paar Wesen, die sich für ganz tolle Hechte halten. Allesamt kommen sie aus Gelsenkirchen und geben sich hier noch ein Stück blau-weißer als daheim. Damit auch Neuankömmlinge stets informiert sind, stimmen sie zu jedem neuen Bier das Steigerlied an: »Die Bergmannsleut sind kreuzbrave Leut/ denn sie tragen das Leder vor dem Arsch bei der Nacht/ und saufen Schnaps.« Schalke 04 hat das frühe Sonntagsspiel gewonnen, die Jungs sitzen also seit mindestens drei Stunden hier. Der Aale Peter übernimmt erst am Abend den Zapfhahn, erstaunlich, wie anders die Atmosphäre ohne ihn ist. Jeder scheint die Leerstelle füllen zu wollen, und jeder versinkt darin, weil sie zu groß für ihn ist. Die Konversation unterscheidet sich nicht wesentlich von der gestrigen, aber ohne den Charme des Burlesken wirkt sie schaler.

»Ich nehme die Striche«, sagt Karl-Heinz, lautester Frosch aus dem Schalketümpel. Während ich an meinem ersten Bier nippe, beobachte ich, wie es in seinem Hirn mahlt und qualmt. Karl-Heinz überlegt, ob er den nächsten Schritt wirklich gehen soll. Von irgendwoher scheint ihm der Tipp zuzufliegen, dass sein avisierter Anschluss völlig sinnfrei daherkommen wird. Aber Karl-Heinz ist im

Urlaub und hat neue Kumpels kennengelernt. Also haut er raus, was rausgehauen werden will: »Ich nehme die Striche. Aber ich geh nicht auf den Strich.«

Nein, aber auf den Sack. Mir.

»Wie heißt du eigentlich?«, fragt Karl-Heinz seinen Zechgenossen zur Rechten. Das ist der Dicke, der mir später (viel später!) erzählen wird, er habe mal drei Jungs gleichzeitig vermöbelt, weil sie seine Frau anbaggern wollten.

»Meine Bine ist ein echter Feger!«, wird er mir erklären, aber jetzt antwortet er: »Ich bin der Hans.«

Ivan Rebroff ist ein geborener Hans, das verblichene Foto von ihm an der Aale-Theke hängt draußen im Glaskasten. Und auch Ringelnatz alias Bötticher wurde auf diesen Vornamen getauft. In seinem Museum kann man sich eine kurze Filmsequenz ansehen, in der ihm zum 50. Geburtstag gratuliert wird. Als man ihn anschließend um ein Gedicht bittet, kündigt Ringelnatz an, etwas Brandneues parat zu haben. Und dann trägt er, sächselnd, näselnd, schelmisch und mit einer sprachlichen Präzision sondergleichen, das »Reh« vor: »Ein ganz kleines Reh stand am ganz kleinen Baum/ still und verklärt wie ein Traum./ Das war des Nachts elf Uhr zwei./ Und dann kam ich um vier/ morgens wieder vorbei./ Und da träumte noch immer das Tier./ Nun schlich ich mich leise – ich atmete kaum –/ gegen den Wind an den Baum/ und gab dem Reh einen ganz kleinen Stips./ Und da war es aus Gips.«

Ein Mann mit einem Witz, der von innen kommt, ohne je laut werden zu müssen. Ein Gran von diesem Hans im Unglück, der er war, würde man auch den Schalker Knappen am anderen Ende des Tresens wünschen. Aber immerhin lässt es Hubi, mein direkter Thekennachbar, etwas ruhiger angehen. Früher besaß er eine Kneipe auf Gran Canaria, die *Zum Hubi* hieß. Besonders gut lief die nie, erzählt er, und am Ende blieben die Leute ganz weg. Nach drei Jahren gab er auf und zog zurück nach Castrop-Rauxel. Sieben Tage die Woche hatte er selbst hinterm Tresen gestanden, er erledigte den Einkauf, führte die Bücher, und selbst geputzt hat er auch. Seine Frau Daniela fand das alles nicht wirklich prickelnd und weigerte sich standhaft, mit ihm auf der Insel zu leben.

»Ich hab ein Nagelstudio, verstehst du, da steppt der Bär! So einen Laden geb ich doch nicht für 'ne Klitschkneipe auf den Kanaren dran.«

Die beiden haben sich auf Gran Canaria kennen- und lieben gelernt. Im Gegensatz zum eher schwerfälligen Hubi hat seine Frau jedoch echten Drive. »Hast du den vorher in die Mikrowelle gestellt?«, blafft sie die Kellnerin an, die ihr statt kühlschrankkaltem Ouzo zimmerwarmen Sambuca kredenzt hat.

Das Missverständnis wird aufgeklärt, Daniela bekommt einen echten Anisschnaps offeriert. Es wäre der zweite Hochprozentige binnen einer Minute, viele Menschen würden jetzt einknicken. Nicht so Daniela. Sie kippt auch den Ouzo, wischt sich den Mund ab und sagt: »So, der war richtig.«

Hubi hat nach dem Fußballspiel noch Handball geguckt, Fernseher hält er für das wichtigste Möbelstück, auch im Urlaub: »Hubi ohne Flimmerkiste vorm Bett geht gar nicht«, sagt er. Und dass er sich in Cuxhaven als Erstes ein langes Kabel gekauft hat, um den Flachbildschirm vom Wohn- ins Schlafzimmer zu transponieren. »War ganz schön teuer, das Kabel. Aber das packe ich jetzt immer mit in 'n Koffer.«

So langsam er spricht, so gerne gibt Hubi Zwischengas, indem er sein Pils mit einem Kurzen aufmotzt: »Mach mal zwei Hausschnaps, Aale.«

Der »Gehängte« entpuppt sich als Dosensardelle, die über den Glasrand in ein Quantum Wacholderschnaps lappt. Das gekrümmte Tier erinnert mich an einen Aufsatz aus der »Neuen Bunzlauischen Monatszeitschrift« von 1792, den ich in irgendeiner Gastrozeitschrift zitiert fand: »Eines Gehangenen Finger im Bierfass aufgehängt schafft dem Bier guten Abgang«, heißt es dort. Und noch besser schmecke der Sud, wenn der Verurteilte unschuldig war.

Ob meine Sardelle zu Lebzeiten wohl eine weiße Weste bewahrte?

Ich hoffe es, noch mehr für mich als für sie.

»Sagen wir es so: Die Sardelle macht den Wacholder trinkbar. Und der Wacholder die Sardelle essbar«, hat – für mich völlig überraschend – Karl-Heinz nach seinem ersten Glas erklärt. Eleganter und toleranter kann man das nicht formulieren. Es ist ein unvergleichliches Gefühl, dieses brutal salzige Stück Fisch einzuschlürfen und seine ohnehin labbrige Konsistenz kauend in losen Brei zu verwandeln, bevor man es mit jenem Schnaps herunterspült, für den mir spontan das Wort »gewöhnungsbedürftig« einfällt.

Aber kommt Zeit, kommt Gewöhnung. Um mir nicht nachsagen zu lassen, ich bliebe je etwas schuldig, kriegt Hubi seinen Gehängten zurück. Und Daniela einen Ouzo. Hubi wiederum liegt lieber vorn und ist schnell bei der nächsten Runde. Nach dem vierten Abtausch sind wir Freunde fürs Leben. Hubi plant, mit mir eine Kneipe in Castrop-Rauxel zu eröffnen, die wir entweder *Zum Hubi* oder *Bei Bernd* nennen werden. Daniela will uns derweil umsonst die Nägel manikürden, weil »das der Damenwelt besser gefällt, wenn ihr da mit schönen Händen am Zapfen seid«. Was mich angeht, ich bin eher für *Bei Bernd*.

Irgendwo hinter uns sinkt die Sonne ins Meer. Ivan

Rebroff zieht die Vorhänge seines Schaufensterchens zu. Im Wernerwald streicht ein Widergänger um das Stipsgipsreh, während hier drinnen bei uns das Wackelferkel erwacht. Inzwischen ist auch der Hausherr eingetroffen, und Karl-Heinz lässt direkt mal seine Kontakte spielen. »Hallo Peter, da bin ich wieder, der Karl-Heinz aus Gelsenkiachen, der immer so leise ist. Ich soll dich auch von Werner Kopielski aus Herne grüßen.«

Ganz offensichtlich hat Aale noch nie etwas von einem Werner Kopielski gehört. Und dann auch noch aus Herne. »Ach, der Werner«, sagt er.

Eine sehr blonde Mittdreißigerin namens Uschi arbeitet an ihrem geschätzt zehnten Wodka-Apfelsaft. Der Cocktail hat ihre Stimme inzwischen merklich gestärkt. Ähnlich wie bei Daniela wirkt ihr Mann wie der rollende Stein im reißenden Fluss. »Willst du wirklich noch einen?«, hat er gerade gefragt. Aber da war sich Uschi mit Aale längst einig.

»Eigentlich heiße ich Ursula«, sagt sie. »Aber alle meine Freunde nennen mich Uschi.«

Durch den Rundlauf des Tresens sitzt sie mehr oder weniger den Schalkern gegenüber und hat ein chorales Verhältnis zu Karl-Heinz aufgebaut. Uschi singt praktisch jedes Lied mit, beängstigend, wie textsicher diese Frau selbst bei Songs ist, die mir aus einem völlig fremden Kulturraum zu stammen scheinen. Namen wie Tim Toupet und Mickie Krause fallen wie Goldbarren, Wolle Petry und DJ Ötzi werden so kultisch verehrt, dass man in deren Refrains nur mit geschlossenen Augen einstimmt. Aber am lautesten singt Uschi bei Andrea Berg mit.

»Ein Kumpel von mir war mit Andrea Berg in der Schule, stell dir das mal vor«, sagt Hubi, als das Lied schon beinahe vorbei ist.

»Super«, sage ich anerkennend, denn ich merke, dass Hubi das wichtig ist.

Der Abend legt sich nun in die Schlusskurve und beschleunigt dabei noch einmal stark. Jeder will den finalen Treffer setzen, bevor der Wirt zur letzten Runde läutet.

Hubi spricht inzwischen mehr mit seiner Sardelle als mit mir, noch immer diskutiert er die Vorzüge verschiedener Schlagersängerinnen. »Ich muss sagen, Helene Fischer ist auch nicht schlecht. Die hat vielleicht nur nicht diesen«, und jetzt klappt er von Daniela weg an meine Schulter und raunt mir ins Ohr: »diesen Sex-Appeal.«

Gerade haben die Schalker sich gegenseitig Mallorca-Fotos auf ihren iPhones gezeigt und danach ihre Frauen angesimst. Karl-Heinz hat seiner Gattin von Hans geschrieben, der nicht Hans-Dieter heiße, aber ein Kind mit Andrea Berg habe. Zu unser aller Freude hat er uns seine Nachricht dann auch noch einmal komplett vorgelesen.

Möglicherweise ist es der Kontaktaufnahme mit seiner Frau geschuldet, dass Karl-Heinz bald darauf nach Hause muss. Der dicke Hans hingegen wird noch ein Stündchen bei uns bleiben, weil Bine erst am Mittwoch nachkommt. Als schließlich das letzte Lied verklungen ist und der Wirt sich ans Kassieren der Deckel macht, fällt mir etwas auf, das meine Achtung vor diesem eigentümlichen Thekenkünstler noch steigert. Aale hat an diesem Sonntagabend kaum einen Witz erzählt und kein einziges Mal seinen Flaschenzug laufen lassen. Auch die große Spinne am Thekeneck, die auf ein Klatschen hin ins nächste Bierglas plumpst, hatte heute Ruhetag.

Es war wohl Hubi, wegen dem ich länger als geplant geblieben bin, mein letzter Bus steht schon lange im Depot. Gehängter macht dich zum Hänger, so ist das wohl. Draußen hat es höchstens noch sechs Grad, und vor mir liegen fünf düstere Kilometer vorbei an Haus Seeblick, Haus Seemöwe, Haus Seepferdchen und Seezunge und Seeadler, Seezeichen, -teufel, -igel, -not und -geltörn. Die Kälte kriecht mir den Rücken hoch und vereinigt sich auf halber Strecke mit dem nadeldünnen Nieselregen Niedersachsens. Ich fühle mich elend, schlapp und schlabbrig wie die Sardelle im Wacholderglas. Stärker als mein Bettwunsch ist nur noch mein Hunger. Aber wer hält da neben mir, kaum dass ich mir die erste Erdnuss aus der Notreserve in den Mund geschnickt habe?

Der Aale Peter.

»Wo musst du hin, Bernd?«, fragt er mich.

Und dann gondeln wir ganz gemütlich gen Cuxhaven, unterhalten uns wie alte Kumpels über dies und das und geben uns zum Abschied die Hand.

»Bis morgen, Peter.«

»Bis morgen, Bernd.«

Karl-Heinz würde vor Neid erblassen.

Am nächsten Morgen schaffe ich es erst um zehn zum Frühstück. Herr Pohl mag es nicht, wenn ein Gast derart unberechenbar ist. »Und wann kommen Sie morgen?«, will er sofort wissen.

Ich habe einen dicken Kopf. Der Gehängte pocht gegen meine Stirnlappen wie ein Teppichklopfer. Mindestens eine der sieben Sardellen war wohl alles andere als unschuldig. Zur Strafe für meine Unzuverlässigkeit hat der Hotelier mich an einen anderen Platz versetzt. Nun kann er mich zwar nicht mehr beobachten, aber dafür umso besser hören. Wir sitzen quasi Wand an Wand. Immer wenn ich ins Brötchen beiße, knipst Herr Pohl seinen Kuli an. Im Hotel bin ich inzwischen der einzige Gast, und was aus Frau Pohl geworden ist, weiß niemand. Wahrscheinlich hat sie die ganze Nacht im Internet gepokert, um die 17,85 WLAN-Euro wieder reinzuholen, die ihr bei mir durch die Lappen gegangen sind.

Meinen letzten Tag in Cuxhaven verbringe ich – kurz gesagt – mit Geist- und Körperpflege. Am frühen Abend reift der Beschluss, ein letztes Mal beim Aale Peter nach dem Rechten zu sehen. Der zweistündige Umweg über Ringelnatzens Terrariumstandort Sahlenburg lohnt sich. Die Sonne scheint auf eine flache Landschaft mit gewölbten Äckern, weiten Pferdewiesen und lichtem Laubwald. Die Krähen hier tragen, anders als bei uns im Westen, einen grauen Kragen. Als ich ein Auto mit baumelndem S-04-Bonsaitrikot sehe, zucke ich für einen Moment zusammen, gehe dann aber stramm weiter. In Duhnen ist ein Schwung neuer Gäste eingetroffen, bei Peter herrscht Hochbetrieb. Karl-Heinz ist da. Hubi und Daniela sitzen auf denselben Hockern wie gestern, Uschi tanzt mit dem weiblichen Wackelschweinchen. Und Peter erzählt den Witz von der Frau mit den drei Männern.

Wo der erste Architekt, der zweite Musiker und der dritte Handwerker ist. Sie wissen schon.

Ich trinke zwei ruhige Bier und mache mich früh vom Acker.

»Stoßet an und ruft einstimmig ...«

Helgoland

Drei Stunden ohne Festland, bevor Helgoland am Horizont auftaucht. Sonnenstrahlen springen wie Lichtkristalle über die Wellenkämme längs der Fähre. In dieser dem kaum vergangenen Winter abgetrotzten Klarheit wächst die Insel mit übernatürlicher Schärfe aus dem Wasser. Dank einer Kneipenliste des Aale Peter fühle ich mich bestens vorbereitet. Helgoland, so gab er mir zu verstehen, sei in jeder Hinsicht ein gastronomisches Abenteuer. Er sollte recht behalten.

Im Bordrestaurant habe ich eine Schwäbin kennengelernt, die mit ihrer Tochter nach Helgoland fährt. »Urlaub vom Vater und Ehemann«, erklärt sie mit einem Lächeln, das mir zu vieldeutig ist, um es zu entschlüsseln. Sie trägt blondiertes, strubbeliges Haar und eine verwaschene Jeansjacke, die knapp unter der Achsel endet. In ihrer Heimat schafft sie als Lehrerin für Erdkunde und Deutsch. Sie findet es erstaunlich, dass jemand Gedichte von Hoffmann von Fallersleben liest und dazu unaufhörlich Bier trinkt. Sie benutzt tatsächlich das Wort »unaufhörlich«, dabei arbeite ich zu dem Zeitpunkt gerade mal an meinem dritten Fläschchen Jever. Aber sie selbst trinkt gar nichts und will stattdessen mit Laura am Helgoländer Inselmarathon teilnehmen.

Zusammen mit 200 anderen Besuchern kämpfe ich mich durch den Südhafen. Die meisten von ihnen sind Tagestouristen ohne Gepäck, eine Spezies, der man hier – ich werde das lernen – mit ein wenig Verachtung begegnet. Den steuerflüchtigen Schnäppchenjägern verdankt Helgoland ein Gutteil seines Wohlstandes. Aber wer wegen einer Stange Marlboro Light oder einem Liter Mariacron über die Mole schwappt, der muss sich seinen roten Teppich schon selber weben.

»Kennen Sie sich hier aus?«, frage ich den Mann, der gerade dabei ist, mich zu überholen. Erst als ich mich richtig zu ihm umdrehe, bemerke ich, dass ich ihm kaum bis zum zweiten Knopf seiner Gummijoppe reiche. Wieder einer dieser Riesenfriesen. Wenn die Evolution hier keine Purzelbäume geschlagen hat, muss irgendwo hinter dem gewöllartigen Vollbart ein Mund liegen. Gleich wird er mir sicherlich einen Satz wie »Noch ein Wort, und du bist bei den Fischen« zuraunen.

Aber nein, der Mann sieht mich freundlich an und sagt: »Jou.«

Tatsächlich kennt er dann nicht nur meine Straße, sondern auch die Pension, in der ich ein Zimmer gebucht habe. Frau Lohmann entpuppt sich als ausgesprochen liebenswürdige Wirtin, die ihre Gäste weder als Feinde betrachtet noch ihre Aufgabe darin sieht, dem Fremden das Leben zur Hölle zu machen. Die Rollläden werden hier zwar nur rein mechanisch bedient, aber dafür hat der Teppich kompakte, staubsaugerfreundliche Härchen. Und der Frühstücksraum zwei Ausgänge.

Ein kurzer Tagtraum zeigt mir Helgoland, wie ich es mir vorgestellt habe: urige Fischerkneipen, in denen der Ofen bollert und die Pfeife kreist, geschmaucht von rauen, wettergegerbten Nordseecowboys, die Robbenbabys harpunieren und sich zum Frühstück eine Möwe rupfen. Das Erste, was ich an der Uferpromenade sehe, sind jedoch zahllose Grüppchen von jungen Leuten, die sich als Autonome der 1980er verkleidet haben. Wo immer eine öffentliche Bank steht, schläft ein Schwarzgewandeter, umhüllt von einem Gazeschleier aus verdampfendem Alkohol. Die etwas fitteren Kämpfer lassen am Kai der Landungsbrücke die Beine baumeln. Andere salutieren der Büste Hoffmann von Fallerslebens, die mein erstes Ziel ist.

In welcher emotionalen Randlage muss man sich wohl befinden, um sein Gedicht mit solch einem Doppelvers zu beginnen: »Deutschland, Deutschland über alles,/ Über alles in der Welt«?

Die Antwort im Falle Hoffmanns lautet: betrunken, übernächtigt und verkatert wie ein Helgoländer Punk.

Der Professor für deutsche Sprache und Literatur hatte strapaziöse Zeiten hinter sich, als er im Sommer 1841 auf Urlaub hier anlandete. Sein Engagement für Demokratie und deutsche Einheit brachte ihm viel Ärger ein, ein Jahr später sollte er sogar seine Hochschulstelle räumen müssen – unehrenhaft und ohne Pensionsansprüche. Am 25. August '41 jedoch wurde er nach eigener Auskunft in ein »fröhliches Besäufnis« verwickelt, das ihn am Folgetag zur Feder greifen ließ. Und woran denkt man, wenn im Kopf der Eiergrog von gestern gärt und draußen der Blanke Hans die Zähne bleckt? An deutsche Frauen und deutsche Treue, klarer Fall.

Dass die hehre Hymne eigentlich als gemeines Trinklied geplant war, spritzt aus jeder Strophe. »Deutscher Wein und deutscher Sang« heißt es unmissverständlich am Anfang und Ende des zweiten Durchgangs. Und für den finalen Jauchzer »Blüh im Glanze dieses Glückes, blühe, deutsches Vaterland!« hatte der Dichter eine süffige Alternative vorgesehen: »Stoßet an und ruft einstimmig: Hoch das deutsche Vaterland!«

Die im Grunde auch viel besser ist. Der Imperativ »Blüh« fällt auf ein hohes F, den höchsten Ton im ganzen Lied. Auf solche Berge steigt weder der herkömmliche Fußballer noch irgendein Politiker, sodass jenes geschlossene ü stets in ein kollektives Gewimmer ausartet. Das weitaus offenere o aus »Stoßet« lässt deutlich mehr Dampf ab, ich empfehle jedem, das beim nächsten Länderspiel mal auszuprobieren.

»Wo fließt eigentlich die Memel?«, hatte ich die schwäbische Lehrerin auf der Fähre gefragt, um mal eine Ahnung davon zu bekommen, bis wohin der alte Hoffmann das Deutsche Reich gern gedehnt hätte.

»Von Weißrussland nach Litauen«, antwortete sie wie aus der Pistole geschossen. »Aber damals endete dort Ostpreußen.«

Die Frau kam mir ein bisschen streberhaft vor in dem Moment. Und offenbar steckt in jeder Brille ein kleiner Motor, der jene gen Nasenspitze schiebt, sobald der Besitzer klugscheißt.

Dass die Anwesenheit der Punks keinen politischen Hintergrund hat, erfahre ich erst am Abend. Auf Helgoland, genauer gesagt: auf der vorgelagerten Insel Düne, geht seit einigen Jahren die »Rock-'n'-Roll-Butterfahrt« über die Bühne. Bei Windstärke zwölf stehen dort Bands mit lustigen Namen und schweren Gitarren auf den Brettern und präsentieren Songs wie den »Drunken Sailor« oder den »Hamburger Veermaster« im Metal-Outfit. Und die Meute, die davor im Dünensand Pogo tanzt, nennt Helgoland den Fuselfelsen.

Auf einer belebten Gasse namens Lung Wai spricht mich aus dem ersten Stock einer Pension ein Butterfahrer an. Zumindest bis zu den Hüften ist er nackt, hinter ihm höre ich die verschlafene Stimme eines Mädchens. »Ich schmeiß dir Geld runter und du mir zwei Flaschen Astra hoch, okay?«

Da sagt man nicht Nein, der Junge hat's raus. Die Pullen gibt's im Büdchen gegenüber, ich entscheide mich für Loopingwürfe. Seine Haltung da oben im Fenster erscheint mir ein bisschen sehr lässig, aber auch ich mime den eiskalten Messerwerfer. Und weil sich inzwischen ein regelrechtes Publikum in Gestalt zweier völlig betrunkener Riesenfriesen versammelt hat, bringen wir die Sache auch ohne Wimpernzucken über die Bühne. Die zweite Flasche fischt er schon mit einer Hand aus der Luft.

Ich biege nach links in die Siemensterrasse ab, denn mein erstes eigenes Bier gedenke ich in der *SansiBar* zu trinken. Normalerweise müsste dieses Lokal unter eine meiner Reiseregeln fallen:

Meide Wortspielkneipen à la »Bar Celona«, »Bar-O-Meter«, »Unschein-Bar«, »Bar-Barossa« oder »Bar-Bar«. Denn das ist alles mehr verschandelt als verjandlt.

In diesem Fall jedoch mache ich eine Ausnahme, schließlich verdankt sich der Name einem historischen Hintergrund: Bevor die Touristen kamen, erlebte die Insel ihre reichsten fünf Jahre unter englischer Herrschaft. Napoleon hatte 1806 gegen die Briten eine Kontinentalsperre verhängt. Im Gegenzug besetzten diese Helgoland und wickelten hier ihren maritimen Handelsverkehr ab. Und die Helgoländer wurden ihre Lotsen und Vermieter, Blockadebrecher und Kollaborateure. Zeitweise existierten auf dem kleinen Eiland gut 200 professionelle Schmuggler, sprich: Handelskontore. 100 Segelschiffe warteten im Hafen auf Fracht, und in den Silos lagerten Waren im Wert von über zehn Millionen Mark. Mit Napoleons Niederlage 1813 zogen sich die Engländer zurück und überließen das Feld wieder der Armut. Erst 1890 jedoch, nach langwierigen Verhandlungen, bekam Deutschland die Insel zurück. Im Tausch gegen, genau: Sansibar.

Die deutsche Hymne, folgere ich daraus, ist also nicht nur ein Sauflied, sondern wurde zudem auf englischem Boden geschrieben. Fast genauso angejahrt wie Hoffmanns Hit ist die CD-Sammlung der *SansiBar*: *R.E.M.*, *Midnight Oil*, *Robert Palmer* und *U2* bilden das Grundgerüst, ergänzt um ein paar ganz harte Ausreißer wie die Kuschelrock-22-Collection oder ein vergessenes Benefiz-Spektakel namens »Pavarotti & Freunde für Guatemala und Kosovo«.

Hatten die mal Krieg? Oder haben die gemeinsam eine WM ausgerichtet? Im Gewichtheben?

Am Tresen steht ein dicklicher Kerl mit einer fettglänzenden Lederjacke, die er garantiert nur im Urlaub trägt. Er hat es offenbar auf jene Frau abgesehen, die aufregend gelangweilt am Fenster zur Sonnenterrasse lehnt. Als er erfährt, dass sie aus Hamburg-Harburg stammt, behauptet er, da habe auch der Serienmörder Fritz Honka gelebt.

Das stimmt zwar nicht, eröffnet ihm aber die Gelegenheit, die perversen Verbrechen dieses trostlosen Menschen haarklein nachzuerzählen. Jeder hat so seine eigene Art, Frauen kennenzulernen. Die Harburgerin geht dann auch recht unvermittelt.

Zwei kleine Omas, wahrscheinlich seit 80 Jahren befreundet, bestellen sich einen Eiergrog mit zwei Strohhalmen.

»Wie viel Alkohol ist dadrin?«, fragen sie den Wirt.

»Jede Menge«, antwortet der.

Drei Tische weiter haben die alten Damen einen Bekannten ausgemacht. Schon leicht beschwipst vom ersten Schlückchen, rufen sie ihm zu: »Wie geht es dir, Egon?«

»Sexuell oder seelisch?«

Die Damen lachen sich scheckig, und Egon legt nach: »Du weißt doch, Hedi: Alte Scheunen brennen besser.«

Wenn die Lederjacke gut aufgepasst hat, klappt's dann vielleicht beim nächsten Mal.

Alle deutschen Inseln sind auf Sand gebaut. Außer Helgoland, dem roten Fels. Die unterseeische Rifflandschaft erstreckt sich über 35 Quadratkilometer, der sichtbare Teil misst jedoch nur knapp einen. Von daher habe ich mir wahrscheinlich nicht zu viel vorgenommen mit dem Plan, meine temporäre Heimat jeden Tag mindestens ein Mal zu umrunden.

Als ich vom Mittelland aus ins Oberland vorstoße, erhebt sich links des Rundwegs ein Mann von einer Bank. Am liebsten, das sehe ich ihm an, würde er sich kurz wieder hinsetzen, um mir 100 Meter Vorsprung zu geben. Aber das wäre ein kleiner Affront, vielleicht auch das Eingeständnis einer Schwäche. Also setzt er seinen Spaziergang fort, und unglücklicherweise sogar in demselben Tempo wie ich. Ich bin ihm so nah auf den Fersen, dass ich ihn trotz des von hinten kommenden Windes schnaufen höre. Jetzt zu beschleunigen, um ihn zu überholen, sähe albern aus. Wie ein olympischer Geher. Aber irgendetwas sträubt sich in mir auch dagegen, langsamer zu werden. Vielleicht ist es einfach der Takt, den mein spazierender Körper aufgenommen hat und nicht verlassen will. Wahrscheinlich jedoch rebelliert hier dieses dämliche Männer-Gen, das den wachsenden Rückstand als Niederlage deuten würde.

Zum Glück steht auf Helgoland alle paar 100 Meter eine Infoboje. Aber wie der Teufel es will, zeigt der Schnaufer genau das gleiche Interesse an diesen historischen Hinweisen wie ich. Gemeinsam lesen wir die Geschichte des Seeräubers Störtebeker, der vor Helgoland geschnappt und von der »Bunten Kuh« nach Hamburg zum Schafott geschafft wurde. Der Bürgermeister soll ihm das Zugeständnis gemacht haben, alle Piraten am Leben zu lassen, an denen der enthauptete Störtebeker noch verbeimarschieren würde. Elf Männer soll der Kopflose auf diese Art gerettet haben, und wenn ich an seiner Stelle gewesen wäre: Den Schnaufer hätte ich ausgelassen.

Zumindest im Lesen bin ich etwas schneller als der Mensch dort, den ich längst als Kontrahenten begreife. Also krame ich sinnlos in meiner Tasche, bis er weitergeht. Dem Gen zuliebe mache ich mir noch schnell ein paar Störtebeker-Notizen. Denn Notizen machen heißt arbeiten und legitimiert das Zurückfallen. Als ich jedoch anderthalb Minuten später um die nächste Ecke biege, kommt von rechts der Schnaufer aus dem Dünengras getapst und zieht sich den Hosenlatz zu. Hatte wohl darauf spekuliert, dass ich ihm in seiner Pinkelpause davonziehe, so ein verfluchtes Pech aber auch. Eigentlich sollten wir uns jetzt angrinsen und gemeinsam einen trinken gehen. Aber dafür ist diese Chose längst zu weit eskaliert.

Ich gehe meine letzten Möglichkeiten durch. Ich könnte jetzt mal eben 300 Fotos von den beknackten Lummen schießen. Oder mich da vorn auf die verlockende Bank mit dem tollen Ausblick setzen. Aber als ich mich in Gedanken schon wohlig entspanne, höre ich von hinten in den Ohren schmerzendes Plärren. Zwei Freundinnen. Mit drei kleinen Kindern. Auf keinen Fall, sage ich mir, dann doch lieber der Schnaufer.

Ich habe Durst, aber auf Helgoland findet sich kein Süßwassersee, kein Grundwasser und keine Quelle. Früher wurde das Regenwasser übers Dach aufgefangen und in ein altes Heringsfass vor der Tür geleitet. Heute erledigt eine Meerwasserentsalzungsanlage den Job. Der starke Wind kehrt den Weg von Käfern und Schafskötteln frei. Sonnenstrahlen kämpfen sich tapfer durch die Böen und wärmen mir den Pelz. Ein Hobbyfotograf hat seinen Dreizack so postiert, dass er mit dem obszön großen Objektiv den Trottellummen und Basstölpeln beim Kopulieren zuschauen kann. Am Vogelfelsen ist Paarungszeit, und dabei wird viel geschnattert. Scheint interessant zu sein, denn als ich zehn Minuten später den letzten Felsvorsprung vor der Langen Anna erreiche, spannt der Mann immer noch. Den Finger am Abzug.

In den nächsten Tagen werde ich Dutzende Vertreter seiner Gattung treffen, ausschließlich Männer im Übrigen. Mit ihrer Allwetterkleidung, ihren riesigen Rucksäcken für Gestell und Ausrüstung, oft ergänzt durch einen kaum kleineren Brustbeutel, sehen sie aus wie Landser auf dem Kriegspfad. Oder wie Schildkröten auf zwei Beinen.

Eine einsame, edelschwarze Krähe schwebt über Tausenden Tölpeln und Trotteln. Bis zum Ende meines Helgolandtrips gelingt es mir nicht, zu einem abschließenden Urteil über diese Vögel zu kommen. Manche klingen wie monoton greinende Babys, andere wie hysterisch-überdrehte Chargen einer Theaterklamotte. Ihre Flugfähigkeiten sind kaum ausgeprägter als die der Pinguine, wobei die Babylummen vor allen anderen den Vogel abschießen. Ihr berühmter Lummensprung ähnelt eher einer verzweifelten Bruchlandung. Ohne jeden Plan stürzen sie sich von ihrem Brutplatz bis zu 50 Meter in die Tiefe, und nicht wenige von ihnen landen, von den Stummelflügeln kaum gebremst, auf dem Betonweg zu Füßen des Felsens. Anstatt jedoch zu platzen wie ein wassergefüllter Ballon, titschen sie lediglich ein paarmal unkontrolliert auf. V-förmige Rippen und Luftsäcke verleihen ihnen die physikalischen Fähigkeiten eines Tischtennisballs.

Ihr Geschrei und unbeholfenes Geflatter scheint die wenig schmeichelhaften Namen zu rechtfertigen: Basstölpel, Trottellumme. Aber die Qualitäten dieser Tierchen liegen halt auf anderem Gebiet. So eine Lumme legt spitz zulaufende Kegeleier, für die sie keinerlei Nest bauen muss, weil man sie in jede noch so kleine Felsspalte stecken kann wie ein Hühnerei in den Becher. Wenn es darum geht, die Familie zu ernähren, taucht der Vogel bis zu 150 Meter in die Tiefe, während unsereiner fürs Fischbrötchen nur mal eben in die Hosentasche greift. Und wenn man sich dann wieder am Felsenheim trifft, wird gegenseitig das Gefieder geputzt.

James Krüss schrieb 1965 im Rückblick auf seine Helgoländer Kindheit: »Ohr und Auge waren geschichtengierig und ich schwindelte vollendet.« Eine seiner Figuren lässt er sagen, sie wolle mit ihren Geschichten »der dummen Wirklichkeit ein Stück voraus sein«. Das ist zu schön formuliert, um es mit schnödem Lügen in Verbindung zu bringen. Aber wer eine Weile auf Helgoland wohnt, der erinnert sich früher oder später an Krüss' Worte. Nach ein paar Besichtigungen gewinnt man den Eindruck, dass die Insulaner mit der Wahrheit recht geschmeidig umgehen. Überall stößt man auf eine vermeintliche Vergangenheit, die es so nie gegeben hat. Imponierend allerdings, dass man dies auch ganz ungeniert eingesteht. So heißt es etwa auf dem Informationszettel zum schnuckeligen Fischerhaus im Museumsgarten, dass dessen Ausstattung

»gänzlich untypisch« sei. Während es dort drinnen früher »eher ärmlich« zugegangen sei, entstammten die hier gezeigten Möbel einem »Bürgerhaus«. Zum ebenfalls nachgestellten »Haus Lorenzen« erhält man die Information, es sei »weder maßstabsgetreu gebaut noch originalgetreu eingerichtet«.

Aber warum, in Gottes Namen, steht es dann da?

Vermutlich spinnt man so weit ab von jeder Küste kein dünnes Seemannsgarn, sondern schlägt direkt dicke Taue. Auch Nostalgie ist eine Währung, und auf Helgoland jongliert man sehr virtuos damit. Die berühmten Hummerbuden, die den Ankommenden am Hafen farbenfroh begrüßen, haben gleichfalls nie so ausgesehen. »Stark idealisiert«, heißt es dazu im Inselmuseum, was mir eine stark idealisierte Formulierung für »komplett an der Realität vorbei« zu sein scheint. Statt bunt bemalt waren die Hütten gegen das raue Wetter mit Teer beschmiert. Sie standen im Ober- und Unterland, kreuz und quer, und waren unterschiedlich groß. Der skandinavische Einheitsstil ist eine Erfindung der Nachkriegszeit, genauso wie das Wort »Hummerbude«. Als diese Häuschen noch wirklich dem Fischfang dienten, benutzte man einen weniger romantischen Ausdruck: Geräteschuppen.

An der Theke vom *Knieper* herrscht an diesem Abend hohe Fluktuation. In den fünf Stunden, die ich hier sitzen werde – lassen wir es fünfeinhalb sein –, trinke ich fast jedes Bier mit einem anderen Nachbarn. Den Anfang macht Rudi, an dem der Wirt offenbar schon seit geraumer Zeit sein Faible für edlen Rum auslebt – indem er ihm alles spendiert, was er nicht selber versenken kann. Rudi ist ein älterer Hagestolz mit Gunter-Sachs-Koteletten, kariertem Sakko und Einstecktuch. Er segelt gern, sagt er, und besitzt eine eigene Jacht. Aber just im Moment stehen gleich drei volle Gläser Rum vor ihm, aufgereiht wie kleine Entenküken neben dem großen Bierglas.

»Den bekomme ich direkt aus Jamaika«, sagt der Wirt und weist auf das jüngste Küken.

»Ist quasi die Havanna-Zigarre unter den Rums«, erklärt mir Rudi mit schwerer Zunge. Während ich noch seinen rums-vollen Plural bewundere, setzt er zu einem weiteren Schluck an, unschlüssig zunächst, welchem Glas er sich jetzt widmen soll. Dann schürzt er die Lippen, hebt die Augenbrauen und einen Zeigefinger, um so etwas wie Hochachtung anzudeuten. Insgesamt jedoch habe ich den Eindruck, dass sich Rudis Dankbarkeit mittlerweile sehr in Grenzen hält, denn kurz darauf sackt er wieder auf die Unterarme und brabbelt unverständliches Zeug. Auch mit seiner fachlichen Kompetenz in Sachen Rum scheint es nicht allzu weit her zu sein. Über ein »Hm« oder »Der is aba gut!« gehen seine Kommentare eigentlich nicht hinaus. Aber da er alle drei Rums parallel trinkt und nach jedem Tasting einen Schwall Bier hinterherkippt, ist ihm das vielleicht auch nicht wirklich anzukreiden.

»Im echten Leben kostet der neun Euro das Glas«, sagt der Wirt und kredenzt dem alten Rudi eine weitere Kostprobe.

»Hm«, macht Rudi und schiebt das Glas weit von sich. Er steht jetzt kurz vor der finalen Gesichtslähmung. Als ihm schließlich ein recht zäher Speichelfaden aus dem Mund hängt, den er irgendwo oberhalb der Nasenwurzel einzusammeln sucht, streicht er die Segel. Bevor er zur Tür wankt, legt er mir noch einmal die Hand auf die Schulter: »Aber wenigstens hab ich die Scholle ersäuft.«

Auch der *Knieper* war eine Empfehlung von Aale aus Cuxhaven. Das Lokal liegt gastrostrategisch günstig am

Lung Wai, direkt unterhalb des Fahrstuhls zum Oberland. In diesem an das Restaurant eines Kreuzfahrtschiffs erinnernden Raum treffen feuerwasserfeste Einheimische auf trinkfreudige Touristen. Hier kann man – jeden Tag ab zwölf Uhr mittags – Darts werfen, daddeln oder delirieren, und der hauseigene Imbiss versorgt einen auf Wunsch mit gigantischen Currywürsten, die ausgeworfen bis zum Festland reichen. Früher oder später kehrt hier jeder mal ein, und heute bin ich dran: Kniepertag am Fuselfelsen.

Als ich Rudi hinterherblicke, sehe ich draußen die Lehrerin von der Fähre vorbeijoggen. Voll im Training, die Gute, genau wie ich. Sie trägt wollene Knie- und Ellbogenwärmer und erinnert ein wenig an Jane Fonda in ihrer Aerobicphase. Weitaus weniger sportlich kommt Angelika daher, die inzwischen rechts von mir Platz genommen hat. Ihr vor lauter Sorgen und Alkohol brüchig gewordenes Gesicht wird von einer dicken Schicht Make-up nur notdürftig zusammengehalten. Sie ist sehr klein und stämmig und musste den Hocker neben mir regelrecht erklettern.

»Wer mich kennt, sagt ›Ändschela‹«, hat sie mir mit ihrer tiefen Stimme ins Ohr geflüstert. Und hinzugefügt, dass sie nicht aus der DDR sei. Warum auch immer.

»Auf'm Weg vom *Düne Süd* zum *Knieper* ziehe ich mir jedes Mal 'nen Joint durch, der sich gewaschen hat«, sagt sie. Was umso erstaunlicher ist, als es von hier nach dort nur knapp 100 Meter sind.

Irgendwo hinter all der Paste und dem Elend schlummert ein kleines, pummeliges Mädchen, das sich nach der Liebe sehnt, sage ich mir. Und registriere zugleich, dass ich in jene kitschaffine Tran-Phase eingetreten bin, die dem beschleunigenden, eben »rauschenden« Rausch vorangeht.

Um wieder auf den Teppich zu kommen, erzähle ich

Ändschela einen Witz vom Aale Peter. Den mit der Frau und den drei Ehemännern, Sie wissen schon. Ändschela ist darüber so begeistert, dass sie uns einen Rum bestellt. Der Wirt nickt mir aufmunternd zu, als er die Gläser bringt. Ändschelas Unterarm, der sich unterdessen in meinen verhakt hat, sitzt fest wie eine Schraubzwinge. Seit sie weiß, dass ich im Unterland wohne, erzählt sie mir unablässig von ihrer kaputten Hüfte, die ihr – nachdem ja nun der letzte Fahrstuhl gen Oberland passé sei – den Weg über die Treppen zu einer Qual mache. Weil ich ihr Angebot so freundlich wie bestimmt ignoriere, wendet sie sich schließlich von mir ab.

Kaum jedoch ist ihr Hocker frei geworden, spricht mich Joko an, der Feuerwehrmann. Nach einem Rettungseinsatz in der eiskalten Nordsee vor 25 Jahren hat er sich geschworen, nie mehr im Leben zu frieren. Weil das einzig Hitzige in seiner Beziehung die Streitereien waren, quittierte er mit dem Dienst auch die Ehe und zog nach Teneriffa. Und dort lebt er noch immer.

»Nach Helgoland fahre ich nur, wenn ich mal wieder ein bisschen Gesellschaft brauche«, sagt er, ohne mich anzusehen. Außerdem, und das schiebt er fast stumm hinterher, habe er hier die besten Zeiten mit Helga verbracht. Bis heute hat er auf Teneriffa nie mit einer Frau gelebt, das will er auch nicht. Ihm reiche sein Motorrad, sagt er. Und fällt danach in ein tiefes, halbstündiges Schweigen.

Allmählich fühle ich mich wie in einer Parkbucht vorm Supermarkt. Die Autos neben mir kommen und gehen, nur ich suche noch immer nach meinem Einkaufszettel. Der Wirt verabschiedet sich in die Kippenpause, hinten an der Cocktailtheke tanzt ein junger Kerl mit schwarzer Weste elegant zwischen Shaker, Icecrusher und Obstbar. Strohhalme, Pappschirmchen und Schalen voller eingeritzter

Orangenscheiben markieren sein Revier, das er auf Hochtouren beackert.

Rudi schläft jetzt längst fest. Wenn er Glück hat. Angelika hingegen hat sich zu zwei bärtigen Typen an einen der Tische gesetzt und führt dort entschlossen das Wort, ohne mich noch eines Blickes zu würdigen. Das eiskalte Bier wirkt Wunder gegen meine beginnenden Halsschmerzen, deshalb bestelle ich mir noch eins.

»Willst du vielleicht noch einen schönen Rum probieren?«, fragt mich der Wirt, als er das Glas vor mir abstellt.

Auf Rudis verwaistem Platz sitzt jetzt ein großer, kräftiger Mann mit Schnäuzer, dem man im ersten Moment den Handwerker ansieht. Jochen ist Koch und will auf Helgoland ein neues Leben anfangen. Unglücklicherweise hängt er einem mehrfach verurteilten Ex-Arzt namens Ryke Geerd Hamer an, der im Rahmen seiner »Germanischen Neuen Medizin« (GNM) wirre Krebstheorien mit Antisemitismus mischt und auf dessen Konto zahllose tote Jünger gehen. Jochen bevorzugt statt »Sekte« allerdings die Formulierung »fast wie eine Familie«. Sein verzweifelter Irrsinn erregt mein Mitleid. Gleichzeitig textet er mich jedoch dermaßen hartnäckig zu, dass ich ihm bald irgendeinen germanischen Virus an den Hals wünsche. Seine Frau ist in der Hinsicht schon weiter. Statt zum Arzt zu gehen, behandelt sie ihren jüngsten Abszess nach GNM und schluckt dazu von morgens bis abends ein Fluidum namens kolloidales Silber. Wenn sie mal stirbt, sind dann die Schatzsucher dran ...

Nun ja, man kann sich seine Thekennachbarn nicht aussuchen. Aber es gibt gewisse Methoden, jemanden loszuwerden. Als ich Jochen von meinen Halsschmerzen erzähle und ihm mein Bier als kolloidales Gold präsentiere, knickt er ein. Ich tauge nicht zum Mitverschwörer.

Hinter mir am Hochtisch unterhält sich ein eingeborener Friesenkinnbart mit zwei zauselschnäuzigen Butterfahrerpiraten über den FC St. Pauli. Nach der Schlagzahl der abwechselnd geordeten Schnapsrunden zu urteilen, sind sie sich weitgehend einig. Der Cocktailkellner ist mit einem den vernieteten Lederjacken längst entwachsenen Punkerpärchen in eine Diskussion über den ökologischen Schaden von Flaschenpost verstrickt. Wenn ich das noch richtig verstehe, geht es um Muscheln, die mittels der schwimmenden Pullen in fremde Gewässer treiben und dort angestammte Arten verdrängen. Sollen sie sich doch die Schalen einschlagen, sage ich mir. Denn für mich klingt der zwischenzeitlich nicht ganz einfache Abend auf die denkbar entspannteste Weise mit Dörte aus. Sie ist 19, gebürtige Helgoländerin, kellnert in einem Restaurant und hält eins plus eins schlicht für zwei, ohne aus dieser Gleichung ein existenzielles Problem zu machen. Zum einen stammt sie aus dem Clan des beliebten Inseldichters, zum anderen ist ihre Schulzeit noch nicht lange genug vorbei, um alle Erinnerungstafeln ausgewischt zu haben. Und deshalb rezitiert mir Dörte aus dem Stehgreif ein Krüss-Gedicht, das dem Abend einen so passenden wie schönen Stempel aufdrückt.

Wenn die Möpse Schnäpse trinken,
wenn vorm Spiegel Igel stehn,
wenn vor Föhren Bären winken,
wenn die Ochsen boxen gehn,
wenn im Schlafe Schafe blöken,
wenn im Tal ein Wal erscheint,
wenn in Wecken Schnecken stecken,
wenn die Meise leise weint,
wenn Giraffen Affen fangen,
wenn ein Mäuschen Läuschen wiegt,

wenn an Stangen Schlangen hangen,
wenn der Biber Fieber kriegt,
dann entsteht zwar ein Gedicht,
aber sinnvoll ist es nicht.

Im Frühstücksraum von Frau Lohmann ist es voll: Brötchenkrusten zersplittern unter dem Zug sorgfältig geschärfter Messer, Bananenschalen gleiten lautlos in die praktischen Tischklappeimerchen.

»Der erste Schritt ist der übelste«, schreibt die Inselzeitung »Iip Lunn«. Ich bewundere diesen Journalisten, seit ich hier bin. Jeden Morgen liefert er ein meistens einseitig bedrucktes Din-A4-Blatt mit Nachrichten zur Insel aus: Historisches, Aktuelles, Klatsch und Tratsch und das Wetter natürlich.

»Wir haben super lecker gegessen, und die Scholle wollte dann doch noch schwimmen«, leitet er einen Artikel ein, der eigentlich nur vermitteln soll, wie toll erfrischend ein Spaziergang rund um die Insel sein kann. Bei mir war es jedoch kein »Jubi oder Weinbrand oder vielleicht auch ein kleiner Bourbon«, der mir das morgendliche Rührei verhagelt. Sondern der verdammte Neun-Euro-Rum aus dem *Knieper*.

Als ich um einen zweiten Kaffee bitte, merke ich, dass ich kaum noch Stimme habe. »Zu viel gejodelt gestern?«, fragt Frau Lohmann.

Schon gestern, als sie mir meinen Helgoland-Pass aushändigte, hatte sie mir den Eindruck vermittelt, sie halte mich für einen arbeitsscheuen Schluckspecht. Auf meine völlig ernst gemeinte Frage, welche Vorteile mir dieser Ausweis bringe, hatte sie trocken geantwortet: »Wenn man Sie irgendwo auf der Insel in verwahrlostem Zustand aufgreift, werden Sie mit diesem Pass zurück zu uns gebracht.«

Das hat schon beinahe Pohl'sche Qualität, aber der Lohmann nehme ich nichts übel. Im Gegenteil, um ihr zu imponieren, erzähle ich, dass ich heute die Düne erkunden werde. »Fliegen Sie im Geiste mit auf den Wogen und Lüften Ihrer schwebenden Fantasie«, deklamiere ich heiser. Aber bevor ich meiner lachenden Wirtin gestehen kann, dass es sich da gerade um ein »Iip-Lunn«-Zitat gehandelt hat, ist sie auch schon wieder am Buffet zugange.

Von Helgoland aus wirkt die Düne wie ein größerer Sandkasten. Auf den Spuren der Butterfahrer zieht es mich dort zunächst zu Jonnys Hill, der höchsten Erhebung. Drüben im Westen flirrt der rote Felsen mit monumentaler Eleganz im Sonnenlicht. Rings um den Hügel herum verleiht der aus Asien importierte Sanddorn den pulverfeinen Dünen Festigkeit und Leben. Hunderte von Heringsmöwen lagern zwischen den Büscheln, manche nebeneinander dösend, manche übereinander am nächsten Nachwuchs arbeitend. Irgendwo mitten im Sand spritzt jemand Strandkörbe ab, das muss ein Bruder von Sisyphus sein. Der Gedenkstein auf dem stillen Friedhof der Namenlosen reimt:

> *Ihr Namenlosen im weißen Sand*
> *Den Nordseewogen umbranden*
> *Wie kamt ihr hier an diesen Strand*
> *Aus welchen fernen Landen*
>
> *Ihr hattet euch dem Meer vertraut*
> *Zur Heimat kehret ihr nimmer*
> *Um euch ist manches Haupt ergraut*
> *Verschollen seid ihr für immer*

Namenlos wie die Toten, ungeniert wie die Möwen, desinteressiert an den Menschen liegen auch die Robben am Strand. Wenn sie sich nicht bewegen, wirken sie wie fette Raupen, denen man nicht ansieht, wo vorne und hinten ist. Eine dreht sich faul auf den Rücken, die nächste stupst rüde den Schwanz ihrer Nachbarin, und am Wasser tragen zwei schwarze Halbstarke einen ritualisierten Kampf aus. Der Robben Art, sich an Land fortzubewegen, hat in meinen Augen etwas Obszönes, aber darüber kann man sicherlich geteilter Meinung sein. Der Nordstrand ist zugleich das Mekka der Hobbygeologen und Schatzsucher. Bernsteinfreunde erkennt man am dauergesenkten Kopf. Wie Betrunkene torkeln sie umher und nähern sich zuweilen gefährlich den Robben, immer auf der Suche nach einem Feuerstein oder einem Stück fossilen Harzes. Einige von ihnen, die Männer, wirken dermaßen verbissen, dass sie wohl nicht einmal aufblickten, böten ihnen die Tiere ein Glas Eiergrog an.

Zurück auf der Hauptinsel, fühle ich mich vollkommen genesen. Mittlerweile bin ich ein gutes Dutzend Mal um die gesamte Insel gelaufen. Jeden Morgen, jeden Abend, und manchmal auch noch zwischendurch, um den Kopf frei zu bekommen, sei es vom Alkohol, sei es für einen neuen Kneipengang. Kondition verlangt dieser überschaubare Rundweg vor allem von den Sprechmuskeln. Auf meinen – an sich einsamen – Spaziergängen habe ich geschätzt 500 Leute gegrüßt in den Varianten Guten Morgen, Morgen, Moin und Moin, Moin. Manchmal habe ich auch nur mit dem Kopf genickt. Ich habe gelernt, den Entgegenkommenden zu taxieren: Ist das ein »Grüßer« oder nicht? Wer sich dabei keine Menschenkenntnis aneignet, für den kann es peinlich werden. Da erhascht man diesen kurzen, unvermeidlichen

Augenkontakt, der dem Gruß vorausgeht, und setzt in genau dem Moment zum Moin, Moin an, in dem der andere den Kopf wegdreht. Und dann?

Verlegenes Räuspern, Hüsteln, »Arschloch« denken. Es ist wie beim Duell: Wer zieht als Erster? Oder besser: Wer wartet am längsten, um dann souverän reagieren zu können?

Der Helgoländer Klippenweg ist ziemlich schmal, und es gibt nur diesen einen. Der Gruß liegt in der Luft, wenn man sich morgens um acht auf einer Urlauberinsel begegnet. Bleibt er aus, weil beide Parteien zu lange zögerten, hinterlässt das ein schales Gefühl. Als habe man soeben zwischenmenschlich versagt.

Mit meinen Eltern und dem ein Jahr jüngeren Bruder ging ich einmal durch einen Wald irgendwo in der Eifel. Steil rechts von uns fiel ein Bach zu Tal, der Pfad war so schmal, dass stets eine Partei hügelan ausweichen musste. Unsere blutsverwandte Vierergruppe hatte sich gerade ein wenig auseinandergezogen, als uns ein vollkommen deckungsgleiches Quartett entgegenkam: Vater voran, dahinter die Mutter und die beiden Kinder. Es begann, was nach Norm und Anstand kommen musste: Vater grüßt Vater, Väter grüßen Mütter, Väter und Mütter grüßen Kind 1 und so weiter. Alles ging gut bis zu dem Moment, da mein zehn Meter vor mir laufender Bruder als drittes Glied unseres Zuges auf die Spitze des entgegenkommenden traf. »Mahlzeit« höre ich noch heute die Stimme des fremden Vaters im Ohr. Und genauso präsent ist mir der Gesichtsausdruck, mit dem er auf die Erwiderung meines Bruders reagierte.

Unverständnis.

Pures Entsetzen.

Schließlich Abscheu.

Aber lassen wir das.

Ein gewisses Quantum dieser tabubrechenden Kühnheit hätte ich mir auf meinen Inselrunden jedenfalls auch manchmal gewünscht. Als besonders niederträchtig empfand ich etwa jene Frau, die mich im Näherkommen anlächelte, um dann jedoch jemanden hinter mir zu grüßen. Wie sich obendrein herausstellte, handelte es sich dabei auch noch ausgerechnet um den Schnaufer, der mir schon eine meiner ersten Touren vermiest hatte.

Auch in Helgoland versucht man, den ein oder anderen geschichtlichen Makel dezent zu übertünchen. Warum sonst wird man auf so einer kleinen Infoboje am Wegesrand darüber informiert, dass der Leuchtturm zwar 1936 eingeweiht, aber bereits Ende der 1920er-Jahre geplant wurde? Fünf-Tonnen-Bomben machen Fünf-Tonnen-Trichter, so einfach ist das. Unter diesem einen Quadratmeter Insel liegen 13 Kilometer Bunkeranlagen der Nazis. Weil in Bundsandstein nicht gesprengt wird, ließ man die Stollen von 4000 Zwangsarbeitern mit der Spitzhacke vorantreiben. Ein Raum dort unten war als »Notschule« deklariert – auf dass der Ariernachwuchs auch noch im Bombenhagel Physik lerne. Der Bunkerführer erzählt von seiner Mutter, die ihm versicherte, man habe hier bereits im Krieg porzellanene Kloschüsseln vorgefunden. Die hölzernen Plumpskisten im Bunker seien ahistorische Fakeware – aber das kennen wir von den helgoländischen Museumskuratoren ja schon.

Findig sind auf diesem Eiland bereits die Kleinsten. An der Treppe zum Oberland verkaufen Kinder Steine. Manche haben sie mit Inselmotiven bemalt oder zumindest gründlich gewaschen und poliert. Auf halber Höhe steht ein Junge, dessen Ware von getrockneten Lehmklumpen praktisch nicht zu unterscheiden ist. Seine Funde liegen weder in einer mitgebrachten Auslage, noch sind sie überhaupt irgendwie arrangiert. Stattdessen klebt auf jedem in krakeliger, großer Schrift der Preis.

»Hast du schon was verkauft heute?«, frage ich ihn.

Er lässt sich Zeit mit der Antwort. Wirft die Fransen aus der Stirn, reibt sich die Augen, blinzelt mich unschuldig an und sagt dann: »Nein.«

Ich glaube, aus dem wird mal was.

Von meiner zweitägigen Erkältung bin ich fast vollständig genesen und gedenke dies zu feiern, indem ich jede Kneipe besuche, in der ich noch nicht war. Um jedoch nichts zu überstürzen, setze ich mich erst einmal in die gute, alte *SansiBar*, wo ich sofort in eine hitzige Diskussion über Eiergrog gerate. Dieses »Getränk« wird hier als uralte Tradition verkauft und mit dem Zusatz »Helgoländer« versehen. Wirklich weit reicht die Sache jedoch nicht zurück – man gerade bis ins 20. Jahrhundert. Und Eiergrog wurde auch nicht auf Helgoland erfunden – klar.

Die Frage, was Eiergrog sei, ist eigentlich recht einfach zu beantworten. Man nehme ein Eigelb, gebe massenhaft Zucker darauf und schlage beides im Glas schaumig. Danach träufele man vorsichtig acht Zentiliter erhitzten Rum in den Brei und runde das Ganze mit einem Schuss heißem Wasser ab.

Nun kann das Wissen darum, was man genau vor sich hat, durchaus dazu beitragen, gewisse Hemmschwellen zu überwinden. Oftmals im Leben reicht jedoch schon der pure Anblick, um sich für alle Zeiten eine unumstößliche Meinung zu bilden. Während dem Helgoländer Eiergrog das finale Wasser beigegeben wird, steigt der weiße Schaum steif wie eine Haubitze aus dem Glas. Der Vorgang hat etwas Furchterregendes an sich, und ja, manch einem mag er gar ein wenig obszön erscheinen. Unterhalb des Schaums verkleistert derweil eine gelbliche Masse das Glas, mit der man am ehesten gewisse unangenehme Ausscheidungen assoziiert. Wie der leichte Strohhalm, so würde auch ein Stück Moniereisen kerzengerade darin stecken bleiben.

Ganz abgesehen von den optischen Irritationen gibt es eigentlich auch keinen Grund, einen vierfachen Rum zu trinken. Es sei denn, die Frau hat einen verlassen, das Haus ist abgebrannt oder man bekommt eine Glatze. Noch weniger Motive lassen sich dafür finden, diesen vierfachen Rum auch noch mit geschlagenem Eigelb und haufenweise Zucker zu mischen. Es sei denn ...

Dennoch sieht man hier an einem sonnigen Sonntag manchmal mehrere Dutzend touristische Seniorinnen und Senioren vor ihrem Eiergrog sitzen. In regelmäßigen Abständen – fast möchte man sagen: nach der Eieruhr – beugen sie sich vor und nuckeln am Strohhalm, als hänge ihr Leben von diesem Sud ab. Wer schon einmal William Burroughs' »Naked Lunch« gelesen hat, weiß, was ich meine. Helgoland, das ist die Interzone, die Dr.-Benway-Farm, auf der die willenlosen Süchtigen an den langen Zitzen der Mugwumps saugen. Genauso gut könnten sie einen Infusionsständer neben sich führen und den Eiergrog intravenös aufnehmen.

Die Diskussion in der *SansiBar*, um darauf zurückzukommen, dreht sich im Wesentlichen darum, wie viele Gläser Eiergrog man maximal trinken kann. Ein Einheimischer mit kantigem Kinnbart hat gerade behauptet, an seinem Geburtstag einmal vier Stück geschafft zu haben. Sein Nachbar, der sich als »Rainer aus Hannover« vorstellt, erklärt das für völlig ausgeschlossen. Mehr als drei Eiergrogs überstiegen schon allein wegen des charakteristischen Geschmacks dieses Getränks alles Denkbare. Schließlich sei auch der olfaktorische Faktor in Betracht zu ziehen, das Zeug rieche doch wie Katzenpisse.

Dem eingeborenen Friesen geht dieses Urteil deutlich zu weit, jetzt gilt es, die Inselehre zu verteidigen. Aber sein Konter, die Helgoländer Spezialität habe den deutschen Sprachschatz um das Wort »Rumeiern« erweitert, verfängt dann doch nicht so recht.

Laut Herodot mussten bei den alten Persern Beschlüsse, die nüchtern gefasst worden waren, am nächsten Tag noch einmal im Rausch verhandelt werden. Dasselbe galt andersherum und bedeutet für mich: Über Eiergrog reden wir morgen früh noch mal, Jungs. Um nun aber endlich meinem Kneipenhopping-Plan zu folgen, schwenke ich nach schräg gegenüber in den *Windjammer*. Toller Laden, nur dass ich mich nicht mehr detailliert an alles erinnern kann. Auch in der *Bunten Kuh*, im *Felsenkrug* und in der *Pinkus Eiergrogstube* zapft man hervorragendes Bier, ganz zu schweigen vom *Knieper*, in den ich zwischendurch zu einem spontanen Abschiedsbesuch einkehre. Den *Inselkrug* schließlich, wenige Meter von meiner Pensionstür entfernt, hatte ich ursprünglich meiden wollen. Lustige Öffnungszeiten wie »ca. 10.07 – ?? und ca. 16.07 – ??« unterlaufen fast alle Reiseregeln, die ich mir vor Fahrtantritt aufgestellt hatte. Jetzt jedoch sitze ich an der kleinen Theke dieser wohnzimmerhaften Schänke und bin glücklich. Aus der antiken Hi-Fi-Anlage scheppern die *Beatles* als Stars on 45: alle Lennon/McCartney-Hits in 3 Minuten 23.

»Ich muss jetzt mal für kleine Jungs«, sagt der Alte zu meiner Linken. Aber dann betrachtet er seine Füße unten auf dem Stehring und hebt mal den einen, mal den anderen, als seien ihm diese Aggregate völlig fremd. »Lass noch mal die Luft raus«, sächselt er dann und hält sein leeres Glas in die Richtung, wo er den Wirt vermutet.

Irgendwer hier trägt ein brutal blendendes Endsechziger-Batikhemd, und wenn ich meine vor Ort gemachten Notizen entziffern könnte, hätte ich noch viel mehr zu erzählen. Ärgerlicherweise ist meine Schrift jedoch schon ab der dritten Station (*Felsenkrug*) so unlesbar geworden wie die Festplatte in meinem Kopf am nächsten Morgen. Und das alles ohne einen einzigen Eiergrog ...

Nicht gerade in Bestform, aber hoch motiviert breche ich am nächsten Tag gegen zwölf zu meiner letzten Inselumrundung auf. Zu Hause will ich einen Rapsong in die Charts bringen, der auf den schönsten Wörtern basiert, die ich von den Helgoländern gelernt habe. Aber vielleicht werfe ich diese Perlen am besten einfach hier unters Volk:

Schöne Wörter:

Hittfatt – Hummerkasten
Fleeten – Korkstücke an den Hummerkörben
Fuurump – Futterhemd, das Frauen unterm Trachtenkleid trugen
Skollduk – Schurztuch, das sich die Frauen kapuzenähnlich über den Kopf schlugen
Meersenf, Strandquecke – Dünenpflanzen

Schöne Namen:

Max Klack – Musiker
Cassen Eils – Reeder der Helgolandfähren
Rickmer Rickmers – Reeder
James Krüss – Dichter
Ommo Hüppop – Leiter der Vogelwarte

Am Norderfalm-Weg steht eine über ihren Stock gekrümmte alte Frau und ruft den Schafen ein perfektes Mäh zu. Vorm Kurmittelhaus werfen Vater und Sohn die Angel aus, irgendwo dahinten im Meer wurde die Asche von James Krüss verstreut. Überall trifft man auf bunte Marathonläufer, die für das große Rennen trainieren. Seit ich mich mit dem Problem des Grüßens auf engstem Raum befasst habe, fällt mir alles viel leichter. Mein »Moin, Moin« schallt bereits über die Klippen, bevor die Entgegenkommenden mich überhaupt von einem Basstölpel oder einer Lumme unterscheiden können. Und wenn demnächst jemand im gleichen Tempo vor mir geht, werde ich ihn entschlossen bei der Hand nehmen und das Vorwärts-Rückwärts-Seitwärts-Quer-Spiel mit ihm spielen.

Schwule Pinguine

Bremerhaven

Auf der Fähre von Helgoland nach Bremerhaven habe ich mir die hinterste Bank im Bordrestaurant gesichert. Rotes Kunstleder überspannt eine dicke Lage Schaumstoff, die sich im Bedarfsfall auch für ein postdionysisches Nickerchen eignet. Der quirlige Kellner verteilt die ersten Drinks und Sandwiches, während sich die Reihen langsam füllen. Fast alle hier sind Tagestouristen und haben sich mit steuerfreien Genussmitteln eingedeckt. Flaschen klackern, Konfektschachteln rascheln, und aus den weißen Plastiktüten lugen die Kippenstangen. Ich lehne am Fenster, die Welt wippt im sanften Wellengang der Nordsee. Kurz vor dem Ablegen, mir fallen bereits die Augen zu, hört man vom Treppenabgang her Gepolter. Da ist etwas hingefallen. Vielleicht auch jemand.

Geschrei, Flüche, Vorwürfe dringen aus dem Bauch des Schiffes zu uns herein. Direkt danach jedoch: derb-versöhnliches Gelächter. Durch die Tür schiebt sich eine Dreiergruppe: ein Mann, eine Frau, ein etwa 17-jähriger Junge. Der tapsige Gang, die aufgelösten Mienen im geröteten Gesicht: Vor allem die beiden Erwachsenen sind völlig betrunken.

»Bier besitzt die Eigentümlichkeit, den Menschen, der zu viel davon getrunken hat, nach rückwärts fallen zu lassen, während allzu reichlicher Weingenuss ein Niederstürzen nach allen Seiten verursacht«, behauptete Aristoteles. Wein wäre demnach ungefährlicher, weil man Glück haben und lediglich auf die Seite fallen könnte. Andererseits stürzte man in durchschnittlich jedem vierten Weinrausch auf die Nase. Und das ist der Worst Case.

Wie dem auch sei: Folgt man dem griechischen Starphilosophen, dann handelt es sich bei dem Mann dort hinten eindeutig um einen Biertrinker. Mehrmals fällt er ins Hohlkreuz und muss von der hinter ihm gehenden Frau abgestützt werden. Was ihn jeweils augenblicklich zu der Forderung veranlasst, sie möge doch gefälligst ein bisschen aufpassen.

Im Grunde habe ich mir keinen Bruchteil einer Sekunde Hoffnungen gemacht. Ich weiß ganz genau – und ich wusste das schon beim Eintritt, schon während des Gepolters –, wo diese Menschen sich hinsetzen werden. Mit dem trüben, trägen Blick eines angejahrten Spürhundes sondiert der Mann das Feld. Als er dann am Kopfende meines Tisches steht, glaube ich zu hören, wie der ganze Saal aufatmet. Das Rascheln und Schubbeln der Kleider signalisiert, dass sich jetzt alle wieder ihren Krabbenbrötchen und Kaffeekännchen zuwenden.

»Is hier wohl noch Luft, Meister?«, fragt der Mann.

»Ich hol mal Bier«, sagt die Frau.

Eddy ist ein gezeichneter Säufer mit Streichholzbeinen und seltsamen Gesichtsverfärbungen. Die aschgrauen Haare hängen ihm strähnig in die Stirn. Aus der rechten Schläfe wächst eine walnussgroße Beule, deren Inhalt man nicht so genau kennen möchte. Besonders auffällig: Eddys nikotingelbe Fingernägel, die sich in ihrem Bett offenbar nicht mehr wohlfühlten und deshalb wild wuchernd daraus erhoben haben. Ein Fall für die Gartenschere, wenn nicht den Bolzenschneider.

Bevor er sich neben mich setzt, stellt Eddy den Karton mit der Fünf-Liter-Flasche Jim Beam sorgfältig unter den Tisch. In den folgenden drei Stunden wird er das Paket ungezählte Male seine »neue Einbauküche« nennen: »Und zu Hause bauen wir erst mal unsere neue Einbauküche auf, was, Schatz?«

Karin, der Schatz, ist nicht seine Frau und der Junge nicht sein Sohn. Ihre schwarz gefärbten Haare mit dem Blauschimmer rahmen ein trockenes Rauchergesicht mit vielen kleinen Falten und roten Äderchen. Ihr Mund ist schmal, ohne Fettstift wären die Lippen kaum auszumachen. Eine Frau, die scheinbar die zweite Geige spielt, der Welt gegenüber den Wahnwitz ihres Galans moderiert, aber hinter den Kulissen die Strippen zieht. Was schon daraus hervorgeht, dass sie ihr Glas stets schneller leert als er.

An Schlaf ist nicht zu denken, und Eddy duldet auch nicht, dass an seinem Tisch der Hochkultur gefrönt wird: »Jetzt leg doch mal die kack Zeitung weg, Alter!« Seine abgeranzte Jeansjacke hat er bis zu den knochigen Ellbogen hochgekrempelt. Dieses Kleidungsstück muss aus jenen Tagen stammen, als in Bremerhaven die Werften florierten und Eddy noch kein völlig hoffnungsloser Fall war. Alles demontiert inzwischen, aber der Mann hat sich seinen dreisten Humor bewahrt. Vielleicht sogar ein bisschen zu viel davon.

Eine nonnenhaft dürre, entrückt lächelnde Frau geht an uns vorbei Richtung Toiletten. Eddy begrüßt sie als Mathilde, seine älteste Schwester, die damals jeden Spieler der Bremerhavener A-Jugend rumgekriegt habe. Vor allem die Mittelstürmer. Mathilde reagiert mit einer sanften Handbewegung, die so kaum jemand hinbekäme. Da mischen sich offenbar Toleranz und Lebenserfahrung mit einer philantropischen Sanftheit des Gemüts: Erzähl ruhig weiter, du verirrter Tor, der Herr vergebe dir deinen trunkenen Übermut. Als sie das nächste Mal vorbeikommt, legt sie einen Apfel vor Eddy auf den Tisch.

Anstatt meine Zeitung zu verbrennen, hat Eddy mir ein Bier bestellt. Meine Gegenwehr hielt sich in Grenzen. Manchmal muss man einfach akzeptieren, dass man keine Wahl hat. Außerdem habe ich an der Mole drei sehr salzige Brezeln gegessen, die meine Leber gefährlich austrocknen. Zehn Minuten nach dem Einchecken sind alle meine Pläne über den Haufen geworfen. Aber dafür bin ich mit Eddy, Karin und Pascal per Du.

»Der Pascal darf nur jedes zweite Bier mittrinken«, sagt Karin. »Glaub man ja nicht, dass ich meine Erziehung vernachlässige!«

Der Junge redet nicht viel, dafür kommuniziert er umso intensiver per Handy. Die flache Stimme und der unsichere Blick verraten, dass er zugleich peinlich berührt ist und stolz auf diese beiden Irren. An Selbstsicherheit gewinnt er jeweils, wenn ich mitlache. Offenbar sagt ihm diese Reaktion eines Außenstehenden, dass er vielleicht doch nicht so ganz falschliegt mit der Annahme, seine Mutter und ihr Freund seien ein tolles Team.

»Wenn der ein Mädchen geworden wäre, wollte mein erster Mann den eigentlich Olivia nennen. Wegen Olivia Pascal, weißte. Der war ein bisschen in die.«

Pascal grinst nun säuerlich, während der feixende Eddy ihm unterm Tisch in die Weichteile packt. Karin wühlt derweil in einer ihrer 20 Helgolandtüten. »Riech mal«, sagt sie und hält uns reihum ein aufs Handgelenk gesprühtes Pröbchen ihres steuerfreien Parfums unter die Nase.

»Olééé, wir fahr'n in 'n Puff nach Barcelona«, singt Eddy.

Das erste Bier an diesem frühen Nachmittag wirkt intensiv. Es knallt, wie man landläufig sagt. Von einem Menschen wie Eddy darf man sich jedoch nicht komplett aus der Reserve locken lassen. Ob ich über seine Witze oder ihn selber lache, soll für Eddy im Dunkeln bleiben. Ein bisschen Distanz statt bedingungsloser Blutsbrüderschaft, sonst sackt er einen ein. Dann landet man schnell im katalanischen Puff. Oder in seiner neuen Einbauküche.

Was von Eddy und seiner Sippe, was von unserem Tisch am Ende des Bordrestaurants ausgeht, ähnelt einem Virus. Zunächst dreht sich ein Mann aus der nächsten Bank zu uns um. Er trägt einen gelben Wollpullover mit V-Ausschnitt und darunter ein hellblaues Hemd. Ich vermute, dass er sich irgendwann vorhin sein Bild von mir, dem Urlauber mit der überregionalen Zeitung und dem Notizblock, gemacht hat. Und dass er inzwischen diese Insignien des Bildungsreisenden nicht mehr gedeckt bekommt mit dem enthemmten Gelächter aus unserer Ecke.

Ehrlich gesagt: Es geht mir genauso.

Zu Anfang, als Eddy bei mir landete, mag jener Nachbar noch vor allem Erleichterung und ein gewisses Mitleid mit mir empfunden haben. Inzwischen jedoch, das sehe ich ihm an, ist er amüsiert. Was er hinter seinem Rücken geboten bekommt, ist eine Burleske. Vorerst bleibt da alles im Rahmen, denn die Schauspieler bespielen ihre Bühne und sonst nichts. Ein bisschen neidisch ist der Mann mittlerweile wohl auch. An unserem Tisch wird zwar nicht gerade feinstes Kabarett zelebriert. Aber die Stimmung ist gut, und es wird Bier getrunken. An seinem Tisch versucht die Gattin gerade, das greinende Kind zum Ausmalen eines Papageis zu bewegen.

Als Eddy und Karin vom Oberdeck zurückkommen, tragen sie eine neue Lage Becks vor sich her. Eddy raucht billiges Bantam-Kraut – bevor er entschwunden war, hatte er in seiner Brusttasche lange nach dem Tabaksbeutel geangelt.

»Deine Mutter und ich geh'n mal 'nen Batman durchziehen«, hatte er zu Pascal gesagt und mit einem Augenkniepen in meine Richtung nachgeschoben: »Pass gut auf meine Einbauküche auf.«

Jetzt stellt er die Gläser ab und fällt in seine Bank. »Das ging aber schnell mit dem Batman«, sagt Pascal.

»Was meinst du, was ich in fünf Minuten alles schaffe. Ich bin Kurzarbeiter«, erwidert Eddy.

Tagsüber ist er Baggerfahrer, hat er mir erzählt. Das sei ein verdammt harter Job, schon morgens das Reinklettern in dieses Teil erfordere seine ganze Kraft. Und dabei lacht er wieder sein gurgelndes Raucherlachen. Ein Geysir, der immer wieder abstürzt, bevor er die Oberfläche erreicht.

Eddy und Karin wohnen nicht zusammen, sehen sich nur am Wochenende. »Kannst du dir vorstellen, was ich da immer mitmach die drei Tage?«, fragt Karin.

Kann ich.

Allmählich rückt die Wesermündung näher. Es ist Land in Sicht, Boote, Bojen, eine Insel.

»Vom Atomkraftwerk zum Atombunker sind es nur 300 Meter. Aber wenn's bei Hochtide knallt, hast du Pech gehabt. Den Bunker erreichst du nur bei Ebbe.«

Der Mann in der Reihe vor mir schüttelt den Kopf, aber sagt nichts.

»In Bremerhaven is alles kacke«, ruft Eddy. »Alles, selbst der Zoo! Im Zoo von Bremerhaven gibt's nur schwule Pinguine.«

Das Wort »schwul« hat er selbstverständlich so laut ausgesprochen, dass alle Mütter nun ihren Kindern erklären müssen, was es bedeutet. Außerdem hat er danach ein schrilles, irgendwie unanständiges Geräusch gemacht, das er offenbar mit brünftigen Pinguinmännchen verbindet.

Ich erzähle ihm, dass ich nicht in den Zoo, wohl aber ins berühmte Auswandererhaus möchte. Dieses als Schiffsbauch gestaltete Museum erzählt von jenen Millionen Menschen, die Deutschland ab der Mitte des 19. Jahrhunderts verließen. Manche landeten in den USA, manche in Chile oder Brasilien. Andere kamen nur bis Bremerhaven und mussten umkehren, weil ihnen das Geld ausgegangen war. Dann gründeten sie, wie in Luxemburg, trotzig einen neuen Weiler namens Neu-Brasilien. Oder sie tauften, so geschehen in der Eifel, ihren verödeten Hof auf den Namen Neu-Afrika.

»Ja gut«, sagt Eddy, »da musst du Zeit mitbringen.«

Die Vorstellung, ein Museum zu besuchen, ist ihm vollkommen fremd. Er nimmt einen tiefen Schluck und krümelt sich einen weiteren Batman aufs Blättchen, bevor er zum Gegenschlag ausholt. »Und dann wollen die, dass man in denen ihr bescheuertes Museum geht, aber nehmen Eintritt dafür. Na, sag mal!«

Karin nickt heftig mit dem Kopf. Später werde ich erfahren, dass man in Bremerhaven 12 Euro 50 für das Betreten dieses Hauses fordert, selbst vierjährige Kinder zahlen noch 6 Euro 90. Wahnsinnspreise, allerdings.

»Wenn meine neue Einbauküche erst mal steht, müssen die auch alle Eintritt zahlen«, sagt Eddy.

Kurz darauf stehe ich für neue Becks an und sehe Eddy durch den Gang hüpfen. Vor dem kleinen Sohn unseres Nachbarn stellt er sich auf die Zehenspitzen und fällt zunächst einmal vornüber. Beim Abstützen zerknittert er den noch immer farblosen Papagei. Seltsamerweise findet der Kleine das lustig.

»Geht's gut, du kleiner Kacker?«

Eddy spricht das aus wie: »Kleinä Kaggä«. Der Junge schweigt, scheint aber keine Angst zu haben. Seinem Vater, den ich nur von hinten sehe, stellen sich allmählich die Nackenhaare auf.

»Nu setz dich mal wieder auf deinen Hosenboden, Eddy.« Karin war kurz eingenickt, hat aber anscheinend ein immer waches Gespür dafür, wann sie ihren Männe bremsen muss. Auch Eddys Säuferantenne hat offenbar die Schwingungen aufgefangen, die von dem Nacken des Vaters ausgehen. Als er sich wieder zu uns setzt, wirkt er zufrieden.

Immer stärker vermischen sich Salz- und das Süßwasser der Weser. Irgendwo rechts von uns öffnet der Jadebusen sein konisches Tor. Ich habe das Unterdeck nicht verlassen, anfangs aus Müdigkeit, später aus Faulheit. In Bremerhaven, so viel ist sicher, scheint die Sonne. Als Eddy mich fragte, ob ich ihm beim Aufbau der Einbauküche helfen möchte, habe ich tatsächlich kurz gezögert. Nicht nur, weil solch eine Aktion meine Geschichte weitertriebe, sondern aus echter Sympathie. Eddy ist ein Prolet, er ist primitiv, und seine Scherze sind albern, derb, unter aller Kanone. Er nimmt keine Rücksicht, aber auch keine auf persönliche Verluste. Und wenn er sagt, er sei nüchtern nicht viel anders, glaube ich ihm das sofort. Auf seine Art versprüht er Charme, Witz und eine ungeschminkte Warmherzigkeit. »Ich bin klein und schwach«, murmelt er immer wieder, wie zur Entschuldigung, und das ist eine Einsicht, zu der es allzu viele Bürgersleute nicht bringen. Eddy ist das Gegenteil von stromlinienförmig, und das meine ich nicht in Bezug auf seinen Säufergang. Mir gefällt die Anarchie, die er verbreitet. Der kleine Junge hat über ihn gelacht, das sagt einiges.

Aber leider nicht alles.

Das Schiffshorn tutet, ich stopfe die fast ungelesene Zeitung in meine Tasche, und dann, nachdem wir sechs Bier miteinander getrunken und drei Stunden lang zusammengehockt haben; nachdem Eddy inbrünstig über Bremerhaven geschimpft und ich vom gar nicht so anderen Köln erzählt habe; nachdem wir ausgiebig über den Aufbau seiner Einbauküche gesprochen haben und ich nun meinen Hunger auf einen Döner vom Türken erwähne, da sagt mein neuer Kumpel Eddy in Sichtweite der Kaimauer: »Ich hab nichts gegen Ausländer. Nur Gas.«

*

Schade.

*

Vielleicht ist es Eddys brauner Schiss, der sich wie ein Schatten auf meine Zeit in Bremerhaven legt. Augen sind ein Filter, und was ich von dieser Stadt mitbekomme, ist ein sehr trübes Gebräu.

»Ist es egal, wohin ich mich setze?«, frage ich am nächsten Morgen die Buffetkraft im Hotel.

»Ja, Hauptsache auf einen Stuhl«, flötet sie. Wahrscheinlich ist das eine jüngere Schwester von Eddy.

Am Nebentisch sitzt ein Rentnerpaar, der Mann ist schon ein bisschen tüddelig. Anfangs mag ihn seine Frau noch helfend korrigiert haben, inzwischen kommandiert sie ihn.

»Jetzt mach die Tür schon wieder zu, macht man doch zu, Türen, nicht wahr!«, sagte sie beim Hereinkommen.

»Wer Kaffee will, sollte seine Tasse mitnehmen, oder wie siehst du das?«, fragte sie am Buffet.

»Du hast die Butter vergessen, brauchst dich gar nicht erst hinsetzen«, sagte sie dann am Tisch.

Wer über die lange Hafenstraße gen Lehe spaziert, bekommt den Eindruck eines Boulevards am Ende seiner Tage. Hier passiert man mehr Ein-Euro-Läden als Nachtklubs auf der Reeperbahn. Die restlichen Ladenlokale füllen türkische Obsthändler und Kneipen, die zwischen rot- und zwielichtig changieren. Ringsum geben sich der *Blaue Peter*, *Vivians Karaoke* und die *Venus Bar* die Hand, gefolgt von *Ronjas Räubereck*, *Bei Blondi* und dem *Nacht Licht*. Der schwarz verkleidete *Rox Club* (»Whiskey-Cola 2 Euro«) liegt praktischerweise direkt neben *Ulla's Blumenecke*, sodass man der Liebsten nach durchzechter Nacht einen Blumenstrauß ans Bett bringen kann.

Macht Rauchen eigentlich dick? Oder ist der Zusammenhang doch sozialer Art? Ein Frühaufsteher mit Basecap und Jogginganzug führt seinen Fiffi aus, der exakt keinen Laternenmast, kein Elektrohäuschen, keine Radkappe und kein Fahrrad verschont. Was den Spaziergang für das ohnehin noch angeknockte Herrchen zu einer Stop-and-go-Tortur macht und mir ein Gedicht aus dem echten Leben beschert:

> *Du miese Töle,*
> *du, ich*
> *schmeiß dich in die Weser,*
> *wenn du jetz nich kommst, ich*
> *dreh dir den Hals um,*
> *du*
> *miese Töle,*
> *du*

In den alten Tagen hätte er sein Mütchen anschließend in der Gaststätte *Pinguin* kühlen können, aber da hängt jetzt ein krakeliger Zettel an der Tür: »Vorübergehend zwischen 2 und 16 Uhr geschlossen«. Hoffen wir im Sinne aller genervten Hundebesitzer, dass der Pinguinwirt für diese gastronomische Kernzeit bald wieder einen Kellner findet.

Je weiter man nach Norden vordringt, desto schäbiger wird die Gegend. Das Gebäude der Nordseezeitung: ein dreckig-grau verklinkerter Block. Das auffallend hübsch gestrichene Gebäude Ecke Lessing- und Fritz-Reuter-Straße: ein Großbordell.

Wenn eine kopftuchtragende türkische Greisin an einer halb nackten philippinischen Prostituierten vorbeigeht, dann ist das zunächst einmal der größtmögliche Gegensatz, also Kitsch. Dennoch ist es spannend zu beobachten, wie das Mädchen kurz aufhört, mit dem Hintern zu wackeln. Und dass es einen Meter zurückweicht von seiner Glastür, ins Innere des Hauses. Die Türkin wiederum reagiert ebenfalls räumlich und passiert den Eingang mit einem leicht konvexen Schlenker. Kaum ist sie an der Philippinin vorbei, nutzt diese den kulturellen und altersmäßigen Kontrast, um sich mit mir mimisch zu verbünden. Aber ich laufe immer weiter, wie Forrest Gump, seit acht Stunden schon und mittlerweile in den Abend hinein. Die Verrichtungsräume der Prostituierten stelle ich mir vor wie die Kabinen der Emigranten, die man im Deutschen Auswandererhaus besichtigen kann. Dieses Museum ist ein regelrechtes Gruselkabinett mit lebensgroßen Puppen, nachgebauten Räumlichkeiten und künstlichen Geräuschkulissen. Im Zwischendeck, wo die dritte Klasse hauste, kann man kaum aufrecht stehen. Die Menschen dort lebten und schliefen ohne Tageslicht, in doppelstöckigen Betten voller dreckigem Stroh. Stickige Luft, der Gestank nach Schweiß, fauligem Holz und Exkrementen. Hier schreit ein Baby, da kotzt sich einer die Seele aus dem Leib, dort prügeln sich zwei, die dieses zwölfwöchige Martyrium einfach nicht mehr aushalten.

»Stell dir das mal vor, Anni: drei Monate neben einem schlimmen Schnarcher zu verbringen.«

»Ob du's glaubst oder nicht, Hilde: Das mach ich seit 43 Jahren.«

Sehr stark vertreten hier: amerikanische Touristen, wahrscheinlich deutscher Abstammung. Vor 100, 150 Jahren standen vielleicht ihre Ururgroßeltern hier am Kai, im zerrupften Sonntagsstaat und mit einem Bündel Habseligkeiten unter dem Arm. Es ist seltsam, aber trotz der unterschiedlichen Kleidung und Frisur fällt so ein Amerikaner kaum auf, wenn er im Speisesaal neben einer Puppe Platz nimmt. Duane Hanson hätte seine Freude gehabt.

Ein ganz normaler Wochentag in Bremerhaven: Alles wirkt leer gefegt und so düster, als gäbe es hier weniger Laternen als andernorts. Auf der Bürgermeister-Smidt-Straße rasen aufgemotzte, tiefergelegte, abgedunkelte Autos an mir vorbei, die mehr vom Testosteron als von Menschenhand gesteuert werden. Aus einer Seitenstraße schwankt ein alter Kerl, der lauthals würgt und jammert. Als er sich an eine Hauswand lehnt, bemerke ich, dass er in einer Endlosschleife steckt: »Was hätte ich denn machen sollen?«, wiederholt er Dutzende Male. Wie Jack Nicholson in »Shining« als wahnsinniger Schriftsteller, der wochenlang immer denselben Satz schreibt: »Was du heute kannst besorgen, das verschiebe nicht auf morgen.« Aber was hätte er denn besorgen sollen?!

Das Karstadt-Restaurant annonciert einen Schnitzeltag. Als ich die »feurige Zigeunersoße« bereits auf der Zunge schmecke, werde ich jedoch zurückgewiesen. »Geschlossene Gesellschaft«, sagt die Frau im blauen Hosenanzug, »das gesamte Restaurant ist für eine Kreuzfahrtgruppe geblockt.« Die Aida, schon wieder. Möge sie am nächsten Eisblock zerschellen.

Unentschlossen steuere ich das *Alt Bremerhaven* an, eine hübsche Traditionsgaststätte ganz in der Nähe meines Hotels. Aber dort ist die Theke komplett leer gefegt, während an den Tischen gegessen wird. Nichts für einen einsamen Bierreisenden. Im *Rüssel* läuft Reggae, außer ein paar Studenten bevölkern nur Seemänner den Saal. Ich lerne: In Litauen gibt es keine Erdnüsschen. Denn anders ist das glückserfüllte Gesicht dieses baltischen Matrosen nicht zu erklären. Auch die dritte Schale Ültjes nimmt er mit beiden Händen in Empfang, um sie dann wie den Heiligen Gral zu seinem Tisch zu tragen. Die Hauptgruppe jedoch bilden Iren und Engländer. »Es gibt keine besseren Gäste als englische Seemänner«, sagt der Kellner. Und wie zur Bestätigung löst sich einer aus der Gruppe am Eingang und bestellt »ten more big beers and ten pizzas«. Das kann man sich merken.

Ein skandinavischer Forscher will herausgefunden haben, dass Englisch nicht von den Germanen, sondern von den Wikingern abstamme, stand heute Morgen in der Zeitung. Den Jungs hier wird es egal sein, Hauptsache, der Kellner versteht sie. Mein Kölner Kumpel Pit arbeitete einst als Hilfsmediziner in England und versuchte seinem Chefarzt die kontinentalen Gewichtseinheiten näherzubringen. Der jedoch, gewöhnt an Stone, Pound und Ounce, schnitt ihm das Wort ab: »I wouldn't know what a fucking Kilo is even if it would fall on my head.«

Ich mag diese britische Ignoranz und finde sie wieder bei jenem Kerl, der keinen Unterschied zwischen einem

Pint und jenem halben Liter sehen will, den er da in der Hand hält. Als ich ihm mit 568 Millilitern komme, winkt er ab und wendet sich wieder seinen Kumpels zu.

Recht hat er, ist nicht mein Tag heute. Beim Bezahlen fällt mir ein schönes Wort ein, das ich vorhin im Auswandererhaus gelernt habe: Woolloomoolloo. In der Sprache der Aborigines bedeutet das »Kleines Känguru« und ist der Name jener Bucht, an der Sydney entstand. So ein kleines Känguru wäre ich jetzt auch gern. Dann würde ich meinen Beutel packen und ganz schnell aus Bremerhaven forthüpfen.

Klassenkampf und Kassenklampf

Rostock

Am nächsten Morgen scheint die Sonne, und Woolloomoolloo ist voller Tatendrang. Ich habe beschlossen, von der Nord- an die Ostsee zu wechseln. Bevor ich jedoch für ein paar Tage in Stralsund vor Anker gehe, will ich einen Zwischenstopp in Rostock einlegen. Die *Kogge* am Stadthafen sei eine »Muss-Kneipe«, so hat es einer der Seemänner aus Bremerhaven formuliert. Und da ich noch rund 80 Tage Zeit habe, will ich dieser Pflicht gerne nachkommen.

Beim Umstieg in Hamburg gerate ich vor dem Bahnhof in eine Aktion der »Bundeszentrale für gesundheitliche Aufklärung«. Es geht um jugendlichen Alkoholkonsum, aber offenbar sollen auch Erwachsene hier noch dazulernen.

»Wussten Sie, dass ein Gläschen Schnaps genauso viele Kalorien hat wie eine kleine Portion Pommes?«, spricht mich eine junge Frau an.

»Nein, das wusste ich nicht«, sage ich und vermeide dabei, an mir herunterzusehen. Ich wüsste gern, wie viele Schnäpse man trinken darf, wenn man sich die Currywurst zu den Pommes spart. Aber da stülpt mir schon jemand eine sogenannte Rauschbrille über und zwingt mich, auf einem schmalen Kreidestreifen zu balancieren. Natürlich trete ich immer wieder rechts und links daneben. Als irgendwo hinter mir jemand zu lachen beginnt, breche ich die Aktion ab.

Um die Kids zum Nachdenken zu bringen, hängen ringsherum gelbe Zettel an Leinen. »Um mich gut zu fühlen, brauche ich keinen Alkohol, sondern ... mache stattdessen viel Sport und rauche Marihuana«, hat jemand den Satz vollendet. Während ein »Luca« schreibt, er »trinke eine Cola und quatsche über Probleme. Das Beste ist, dass ich mich am nächsten Tag an alles erinnern kann«, legt der Streber nach.

Andere Karten fragen nach dem »liebsten alkoholfreien Getränk« und generieren Antworten wie »Kirsch-Banane«, »Stilles Wasser« und »Selbst gepresster O-Saft«. Als »Tipp für alkoholfreie Partys« kommt »90er-Mucke, da kann man super ohne Alk drauf tanzen«, aufs Tapet. Und als seine »Rückmeldung zur Aktion« hat jemand geschrieben: »Es ist toll, dass jemand das Problem so auf den Kopf trifft.«

Da wird das Problem dann wohl eine Aspirin brauchen. Das Woolloomoolloo hingegen stärkt sich mit einem großen Bahnhofsbier und fährt weiter nach Rostock.

Über die Rosa-Luxemburg-Straße, den Friedrich-Engels-Platz und die August-Bebel-Straße erreiche ich die Stadtmitte. Da weiß man doch gleich, dass man in der ehemaligen DDR ist, schön. Die Innenstädte der neuen Länder sind heutzutage durchsetzt mit denselben Kaufhausketten wie im Westen. Wie fette Asseln kleben sie im Gitternetz der Straßen, alles Charakteristische und Einzigartige verdrängend. Dennoch wirken ostdeutsche Städte jünger, irgendwie tastender, wenn man dort herumspaziert. Wären Düsseldorf oder München Menschen, schritten sie mit geschwollener Brust und wackelndem Arsch selbstzufrieden grunzend einher. Rostock hingegen erinnert an einen kleinen, mal auf dem einen, mal auf dem anderen Bein hüpfenden Jungen. Aus dem kann noch was werden, oder auch nicht. Aber spannend bleibt es allemal.

Nach den sozialistischen Heldenstraßen fallen mir die mit lokalhistorischem Hintergrund auf: Armbettelmönch-, Garbräter-, Eselföterstraße, Faule Grube und Aalstecher. Auch den Patriotischen Weg oder die Petersilienstraße möchte man einmal beschritten haben. Das *Stadtcafé* wirbt mit dem Spruch, ein Kaffee müsse so heiß sein wie »die Küsse eines Mädchens am ersten Tag«. Klarer Fall von Zunge verbrannt, aber die belegten Brötchen sehen lecker aus. Eine meiner Reiseregeln besagt:

Wer auf Reisen ist, sollte lokales Bier trinken, lokales Essen zumindest probieren und unbedingt die Lokalzeitung kaufen.

Dementsprechend studiere ich die »Ostsee-Zeitung« und bin wie überall auch hier fasziniert von den Kurznachrichten aus der Region. »Groß-Kleinern fehlt es noch immer an Drogeriemärkten«, lerne ich. Da möchte man doch direkt hin, Corega Tabs und Katzenstreu verteilen. In Lambrechtshagen hingegen läuft es rund zurzeit, »das Stolpern während der Weihnachtsandachten hat ein Ende«. 1500 Euro hat die Gemeinde für ein paar Stelenlampen zusammengebracht, die fortan den Weg über den Friedhof zur Kirche beleuchten. Und so ein bisschen Andacht, am besten direkt eine Beichte, vertrüge auch jener Ladendieb, der bei der Flucht aus dem Supermarkt gegen eine »blitzeblank« geputzte Glastür gelaufen und »zu Boden gegangen« ist. In seiner Jacke, so schreibt die »OZ«, fanden sich ein Päckchen Zigaretten und eine Dose Konservenpfirsiche. Muss ich mir auch mal wieder besorgen.

Bei der Touristeninformation habe ich mir einen kleinen Faltplan beschafft, der umstandslos zur Sache kommt. Jeder kennt diese Kulturpfade, auf deren Hinweistafeln sich pensionierte Geschichtslehrer und rührige Heimatforscher austoben durften. Die jedes Nanoschräubchen eines jeden Exponats mit Namen kennen und uns das auch vermitteln wollen. Das Schlimme ist: Im Prinzip interessiert mich das sogar. Aber so ein Rundgang hat viele Stationen, da setzt einen der Hobbyhistoriker mit seinem Sermon unter großen Druck.

Mit der Marienkirche erreiche ich eine der Hauptsehenswürdigkeiten der Stadt, hier steht die größte und älteste astronomische Uhr der Welt. Und der Faltplan sagt: »Marienkirche. Schönste und bedeutendste Kirche (Baubeginn um 1230). Weltberühmt: Astronomische Uhr (1472).«

Das war's!

So macht man das!

Ein Apothekenthermometer zeigt 21 Grad an, nicht schlecht für zwölf Uhr mittags an der See. Vor dem Eingang des Kempowski-Museums kämpft eine dezent geschminkte alte Dame mit dem schwergängigen Doppelständer ihres Fahrrads.

»Geht's?«, frage ich.

»Ja, geht«, sagt sie. »Bis es eben irgendwann nicht mehr geht.« Lacht und schwingt sich auf den Sattel.

Als Walter Kempowski 1990 nach 34 Jahren erstmals wieder in seine Geburtsstadt zurückkehrte, fühlte er sich nicht genug beachtet von den Rostockern. In der DDR hatte man seine Bücher nicht lesen können, und die hier zur Wendezeit lebten, kannten ihn gar nicht mehr. Trotzdem vermachte er der Stadt den Rostock betreffenden Teil seines Archivs. Wie so häufig in solchen improvisierten Einrichtungen ist es ein ehrenamtlich arbeitender Pensionär, der die Stellung hält. Was er mir zeigt, ist die Hinterlassenschaft eines manischen Sammlers und Don-Quichottehaften Romanciers. Kempowski strukturierte seine Bücher mithilfe chaotisch-kryptischer Zettelcollagen. Dünnes, rötliches Papier, manchmal spitz zulaufend als Pfeilverweis, manchmal als meterlange, durchgezogene Lebenslinie einer Hauptfigur, vollgeschrieben mit Anmerkungen und Anmerkungen zu Anmerkungen. Alles in allem: ein Kampf gegen das organische Wuchern eines entstehenden Romans, ein kubistisches Ringen um das Dreidimensionale im Flächigen.

Dies verwirklichte er allerdings so rührend wie gespenstisch mit jenem selbst gebastelten Puppenhaus, das das Rostocker Untersuchungsgefängnis nachstellt. Unten in der Mitte sitzt seine Mutter beim Verhör, das sie den politischen Aktivitäten ihres Sohnes verdankte. Oben links liegt sie auf der Pritsche ihrer Zelle. Margarete Kempowski wurde 1948 zu zehn, ihr Sohn zu 25 Jahren verurteilt, von denen er acht in Bautzen absaß. Zwei schwäbische Besucher sind offenbar beeindruckt von Kempowskis Jugendsünden: »Aber überleg mal«, sagt der eine, »bei uns war's doch auch nicht viel besser. Da hattest du im Grunde nur die Wahl zwischen Fußball und Feuerwehr.«

Laut »Ostsee-Zeitung« hat es auch gestern wieder diverse Schlägereien, Einbrüche und Überfälle gegeben, und zwar alle im Hansaviertel westlich des Zentrums. Als ich dort eintauche, erweist es sich jedoch, zumindest tagsüber, als harmlos. Schlichte, renovierte Mietskasernen in nach alten Hansestädten benannten Straßenzügen bilden nicht gerade blühende Landschaften, aber auch keine postrealsozialistischen Wüstungen. Ein Versicherungsbüro, Mülltrennungsboxen, Ausfahrt-freihalten-Schilder, ein paar Deutschlandfahnen und »Rostocks erstes Unisex-Nagelstudio«. Der UPS-Mann grüßt den DHL-Kollegen, während sie paketbeladen auf dem Bürgersteig aneinander vorbeihetzen. Krähen verjagen die Elstern von einem toten Karnickel hinter einem graffitibeschmierten Stromkasten. Ein Plakat darauf kündigt eine Rio-Reiser-Coverband an. Sozialistischer West-Rock im östlichen Rostock, da muss ich hin. Südlich angrenzend dann: das Ostseestadion, das an die großen Zeiten von Hansa erinnert. Auch diese Arena heißt inzwischen nach einem Sponsor, so ist das im Kapitalismus. Auf den Treppen zum Osteingang sitzen vier rauchende Frauen mit Tupperdosen – offenbar Betreuerinnen der benachbarten Kindertagesstätte »Butzemannhaus«. Und der »Club der Volkssolidarität« lädt für Montag zu einer Modenschau: »Trendige Seniorenbekleidung bei Kaffee und Kuchen mit anschließendem Verkauf«. Da bin ich dann allerdings schon weg.

Eine Kneipe rechts des Wegs wirbt mit einem ungewöhnlichen Angebot: Ein Pils, ein Kümmel und ein Rollmops für 3 Euro 50. Man kann dieses sogenannte Hanseatengedeck sogar »supersizen«: Zwei Pils, zwei Kümmel und zwei Rollmöpse kosten dann nur 6 Euro. Das klingt verdammt günstig, aber wahrscheinlich hängen mir die Cuxhavener Wacholdersardellen noch nach. Auf die Vorstellung von zwei essigtriefenden Rollmöpsen reagieren meine Sinne so heftig, dass ich schnell das Weite suche.

So lande ich schließlich in einem Asia-Imbiss. Beim Geldwechseln fällt dem jungen Angestellten ein 20-Cent-Stück von der Theke. Es landet genau in einer großen Schale mit dickflüssigem, undurchsichtigem Salatdressing. Er kramt eine neue Münze aus seiner Kasse und ignoriert das Problem.

Die Nonchalance des Kellners überrascht mich. Aber was soll er angesichts vier wartender Kunden schon machen? Vielleicht, so sage ich mir, finde ich am Boden meines Chicken Curry gleich einen alten Piratenschatz. Oder wenigstens ein paar Ostmark. Während ich meine Gabel zur ersten Probebohrung ansetze, verlässt gegenüber gerade ein männlicher Heranwachsender einen sogenannten Militärladen. Auf der Suche nach seiner modischen Identität hat er sich für eine zwischen Olivgrün und Wüstenbeige oszillierende Tarnjacke entschieden. Nicht zum ersten Mal frage ich mich: Warum tun diese Jungs das? Glauben sie wirklich, diese Tracht verhelfe ihnen zu einem Mehr an Männlichkeit?

Das Curry war lecker, in archäologischer Hinsicht jedoch eine Enttäuschung. Nicht einmal ein alter Stiefel ist mir an die Forke gegangen. Stattdessen wird mein Interesse nun auf eine grazile Geschäftsfrau gelenkt, die tippelnden Schritts an die Theke tritt und einen Salat zum Mitnehmen bestellt. Der Currydealer zückt die Instrumente und stapelt ihr etwas zusammen. Welches Dressing sie wünsche, fragt er dann, ein bisschen scheinheilig, wie ich finde. Noch bevor die Frau sich entscheidet, bin ich durch die Tür.

Um mir den Rückmarsch zu sparen, frage ich eine Bäckersfrau nach etwaigen Busverbindungen. Sie erklärt mir den Weg zur Haltestelle und fügt warnend hinzu: »Die fahren aber nur einmal die Stunde.«

Mein Herz sinkt in die Fußhacken, zugleich macht sich jene Panik breit, die einen nach solch einer Auskunft dazu treibt, die Strecke im Sprint anzugehen. Zumal die Frau nach kurzem Nachdenken hinzufügt: »Viertel vor haben wir jetzt, das könnten Sie schaffen.«

Tatsache, es bleibt mir nichts, als zu spurten. Aber bevor ich loslege, ein letzter, dunklem Misstrauen geschuldeter Check: »Die kommen also immer zur vollen Stunde?«

Die Bäckersfrau sieht mich entrüstet an: »Also das weiß ich nun wirklich nicht.«

Na gut, ich gehe weiter zu Fuß.

Der Weg zur *Kogge* führt mich über den Rathausplatz. Links vom Eingang wurde eine mittelalterliche Treppe freigelegt, die die Honoratioren aus der Ratsstube ungesehen und ohne Umweg in den Weinkeller brachte. In der großen Halle hängt die Glocke der »Rostock«, letztes Überbleibsel des einstigen Küstenschutzschiffes der Volksmarine. Ein typisches DDR-Schicksal im Zeitraffer: 1978 gebaut, 1990 mit der Wiedervereinigung von der Bundesmarine übernommen und im selben Moment außer Dienst gestellt. Nach der allerletzten Verwendung als »Zielschiff« (sic) stand dann »der Verkauf an ein Abwrackunternehmen« an. Seemännischer Tradition folgend, übergab man die Glocke dem Eigner.

Im Gegensatz zur militärisch genutzten »Rostock« dienten Koggen den Kaufleuten, es waren die Handelsschiffe der alten Hanse. Die gleichnamige Gaststätte liegt direkt am Stadthafen, an dessen Kempowski-Ufer im Übrigen. Mit dem Eintritt wechselt man in eine andere Gangart, in ein seemännisches Schwanken, bestimmt vom Takt imaginärer Wellen. Zur Rechten ducken sich einige Sitznischen wie Kojen in die Wand, und ganz hinten durch thront der Tresen mit dem Wirt als Kapitän.

Stehen kann man an dieser Theke nicht, die *Kogge* ist eher ein Restaurant als eine Kneipe. An den meisten Tischen sitzen Touristen, die sich an Fischtopf, Soljanka und Labskaus versuchen. Ich bestelle mir ein Bier und setze mich zu zwei Männern, die in ein intensives Gespräch vertieft sind. Offenbar handelt es sich um einen Verleger und seinen jungen Autor. Der Büchermann trägt zur knochenbeigen Brille eine weinrote Breitcordhose.

»Und Sie bestehen wirklich auf diesen Titel?«, fragt er.
»Ja, klar: ›Terror des Grauens‹, dabei bleibt's.«
»Aber das ist doch ein Pleonasmus.«
»Ein was?«
»Na ja, das ist doppelt gemoppelt. So wie Schrecken des Schreckens.«
»Nein, das ist die Umkehrung von Grauen des Terrors, das ist der Clou an der Sache.«

Die Stimme des jungen Schriftstellers ist zunehmend schrill geworden. An seiner mir zugewandten Schläfe pocht eine violette Ader.

»Wir sind ein kleiner Verlag. Genau genommen bin das ja nur ich, aber Sie verstehen schon, dass Verleger beim Titel ein Mitspracherecht haben, schließlich ...«

»Bei mir nicht! Das Buch heißt ›Terror des Grauens‹, denn genau darum geht es.«

Der Verleger streicht sich die bärtige Wange. Gleich wird er sein Angebot zurückziehen, befürchte ich. Aber dann lenkt er doch noch einmal ein: »Und falls ich jetzt diesen grenzwertigen Titel akzeptieren sollte: Könnte dann wenigstens ein hübsches weibliches Opfer aufs Cover?«

Mein Glas ist beinahe leer, ich muss den Kopf heben, um trinken zu können. Die *Kogge* verfügt über einen galerieartigen ersten Stock, man sitzt dort wie an der Reling. Direkt darüber beginnt der Windjammerhimmel: eine komplett mit Schiffsmodellen, ausgestopften Möwen, getrocknetem Meeresgetier und sonstigem maritimem Nippes behangene Decke. Auf dem Klo unter Deck wiederum findet man in diesem Lokal noch einen echten Kotzkübel. Die runde Schüssel hat locker einen halben Meter Durchmesser und erinnert an einen riesigen Eierbecher. »Tja«, sagt der vor seiner Kombüse stehende Koch, »und ob du's glaubst oder nicht: Die reihern trotzdem alle daneben.«

Ich verlasse die beiden Literaturfreunde, die mir immerhin ein kurzes »Tschüss« gönnen. Am Hafen, nahe der Kaimauer, fällt ein Mann mit Rucksack vom Rad. Der Lenker hat sich verzogen, aber das merkt er erst, als er das zweite Mal gestürzt ist. Überall grillen Studenten in kleinen Gruppen, mit Blick auf Kräne, Kais und Kutter. Auch der *MAU-Club*, in dem gleich die Rio-Reiser-Coverband auftreten soll, liegt direkt am Wasser. Der Eintrittsstempel ist so feucht, dass jeder Gezeichnete ihn möglichst schnell trockenlegt, um sich nicht die Klamotten zu versauen. Ich habe ein Taschentuch benutzt, während das Mädchen neben mir ihren Handrücken auf der Nase von Heinz Strunk abrollt, der hier wohl mal aufgetreten ist. Kommt von der Länge her ziemlich genau hin, auf dem Organ steht jetzt »BEZAHLT«. In Spiegelschrift.

Ein satter Vollmond begleitet mein erstes Bier, das zweite nehme ich vor der Bühne. Die Band hat eine Vorgruppe ins Rennen geschickt. »Wir müssen euch jetzt noch mit einem Instrumentalstück nerven«, sagt der Sänger. Und das tun sie dann auch.

Der Applaus ist spärlich, wir sind ohnehin kaum mehr als zwei Dutzend Zuschauer. Am heftigsten klatscht eine bebrillte Dame, die in einem von fünf 80er-Jahre-Knautschlacksesseln Platz genommen hat. Beißend schießt mir ein Tränchen ins Auge, denn darauf, dass das die stolz-verzweifelte Mutter eines der Musiker ist, verwette ich die äußerst wertvollen Eiswürfel in meinem lauwarmen Bier.

Während der kurzen Umbaupause wird der Laden mit Joe Strummer beschallt: »White Riot«. *Clash* und die *Scherben*, das passt prima zusammen, Kassenklampf für den Klassenkampf sozusagen. Die Reiser-Band entpuppt sich als Zwei-Mann-Combo mit Gitarre und Kontrabass. Vor ihr, direkt am Bühnenrand, baut sich als Erster ein junger Punk mit perfekt modelliertem Iro auf, neben den sich ein 50-Jähriger im Streifenhemd gesellt. Die Musikerkollegen der Vorband bilden Reihe 2, zur Rechten flankiert von zwei konservativ gekleideten Frauen um die 40. Außer mir kennt hier jeder jeden Liedtext und singt ihn auch voller Inbrunst mit.

Den Menschenfresser-Song bringen die beiden als brutal entspannten Country-Hit. Der Kontrabass setzt Akzente, die in diesem Revier angenehm überraschen, um es mal stadtmagazinisch auszudrücken. Kontrabassisten sind echte Handwerker, es macht Spaß, ihnen bei der Arbeit zuzusehen. Der Kerl hüpft um sein riesiges, plumpes Instrument wie ein Derwisch und entlockt ihm das Kreischen der Möwe genauso wie das allersonorste Tuckern eines Schiffsdiesels.

Ein junger Hippiezausel hat sein Baby mitgebracht. Ob man ihm einmal sagen sollte, dass kleine Kinder abends um elf lieber im Bett liegen? »Halt dich an deiner Liebe fest«, singt die Band, ein Spruch für alle Mauern zwischen Flensburg und Zugspitze. Der Hippie will dazu seinen plärrenden Sohn in den Schlaf tanzen. Dann legt er den Kleinen in den Kinderwagen und steckt sich dessen Hand in den Mund. Sieht bescheuert aus und nützt auch nichts, das Kind kreischt weiter. Muss aber auch ein seltsames Gefühl sein, in so einem Sarg zu liegen, riesige Schallschützer auf den Ohren und das Basswummern im kleinen Bauch.

An der Theke klettere ich auf einen freien Hocker und lande neben Manni. Aus Binz auf Rügen. Er trägt einen kurz gestutzten Schnäuzer unter der Nase, und die tiefvioletten Äderchen auf seinen Wangen erzählen Geschichten von hopfenblonden Bieren und glasklaren Schnäpsen.

»Als ich jung war, war Binz ein FDGB-Seebad, und ich

hab da gearbeitet. Da kamst du nur mit Vitamin B hin. Die Gewerkschaft in der DDR war im Grunde eine reine Urlaubsbeschaffungsorganisation. Für was anderes konntest du die nicht brauchen. Ich war damals DJ in einer Ferienanlage. Bei Tanzabenden musstest du die 60:40-Regel einhalten, also: drei Fünftel der Musik musste ausm Osten kommen. Meine Stones- und Beatles-Songs hatte ich aus Moskau, alles auf Tonband aufgenommen. Die Bänder, die du abends spielen wolltest, musstest du vorher einreichen. Wirklich! Und dir genehmigen lassen, schwer vorstellbar, dass irgendein Idiot sechs Stunden Musik durchhört und parallel die Dauer der Songs stoppt. So richtig Ärger mit 'nem Parteifurzer hatte ich nur ein Mal. Der wollte, dass ich ›Satisfaction‹ ausmache. Aber den haben wir einfach rausgeschmissen, weißte, am Hosenboden gepackt und in die Heide gesetzt.«

Manni lacht. Er ist hier in der Halle mit Abstand der Älteste, aber eben ein »großer Rio-Reiser-Fan: Die von der Behörde haben gar nicht geschnallt, dass das Westmusik war. Die *Scherben* gingen immer, na ja, nicht jedes Lied von denen, aber die meisten. Und was die Ostbands betrifft: Die *Puhdys* waren ziemlich sauber, *Karat* war stasigesteuert. Die haben sich gehasst untereinander, glaub's mir.«

Hinter uns klingt das Konzert langsam aus. »Schön, dass ihr alle gekommen seid«, bedankt sich der Sänger, »und das an einem Donnerstag.«

Manni trinkt jedes frische Bier an, als würde morgen weltweit der Hopfen verfaulen. Also versuche ich gar nicht erst, mit ihm Schritt zu halten. Eigentlich ist mir mittlerweile nach einem Glas Wasser, aber neben jemandem wie Manni kann man so etwas einfach nicht bestellen. Da käme man sich vor wie ein Guppy neben dem Orca.

Trotz seiner erstaunlichen Schlagzahl gelingt es ihm, seinen Redeteil konstant bei 95 Prozent zu halten.

»Früher gab es in Binz locker 40 Kneipen. Inzwischen ist nur noch die im Bahnhof übrig geblieben, und eine andere hinten in der Neubausiedlung. Da treffen sich abends die schwulen Köche und Kellner, das war auch zu DDR-Zeiten schon so. Ich bin da oft, unsere Schwulen lassen dich in Ruhe, wenn du nur einen trinken willst. Das hab ich in Berlin ganz anders erlebt, aber die unfreundlichsten Menschen wohnen in Bremen. Da sind wir nach der Wende mal hingefahren, mein Jan war noch ganz klein. Alles Pfeffersäcke da, und was die sich einbilden! Keine Ahnung, warum die uns immer sofort als Ossis erkannt haben. Ich hab bei Westbesuchen immer drauf geachtet, auch Wessiklamotten anzuziehen. Sagt der zu meinem Jungen doch glatt, er soll die bescheuerte Bratwurst mit Messer und Gabel essen. In der Pommesbude, verstehst du? Nee, also mit den Bremern kannst du mich jagen, genau wie mit den ganzen bescheuerten Rechten und so. Aber Osnabrücker sind in Ordnung, und unsere Binzer Schwulen auch.«

Mittlerweile habe ich heimlich zehn Eiswürfel gelutscht und bin bereit, mit Manni Bremen zu stürmen und dem Erdboden gleichzumachen. »Wann fährst du zurück?«, frage ich kampfeslustig.

»Morgen«, sagt er. »Ich hab vorhin ein paar leckere Törtchen gekauft. Die ess ich dann mit meiner Frau zum Kaffee.«

Die Antwort befriedet mich augenblicklich. Ich greife mir meinen Humpen und spaziere zurück zur Bühne. Als Zugabe gibt es Songs auf Zuruf.

»›König von Deutschland‹ ist für Rio dasselbe wie ›Bobby Brown‹ für Zappa. Nämlich Kommerzkacke«, erklärt der Hippie seinem nicht minder zauseligen Kumpel.

Aber der König kommt natürlich trotzdem, als allerletzte Nummer: »Das alles, und noch viel mehr, würd ich machen, wenn ich König von Deutschland wär.«

Der Song animiert vereinzelte Gäste zum Pogotanzen, auch der junge Irokese ist darunter. Ein paar Plastikbecher schwappen über, jemand landet rücklings auf dem Parkett, dann ist die Party vorbei.

Über der Warnow steht ein leuchtend weißer, kugelrunder, rioreiser Junimond, als ich ins Freie trete. Als krönenden Abschluss dieses langen Tages habe ich eine Tour durchs Rostocker Universitätsviertel geplant. Professionelles Pubcrawling durch Läden wie den *Pleitegeier* oder die *Ein-Euro-Bar*. Aber als ich loswill, spüre ich Widerstand. Die Jacke will nicht über das Hemd, als sei sie plötzlich zwei Nummern zu klein. Die Beine verweigern den Befehl, sich noch weiter vom Hotel wegzubewegen. Als ich mich schließlich zu einem offenen Schnürsenkel bücken muss, dämmert es mir: Du hast doch eigentlich gar keinen Bock mehr, Woolloomoolloo. Keinen Bock mehr auf Bier und Budenzauber.

Höchste Zeit, einmal nachzurechnen: Ich war jetzt 21 Tage lang, jeden einzelnen Abend, in einer Kneipe. Nicht immer bis zum bitteren Ende, aber nie ohne ein gewisses Quantum an Gerstensaft. Das beinharte Sabbatical fordert einen ersten Tribut. Kein Problem, aber: Wie lange wird diese Schwächephase wohl vorhalten?

Völlig egal im Moment, es gilt, neue Energie zu tanken. Also falle ich zehn Minuten später ins Bett. Auf dem Nachttisch liegt noch die Tüte Flips, die ich heute Nachmittag gekauft habe. Und bei Eurosport läuft Snooker. Fünf Stunden lang. Herrlich.

»Unsere Leber ist glücklich«

Stralsund

Vor Beginn meiner Deutschlandreise habe ich mich mit Büchern zur Geschichte der Gastronomie eingedeckt. Der engagierte Kneipentourer erfährt dort die erstaunlichsten Sachen. So stammt das Wort Kneipe aus dem 18. Jahrhundert und ist eine Abkürzung von Kneipschänke. Kneipen wiederum bedeutet Kneifen/Zusammendrücken, das heißt, es war eng dort. Ursprünglich bezeichnete eine Kneipe ein »schlechtes Wirtshaus«, und solche Etablissements existierten offenbar schon in grauer Vorzeit. Warum sonst sollte der fast 4000 Jahre alte Codex Hammurabi des gleichnamigen babylonischen Königs Regeln wie die folgenden enthalten: Bierpanscher sollen mit ihrer Plörre gefüllt werden, bis sie daran ersticken; akzeptieren Schankwirtinnen als Bezahlung für ihr Bier kein Getreide (sondern z. B. nur Silber), werden sie zur Strafe ins Wasser geworfen, auf dass sie ersaufen.

Dass hier von Frauen gesprochen wird, ist kein Zufall. Denn Bierbrauen war in der Vergangenheit stets Frauenarbeit. Bis ins 19. Jahrhundert hinein gehörte ein Braukessel sogar zur Mitgift, das flüssige kam mit dem gebackenen Brot auf den Tisch.

Wenn heutzutage die Zeitungen im Sommerloch stecken, kramen sie immer wieder dasselbe Thema hervor: »Bier ist gesund, weil ...« Aber auch im uralten Gilgamesch-Epos findet man bereits Belege für diese steile These. Dort schickt Gilgamesch, der Sumererkönig, eine Prostituierte zu Enkidu, einem Steppenwesen: »Er weiß nicht, wie man Brot isst, er versteht nicht, Bier zu trinken«, heißt es dort, und weiter: »Enkidu aß das Brot, trank das Bier, sieben Krüge voll. Sein Herz frohlockte. Er wusch sich den zottigen Bart, salbte sich mit Öl – und ward ein Mensch.«

Eigentlich hätte Gilgamesch auch Ninkasi aussenden können, die sumerische Biergöttin. Der war es immerhin gelungen, die Schmerzen ihres Vaters zu lindern, nachdem er seinen eigenen Samen gegessen hatte. Bier, so lernen wir, hilft nicht nur gegen den Durst, sondern auch gegen weitaus üblere Beschwerden. Folglich sollte man möglichst viel davon trinken, so wie Thor, der große Krieger und standhafteste Zecher der Germanen. Nur ein einziges Mal unterlag er bei einem der beliebten Saufwettbewerbe seines Volkes. Das war, als der böse Loki des Gottes Trinkhorn ans Meer angeschlossen und so in ein unerschöpfliches Bierreservoir verwandelt hatte. Immerhin jedoch sollen aus diesem Streich Ebbe und Flut erwachsen sein. Und irgendwo zwischen Ebbe und Flut, um mal eine richtig gute Überleitung zu schaffen, lande ich in Stralsund an.

Die glasüberdachte Bahnhofshalle wirkt wie ein Gewächshaus, und genauso schwül ist es hier auch. Rundum säumen Cafés und Imbissbuden das Areal. An jedem zweiten Tisch sitzt ein einsamer Rentner und trinkt Bier, die Hand verwachsen mit der Flasche. Die Sonne scheint stechend vom Himmel herunter, und der Weg über den Tribseer Damm in die Altstadt zieht sich. Immerhin sind meine neuen, extra für diese Reise angeschafften Wanderschuhe inzwischen beinahe eingelaufen – abgesehen von der Schürfwunde überm linken Knöchel, den Druckstellen auf Zeh 2, 3 und 5 rechts sowie der offenen Hacke. Manchmal bereue ich auch, mich für eine Reisetasche aus echtem Leder entschieden zu haben. Der symbolische Akt wider die Goretex-Jünger, Jack-Wolfskin-Streber und Funktionskleider-Terroristen hat leider nicht das Maß an trotzigem Stolz erzeugt, das ich mir erhofft hatte. Schon in leerem Zustand wiegt diese Tasche zweieinhalb Kilo. Obwohl ich sehr moderat gepackt habe, wird der Tragriemen meinen linken Arm früher oder später abtrennen. Indem ich den Oberkörper als Gegengewicht einsetze und tief nach rechts krümme, gebe ich zwar ein völlig würdeloses Bild ab, lindere den Schmerz aber für gut zwölf Sekunden. Nach 500 Metern, der Bahnhof ist bereits außer Sicht, höre ich hinter mir ein peinigendes Rattern. Ich muss mich nicht umdrehen, um zu wissen, woher es stammt. Kurz darauf überholt mich – beinahe mühelos, würde jetzt der Sportreporter sagen – einer jener billigen Rollkoffer mit Hartplastikrädchen, die mit jeder Umdrehung frohlocken: Sieh nur, mein Herrchen verbraucht bei der Beförderung seines Gepäcks keine einzige Kalorie. Es hat zehn Hemden dabei, 20 Paar Schuhe und die Hanteln fürs tägliche Workout.

Ich warte, bis der Kerl außer Hörweite ist. Dann schultere ich meine Greenburry-Vintage-Reisetasche aus gefettetem Rindsleder (»Kann anfangs leicht abfärben!«) und wanke nach Stralsund hinein.

Zwei Mädels um die zwölf jagen mit ihren Kickboards über die Karl-Marx-Straße. Als die eine auch vor einem Auto nicht zur Seite weicht, schimpft die Freundin sie aus: »Du Schwuuuchtel.« Beide lachen, bis die Rollbretter beben. Ein privates Schaufenster präsentiert Backsteine aus dem frühen 15. Jahrhundert, in denen Tiere ihre Spuren hinterlassen haben. Neben einem Hund und einer Katze hat auch ein Wolf seine Tatze im noch weichen Baustoff versenkt. Seit Rostock für interessante Straßennamen empfänglich, fällt mir hier die Henning-Mörder-Straße auf. Sie mündet in den Neuen Markt, wo heute die Bundeswehr um Mitglieder wirbt. Ein riesiges olivgrünes Fahrzeug mit martialischem Aufbau wird mir als Abschussrampe für Patriot-Raketen vorgestellt. Der picklige Soldat lädt mich ein, darauf herumzuklettern. Eingedenk der Hamburger Rauschbrille lehne ich dankend ab.

Auf der großen Bühne läuft ein Multiple-Choice-Quiz. »Worum handelt es sich bei einem Windjammer?«, fragt die Soldatin, und irgendwer aus der Menge wählt Antwort A: Um einen Seemannsknoten. Wenige Minuten nach vier sitze ich in einer Kneipe am Hafen, dem *Goldenen Anker* zu Stralsund.

Das Fenster offeriert einen noblen Blick auf die Backbordseite der ersten Gorch Fock, die hier als hübsch angestrichenes Wrack vor Anker liegt. Seit sie aus russischen Diensten heimgekehrt ist, kümmert sich ein privater Verein um die Wiederherstellung des Schiffes. Von außen sieht das auch alles schon recht hui aus. Wer jedoch einmal in den Innenbereich abgetaucht ist, glaubt nicht daran, dass dieser Dreimaster jemals wieder fahrtüchtig wird.

Nicht viel besser steht es auch um die körnigen, teergummiverfugten Bodenplatten vor dem Schiff. Man kennt sie von den alten DDR-Autobahnen, wo sie für das charakteristische To-Tong, To-Tong verantwortlich waren. Diesen Rhythmus vergisst man nicht, er prägte das Land wie der Reggae Jamaika.

»Wenn uns langweilig ist, wetten wir drauf, wer als Nächster in das Loch vorn an der Mole stolpert«, sagt Ralf, der Kellner. »Sind meistens Rentner, die zu lange gesessen haben.«

»Jou«, sagt der alte Kerl, den sie wegen seiner tiefschwarzen Sonnenbrille Ray Charles nennen, »das ganze Fischfutter von die großen Reisebusse.«

Hinter der Theke hängt ein Wimpel des »Ostalgie-Stammtisches«, der sich laut Ralf aus ostalgischen Bikern zusammensetzt: MZ, Simson, Java – die ganze Rängdedäng-Zweitakterfamilie. Für das Ozeaneum ist ein Parkplatz draufgegangen, »da hättest du ein komplettes Motorradwerk draufstellen können«, sagt Ralf. Und auch die letzte Lücke zwischen den Speicherhäusern werde bald geschlossen. Dort entstehe ein Luxushotel, erzählt man sich. Aber noch nerviger sei eigentlich die Gorch Fock, weil die ihm die Sicht auf die Ostsee verstelle. So oder so, Ralf ist Romantiker: »Ich war der letzte Pionier der DDR. Zwei Wochen später war dieses Land Geschichte. Als meine Mutter mein Halstuch und das Pionierhemd zurückbrachte, habe ich geweint.«

Darauf trinken wir einen Klaren. Ehrensache, zumal mich seine Pioniergeschichte an meine Taufe erinnert. Damals versammelten sich alle Verwandten und Gäste im Parterre unseres Miethauses in Köln-Klettenberg, wo meine Tante Käthe ihre Kneipe führte. Die Kirche, St. Bruno, lag nur einen Steinwurf entfernt. Also trank man sich hier ein bisschen warm und trug mich zur Taufe, um anschließend wieder zu Tante Käthe zurückzukehren. Und dort schritt mein Vater dann zu jener Tat, die er die ganze Zeit geplant hatte: Er hielt meinen Kopf unter den Hahn und ließ einen Schwall – wohl eher ein Schwällchen – Bier über meine Stirn fließen. »So«, sagte er dem Vernehmen nach, »jetzt ist der Jung' ein richtiger Kölscher!«

Ralf mag meine Geschichte, das merke ich an dem Gläschen, das nun frisch gefüllt vor mir steht. Das Pärchen neben mir küsst sich ab und an, aber sie könnten auch

Bruder und Schwester sein. Ihre wettergegerbten Gesichter scheint derselbe Steinmetz gemeißelt zu haben, und wahrscheinlich haben auch die Kippen und der Rum ein paar Furchen gezogen. Beide sprechen ein wunderschönes Mecklenburger Platt. Zusammen mit drei sehr betrunkenen Kapuzenpullijungs haben sie sich in eine Diskussion über die Trainerlegende Frank Pagelsdorf verbissen. Der große Verein der Region heißt hier Rostock, und Pagelsdorf ist mit Hansa gleich zweimal binnen zwölf Jahren in die Erste Bundesliga aufgestiegen.

»Mit dem konntest du noch Pferde durchs Dorf kotzen«, sagt einer der Jungs. Womit klar ist, dass dieser Verein so bald nicht wieder auf die Beine kommen wird.

Irgendwann sitzen die drei an einem der Tische und starren die Kerze an. Ihre Pernodgläschen und Halbliterhumpen leeren sich immer langsamer. Neben mir bestellt eine junge Frau ein Weizen mit Bananensirup. Zäh wie Zahnpasta quält sich der Sud aus seiner Flasche und sinkt dann wie ein fetter Wurm ins Weizenglas. Während er sich langsam auflöst, tritt ein Kraftprotz mit Glatze durch die Tür. Aus seinem Thor-Steinar-T-Shirt quellen Muskeln, die mich an den Finnwalpenis im Ozeaneum erinnern. Das Geschlechtsorgan dieses Meeressäugers, erstes Objekt der Ausstellung, misst stolze 1 Meter 62. Braun und spitz zulaufend, wie es ist, ähnelt es einem mumifizierten Riesenrettich. Die dicken Glaswände verhindern zwar jede Geruchsentwicklung; aber die Fantasie ist stärker.

Mädchen kichern, wenn sie an dem Penis vorbeigehen. Jungsgruppen lachen laut und schlagen sich betont männlich auf die Schultern. Am interessantesten jedoch sind die Reaktionen von Männern in Frauenbegleitung. Ich habe dort eine gute Stunde gestanden heute Mittag und festgestellt: Fast jeder Mann versucht sich an einem Witzchen, bevor seine Frau etwas sagen kann. Die meisten davon reißen den Zuhörer nicht gerade vom Hocker:

– »Kein Wunder, dass der abgekratzt ist.«

– »Die arme Frau Finnwal.«

– Oder andersherum: »Willst du mal reinspringen, Schatz?«

Der Dackel fängt halt an zu kläffen, wenn die Dogge auftaucht. Gut, dass ich allein unterwegs bin.

Im *Anker* sitzt unterdessen Thomas neben mir. »Ich habe in meinem ganzen Leben noch nie eine Cola oder Limo in einer Kneipe bestellt«, sagt er, »das käme mir wie Geldverschwendung vor. Und wer braucht so ein Zeug, wenn er sich ein frisches Bier bestellen kann!«

Weil wir ein Jahrgang sind, landet unser Gespräch irgendwann bei zeitgeistigen Taufnamen. Thomas' Brüder heißen Andreas und Michael, davon habe es in den Sechzigern in der DDR genauso gewimmelt wie »bei euch im Westen. Und Bernds hatte ich sogar drei bei mir in der Klasse.« Die dem Englischen entlehnten Ossi-Kreationen wie Maik, Devid, Rico und Ronny (oder auch Cindy und Mandy bei den Mädchen) kamen später, sagt er. Und schiebt nach: »Die Thomas-Zeit war besser.«

»Wenn die *Puhdys* oder *Silly* 'ne neue Scheibe rausbringen, hol ich mir die immer direkt am ersten Tag. Das zieht dir die Schuhe aus, sag ich dir, das ist 'ne unglaublich sentimentale Angelegenheit. Eigentlich sind das alles Abschiedslieder, verstehst du?«

Ein paar Stralsunder später weiß ich noch viel mehr über Thomas. Einer meiner Kölner Kumpels wird von allen nur der »Captain« genannt. Das hat damit zu tun, dass er alle Pfützen mit »Ahoi« begrüßt und auf jedem Weiher versucht, die anderen Tretboote zu entern. Dieser Stralsunder Thomas jedoch ist ein echter Seebär. Er hat sämtliche Weltmeere bereist und hier im Hafen gearbeitet, als der noch militärisches Sperrgebiet war. Und heute steuert er eines der Rundfahrtenboote.

»Wo wir jetzt sitzen, diese Kneipe, das war früher der Schuppen der Schweißer. Da war ich nie gern drin, aber heute ist das anders.«

Denn inzwischen, sagt Thomas, sitzt er hier jeden Tag nach der Arbeit. Acht Stunden auf dem Meer, acht Stunden vor Anker im *Anker*, und dann für acht Stunden ins Bett. Ein herrlich überschaubares Dasein, das mich an den von Harvey Keitel dargestellten Zigarrenhändler Auggie in »Smoke« erinnert. Der macht seit Jahrzehnten jeden Morgen, Punkt acht Uhr, von immer derselben Stelle aus ein Foto der Straßenkreuzung vor seinem Laden. Rituale helfen einem durchs Leben, manche sogar recht gut. »Unsere Leber ist glücklich«, heißt es in einem sumerischen Trinkspruch auf die Biergöttin. Und so stelle ich mir auch Thomas' Leber vor. Vielleicht wird sie irgendwann im Stralsunder Ozeaneum ausgestellt.

*

Am nächsten Morgen geht es mir nicht besonders gut. Vom *Anker* bin ich noch in die *Fähre* gewechselt, eine uralte Kneipe direkt an der historischen Stadtmauer. Der hauseigene Kümmelschnaps dort schmeckt vorzüglich, knallt jedoch wie Finnwalformaldehyd. Ich will hinüber nach Dänholm spazieren, der kleinen Insel zwischen Stralsund und Rügen. Die ersten Schritte sind schwierig, bis vage Erinnerungen an eine Hähnchenbraterei mir den entsprechenden, extrem motivierenden Geruch in die Nase treiben. Zehn Minuten später stehe ich auf der Straße und erlebe eine Edward-Hopper-Szene: Frau, Morgenmantel, rauchend, in ihrer halb geöffneten Haustür. Von hinten nähert sich die etwa 16-jährige Tochter, offenbar auf dem Weg zur Schule.

»Wie geht's dir?«, fragt das Mädchen, als es auf gleicher Höhe ist.

»Beschissen«, antwortet die Mutter.

»So siehst du auch aus.«

Stralsunds hübsche Altstadt führt ein Inseldasein, umspült von der Ostsee und mehreren großen Teichen. Jetzt, um kurz vor zehn, sind hier nur die nimmermüden Rentner auf den Beinen. Dass die alte Frau auf meine Frage nach dem Weg gen Dänholm mit einem »Au, das zieht sich« reagierte, hätte mich stutzig machen sollen. Aber der halbe Frühstücksbroiler hat mir Flügel verliehen. Jedenfalls den einen, den er besaß. Außerdem weiß ich seit dem kleinen Trottoir-Gespräch, dass man Stralsund auf der ersten Silbe betont und es *der* Dänholm heißt.

Im Vergleich zu Rostock ist Stralsund de-de-eriger geblieben. Klar, auch hier findet man Dekogeschäfte mit Pfeffermühlen, die vor lauter Design kein Mensch mehr bedienen kann. Aber dafür riecht es in jeder zweiten Gasse nach Braunkohle. Dafür ist das Altenheim nach Rosa Luxemburg benannt. Und im Zeitungsständer vom Hähnchenhaus stehen neben fünf Computerzeitschriften und zehn Auto-Bilds die letzten 20 Playboy-Heftchen. Immer noch sehr ungeniert, der Osten.

Mein Weg führt an schlichten Mietskasernen vorbei, die seit Ende und Wende zwar neue Türen, aber keinen frischen Überzug bekommen haben. Noch charakteristischer als diese Altbauten sind die Brachen, mehr DDR geht nicht. Grundstücke in bester Lage, die als wilde Deponie, Kleingartenkolonie oder kostenloser Parkplatz genutzt werden. Rostiges Eisen, und der Geruch davon.

Zerfetzte Planen, löchrige Tonnen, eingestürzte, überwachsene Zäune, der Stillstand. Alles Künstliche, von Menschenhand Geschaffene steht still, alles Natürliche wuchert. Pflanzen, nie beschnittene Bäume, Staubschichten mit Regentattoos auf gesprungenem Asphalt. Überall Brandwunden – von Lagerfeuern und Vandalen. Überall unleserlich gewordene Verbotsschilder, Bierflaschen ohne Etikett und die eingeworfenen Fenster verlassener Funktionsbauten. Überall schließlich auch: alte Männer, die umherzustreunen scheinen, die magisch angezogen werden von diesen Unorten. Die so aussehen, als hätten sie hier einmal gearbeitet.

Und der Wind pfeift sein Liedchen dazu.

Die Bewegung des Wassers, dieses Sprudeln und Schwappen stört nach einer Nacht wie der gestrigen meinen Gleichgewichtssinn. Es ist warm geworden, heiß. Die kolossale Rügenbrücke schwimmt vor der Sonne wie in einem Erdbeben. Ich überhole eine Kleinfamilie, deren Vater sein Söhnchen endlich einmal zum Hinsehen bewegen will. Jeder Satz beginnt mit einem hysterisch-begeisterten »Stell dir das mal vor«:

– »Stell dir das mal vor, Rico, diese Brücke hat 125 Millionen Euro gekostet, davon könntest du dir 500 000 Xboxes kaufen.«

– »Stell dir vor, die ist über vier Kilometer lang, das ist wie von uns bis zu Oma und wieder zurück. Und noch ein halbes Mal hin.«

– »Und stell dir vor, Finnwalpipimänner werden doppelt so groß wie du jetzt bist, Rico, da musst du aber noch kräftig wachsen, was?«

Aber Rico bricht schon wieder nach links aus, setzt sich auf einen vermoosten Poller und wirft Steine in die Sonne.

Sie landen genau auf der Straße, zwischen den fahrenden Autos.

»Mensch, Rico, jetzt reicht's aber. Noch ein Mal so was, und wir gehen!«

Wäre natürlich ein schwerer Schlag für Rico.

Mein kleiner Übersichtsplan schwärmt vom Bismarckhering. Nach einer Besichtigung des Hafens, so heißt es dort, »lässt sich in Ruhe an einem der Fischstände ein originaler Bismarckhering genießen. Die süßsaure Zubereitungsart soll sich ein Stralsunder Fischer erdacht und nach dem damaligen Reichskanzler benannt haben.« Dessen Name wiederum stand zu DDR-Zeiten nicht besonders hoch im Kurs. Aus dem Bismarck- wurde für 41 Jahre der »Delihering«. Bedeutender als Stralsunds Beitrag zur Kulinarik ist jedoch der für die deutsch-dänische Freundschaft. In der Blütezeit der Hanse rangierte die Stadt direkt hinter Lübeck. Allein zwischen 1358 und 1370 traf man sich hier 20 Mal zum Hansetag. Und der in Köln beschlossene Krieg gegen den raffgierigen Dänenkönig Waldemar endete am 24. Mai 1370 mit dem »Frieden von Stralsund«.

Der Dänholm im Sund wechselte in seiner Geschichte permanent von deutschem in dänischen, dann schwedischen Besitz und zurück. Zuletzt unterhielt hier die Volksmarine der DDR einen Stützpunkt. Irgendwann also muss auf Dänholm einmal reger Betrieb geherrscht haben. Aber mich empfängt heute zunächst ein eingezäunter Kiefernwald mit verrotteten Betonpfeilern und zwei Reihen Stacheldraht. Schilder kündigen ein Recyclingzentrum für Bauschutt an. Am Tor passiert ein steinbeladener Laster eine Gruppe staubige Malocher, die wiederum zwei Ein-Euro-Jobber überholen. Mit ihren Zangen klauben sie Müllfetzen auf, ein hoffnungsloser Kampf gegen Disteln, Brombeerdickicht und Unterholz.

Die beiden Museen auf der Insel haben ausgerechnet heute geschlossen. Weiß der Klabautermann, warum. Vor dem Nautineum liegen zwei Findlinge aus der letzten Eiszeit, geborgen während einer Vertiefung des Hafens. Eine Karte beschreibt ihren langen Weg von Schweden gen Dänholm. Aber die sind wenigstens gerutscht und gerollt. Ich muss laufen.

*

»Setz dich ruhig mit an meinen Tisch«, sagt der einsame Trinker.

Eigentlich hatte ich nach dem langen Marsch zurück ins Hotel gehen wollen. Vielleicht noch ein vernünftiger Kaffee irgendwo, und dann ein Stündchen verschnaufen. Aber an dieser Gaststätte namens *Flotthafen* kann man unmöglich vorbeigehen. Der blechverkleidete Flachbau wirkt wie ein gestreckter Container, den gleich einer der Hafenkräne aufs Überseeschiff hieven wird. Aber was mag dadrin sein?

Die vier braunen Resopaltische stehen längs hintereinander – wie in einem Biergarten. Vor den drei Daddelautomaten mit integrierten Fußstützen sind kunstlederne Kneipenhocker platziert. Das restliche Mobiliar stammt aus einem 80er-Jahre-Wohnzimmer – Hochhaussiedlung, 15. Stock. Ein musealer Röhrenfernseher schielt auf eine Sofagarnitur mit fast völlig weggeschubbeltem Blümchenmuster. Der ebenfalls braun furnierte Wohnzimmerschrank birgt die Bierbembel-Sammlung des Chefs. Das einzige Fenster ist schmal und liegt so hoch, dass man von der Welt da draußen nur einen Streifen Himmel erblickt. In den vergilbten Gardinen kleben tote Fliegen, alles ganz wunderbar. Und unter jedem Bierdeckelhaufen liegt, liebevoll glatt gestrichen, eine psychedelisch gemusterte Papierserviette.

Der alte Knabe, der mich neben sich gebeten hat, trinkt sein Flaschenbier mit Blick auf die Thekenluke. Er und der irgendwo dahinterkauernde Wirt können sich nicht sehen, während sie sich unterhalten. Aber sagen wir mal so: Hier läuft ohnehin alles ein wenig schleppend.

Schon die Öffnungszeiten deuten an, dass dieser Kneipier seine Privatsphäre zu schützen weiß: »11 bis 13 und 15 bis 19 Uhr«. So teilt man sich optimal seine Zeit ein, wenn man früh ins Bett, lange ausschlafen und mittags seine Ruhe haben will. Und dann ist da noch dieser unmissverständliche Wandspruch, in Holz gefräst und dunkel gebeizt: »Wer hier klaut, stirbt«.

»Ich habe bei Angela Merkel vorgesprochen, 1996, da war sie noch einfache Abgeordnete«, sagt Conny, als er sich schließlich mit meiner Flasche in die Luke duckt. »Dass es doch nicht angehen kann, dass ich keine Förderung kriege – obwohl ich hier nach langer Arbeitslosigkeit den Job in der Gastronomie gefunden habe. Und was soll ich sagen: Einen Tag später hatte ich den Brief im Kasten: Förderung genehmigt. Stralsund ist nämlich Angelas Wahlkreis.«

Inzwischen hat er sein Refugium verlassen und sitzt mit uns am Tisch. Der Alte zahlt sein zweites Pils mit losen Centstücken aus seiner Manteltasche, deswegen spendiere ich ihm das dritte. Und das vierte auch. »Bei euch in Köln war ich mal«, erzählt Conny. »Da kriegst du das Bier ja aus Reagenzgläsern. Kommt der Kellner an, sag ich zu dem: Gib mir doch so 'nen ganzen Meter, ich bin auf Urlaub. Jou, und dann hat er mir elf von euren Gläschen da hingestellt und ich hab die ganz in Ruhe leer gemacht.«

Die Sonne hat längst den schmalen Klarsichtrahmen da

oben verlassen, um weit hinten im Westen in den vorpommerschen Bodden zu sinken. Conny justiert eine Serviette, bis sie parallel zu den Tischkanten liegt. Der alte Klaus erwacht aus einem Nickerchen und ist kurz orientierungslos. Dann greift er nach seiner Flasche. Eine Mücke setzt zum Anflug auf seinen rechten Oberarm an, dreht jedoch wieder ab. Auf dem Blümchensofa räkelt sich eine Meerjungfrau, aber ich bin Enkidu, lange vor seiner Wandlung.

Während draußen ein kurzer Schauer gegen das Wellblech prasselt, ist Conny in die Küche verschwunden. Als er mit unserer sechsten Runde ankommt, klemmen ihm zwei Ordner unter dem Arm. Aus dem ersten zieht er einen Stapel mit Listen. Seine Kumpels und er gehen regelmäßig auf ausgedehnte One-Bar-One-Beer-Touren durch Stralsund. »Kuck hier«, sagt er, »hier: Am 12. August 1996 haben wir zwölf 0,3er geschafft, alles exakt mit Datum und Uhrzeit, Kommen und Gehen in jeder einzelnen Kneipe. Und hier, jetzt kuck dir das mal an: 17 Runden am 20. Juli 2002! Ich glaub, das ist unser Rekord. Da waren wir sogar im *Coconut*, der alten Flitzbude.«

Coconut? – Da muss ich dann auch mal hin!

Aber heute, dünkt mich, schaffe ich das nicht mehr. Weil, wir müssen ja noch den Ordner mit den DDR-Bierdeckeln durchsehen ...

Der Kaugummi

Freiburg

Das erste Viertel meiner 100-tägigen Kneipentour ist vorbei. Um mir einen Tag Pause zu gönnen, ziehe ich auf der Deutschlandkarte den längstmöglichen Strich, vom äußersten Nordosten in den tiefsten Südwesten. Zehn Stunden soll die Fahrt von Stralsund nach Freiburg laut Bahnauskunft dauern. Man steigt ein, drei Mal um, einmal aus und hat ansonsten seine Ruhe.

Dachte ich. Aber schon am Bahnhof ist es um sie geschehen. Ein junger Kerl, das Haar so wirr wie der Blick, stört sich an der einminütigen Verspätung des Zuges. »Nicht schnacken – losfahreeen«, kräht er, und täte er es nur ein Mal, es wäre nicht der Rede wert. Aber anscheinend hat er an diesem unreinen Reim einen Narren gefressen und wiederholt ihn so oft, dass bald die Bahnhofskrähen mitsingen.

»Nicht schnacken – losfahreeen!«

Der Mann torkelt durch den Gang wie ein Junkie, scheint aber nicht völlig neben der Spur zu sein. Die Bahnhofswärter beschimpft er wegen ihrer markanten Mützchen als »Rotkäppchen«, kurz darauf münzt er den Anti-Bayern-München-Song der *Toten Hosen* auf die DB um: »Ich würde nie zur Deutschen Ba-han gehen!«

Der BWLer mit dem weißen Hemd und der Jeans klappt

sein Laptop zu und setzt sich weg. Die beiden Mittdreißiger mit den kurzärmligen Karohemden feixen. Sie glauben, soeben das Schlagwort »Betreutes Fahren« erfunden zu haben, und beömmeln sich darüber wie zwei betrunkene Erdmännchen. Der Verrückte ist derweil in ein Selbstgespräch über amerikanische Außen- und türkische Innenpolitik vertieft.

Ich versuche mich auf meine »Ostsee-Zeitung« zu konzentrieren. Irgendwo hat beim Wettbewerb »Die schönste Kuh« ein Luder namens Nastygirl gewonnen. Man wüsste gern, wie wohl diese Jury besetzt war, die Nastygirl »viel Stärke von hinten bis vorn« attestierte. Interessant auch, dass die Beschau weiblicher Kühe vom Schwanz her aufgezogen wird. Darüber hinaus überzeugte Nastygirl die Juroren nämlich durch ihr »breites Becken«, den »prallen Bauch« und das »straffe Euter«, zweifellos Attribute, über die ein echtes Venusrind verfügen sollte.

Wir verlassen die Stadt gen Westen und folgen der Küstenlinie. Hinterm Fenster zieht die Boddenlandschaft vorüber, so schön anzusehen, dass man gern zum Kranich würde. Ein hellblauer Trabant zweitakt-tuckert über einen schmalen Fahrweg, illuminiert von einer noch sehr schräg stehenden Sonne. Während die Etappe ab Rostock reibungslos verläuft, platzt der Hamburger Bahnhof aus allen Nähten.

Ich kämpfe mich durchs Gewühl in meinen Zug und finde mich schließlich in einem heißen, von menschlichen Ausdünstungen erfüllten Gang wieder, in dem es weder vor noch zurück geht.

Diese verdammten Rotkäppchen!

Bis nach Karlsruhe soll der Intercity fünf Stunden brauchen. In diesem stickigen Schlauch werde ich es jedoch keine zehn Minuten aushalten, so viel steht fest. Früher hätte man sich einfach auf den Boden gehockt, viereinhalb Stunden gepennt und die restliche Zeit rauchend an Petra aus der 10b gedacht. Heute jedoch denke ich eher an Gicht, Arthrose, Wasserbeine, Ohnmacht und Herzstillstand. Petra ginge es bestimmt ähnlich.

Wie es die Vorsehung offenbar wollte, bin ich im Bereich der geschlossenen Abteile gelandet. Hinter der Glaswand sitzen die Auserwählten und geben sich alle Mühe, uns Fellachen zu ignorieren. Wohlig strecken sie ihre Beine aus, mampfen Mitgebrachtes und erzählen sich lustige Anekdoten aus ihrer Interrailzeit. Als die Frau direkt vor mir ihre Hand wie schützend auf den Türschieber legt, fällt mein Blick auf das Display hinterm Vorhang. Es besagt, dass dieses Abteil Schwerstbehinderten vorbehalten ist. Aber erstens sehen die dadrin nicht sonderlich behindert aus, und zweitens ist dort noch ein Platz frei. Meine Nachbarn im Gang mögen sich nicht trauen, in die Oberwelt einzudringen. Mich jedoch leitet der Selbsterhaltungstrieb.

Mir schräg gegenüber am Fenster sitzt eine verhaltensauffällige Inderin, ein kleines, dralles Wesen, das entfernt an eine Babylumme erinnert. Aber im Gegensatz zu diesen ewig schnatternden Tierchen wirkt sie, als habe sie zehn Jahre nicht geschlafen und hole dies nun auf jede erdenkliche Art nach. Mal wirft sie sich theatralisch über das kleine Tischchen am Fenster, mal kuschelt sie sich minutenlang ans Ohr ihres Sitzes, immer auf der Suche nach der besten Schlafposition. Während sie sich so von einem Nickerchen ins nächste wälzt, zieht sie immer wieder träumend die bunte Bluse hoch und kratzt sich ihren ansehnlichen Ranzen. Saftiges Schmatzen begleitet das Kraulen der Finger, abgelöst von pfeifendem Schnarchen.

Sie befindet sich gerade in einer intensiven Tiefschlafphase, als unsere Tür aufgezogen wird. Eine sommersprossige Frau mit schwerem Koffer steht im Eingang. Dem Anschein nach ist sie gut auf den Beinen, aber schon zückt sie ihren Behindertenausweis wie ein Schiedsrichter die Rote Karte. Irgendwann scheint sie gelernt zu haben, dass die Masse zwar betreten, aber entschlossen schweigt, wenn man sie pauschal anspricht. Deswegen fragt sie nicht: »Haben Sie hier auch alle einen Behindertenausweis?«, sondern pickt sich stattdessen einen bestimmten Fahrgast heraus. Mich.

Ihr Ton könnte nicht freundlicher, ihr Blick nicht stechender sein, als sie mich nach meiner Sitzplatzberechtigung in diesem Abteil fragt.

»Nein«, sage ich, »ich habe keinen Behindertenausweis.« Dabei leite ich den Blick der Frau jedoch geschickt weiter auf die Person mir gegenüber. Denn dort sitzt ein etwa 16-jähriges Mädchen, eindeutig die Jüngste von uns sechsen. Ich fixiere die Kleine mit den gebrochenen Augen eines Mannes, dessen Beine amputiert wurden.

Die Sache zieht sich, das kleine Biest schweigt hartnäckig. Irgendwann jedoch schreitet ihre Mutter ein. Die Tochter möge auf den Gang wechseln, nachher könne man ja einmal tauschen. Beschwingt hüpft die Schwerbehinderte über die ersten beiden Beinpaare und pflanzt sich in die frei gewordene Lücke. Die Inderin quittiert dies mit einem verschlafenen Grunzen und kippt wieder gegen die Scheibe, von der ihre Wange quietschend zum Tisch sinkt.

Der Freiburger Bahnhof ist so sauber, dass die Tauben hier verhungern. An der Eisenbahnstraße sitzen ein paar Säufer und halten ein Schwätzchen mit dem ebenso fusselbärtigen Straßenkehrer. »Darf ich mal gerade?«, fragt er höflich.

Die Penner ruckeln ihre dicken Boots beiseite, der städtische Angestellte pickt mit der Müllzange ihre Kronkorken und Kippen auf. Das Idyll ist so vollkommen, dass man hinter all diesen Masken Schauspieler vermutet. Und das Stück heißt: »Freiburg putzmunter!«.

Einen ähnlich mustergültigen Eindruck erwecken die beiden geigenden Mädchen an der nächsten Straßenecke. Tolle Sache eigentlich, dass musizierende Bürgerskinder den Mut haben, ihr Können gegen Kleingeld auf der Straße zu demonstrieren. Aber muss das schon nach der zweiten Unterrichtsstunde sein?

Wer ins Freiburger Gastroleben einsteigen will, sollte sich kurioserweise zunächst auf den Augustinerplatz begeben, habe ich mir sagen lassen. Denn dort lungern bei gutem Wetter allabendlich Hunderte von Studenten herum, während die Kneipen leer stehen. Weil ich meine Tasche loswerden will, mache ich mich jedoch zunächst auf den Weg zum Hotel. Die Herberge der Caritas liegt an einem Seitenhang des Schlossberges, hoch genug, um gehörig außer Puste zu geraten. Das gut gemeinte Hinweisschild auf halber Strecke könnte man auch als bitteren Hohn begreifen: »Sie haben die Steigung schon fast geschafft!«, steht da. Mit demselben leicht durchschaubaren Spruch wurde man früher als Kind vertröstet, wenn Spaziergänge kein Ende nehmen wollten: »Ich kann schon fast das Auto sehen«, sagte die Mutter. Und dann ging's noch einmal drei Stunden weiter durch die Pampa.

Die Caritas entschädigt den erschöpften Gast mit einer durchdachten »Hausphilosophie«. Die besagt zunächst einmal, dass Fernseher und Radios des Teufels sind und hier deswegen nicht installiert wurden. Stattdessen hat man sämtliche Wände mit den Werken ambitionierter Hobbymaler geschmückt, die den geigenden Mädchen von vorhin in puncto Kunstfertigkeit in nichts nachstehen. Die ungemein ausführliche Infomappe erklärt ferner, dass die »nächste Kaufmöglichkeit für Zigaretten« nur schlappe »zwei Kilometer entfernt« sei, ein Umstand, der schon so manchen Raucher zu einem gesundheitsfördernden Jogging animiert haben dürfte. Als Ausgleich für die Mühen verfügt jedes Zimmer über eine eigene Wärmflasche, und die hauseigene »Kissenbar« offeriert Spezialunterlagen für Rücken-, Seiten- und Bauchschläfer.

Auf dem Weg zum Augustinerplatz durchquere ich das Schwabentor. Über der Durchfahrt warnt das Dornenmännle davor, in der Fremde vom rechten Weg abzuweichen. Einer, der sich nicht daran hielt, war André Boniface Louis Riquetti. Der »Vicomte de Mirabeau« soff schräg gegenüber im *Storchen*, seit er 1790 vor der Revolution aus Frankreich geflohen war. Zeitgenössische Zeichnungen zeigen ihnen als speckiges Kerlchen mit kleinen, lebenslustigen Augen. Er starb, kurz vor seinem 38. Geburtstag, an einem Schlaganfall. Auf dem Freiburger Alten Friedhof liegt sein Grab.

Wer von oben, von der Grünwälderstraße her kommt, dem erscheint der Augustinerplatz als Wimmelbild. Pieter Bruegel der Ältere hat gnadenlos vorgelegt, Ali Mitgutsch freundlich ergänzt. Dementsprechend ist in diesem Mikrokosmos denn auch alles vorhanden, was die Freiburger Sozialpalette hergibt. Also vor allem Studenten, Touristen und die üblichen Saufnasen.

Der große Vorteil dieses Platzes: Er ist leicht abschüssig, hier sitzt man wie in einem Amphitheater. Ob diesem die Besucherränge oder die Bühne fehlt, ist Ansichtssache. In Freiburg sind Zuschauer und Darsteller eins.

Ich habe mir eine Flasche Uni-Wein gekauft, Weißburgunder vom Lorettoberg. Seit ihrer Gründung im 15. Jahrhundert verfügt die Freiburger Universität über einen eigenen Weinhang. Lange Zeit richteten sich die Gehälter der Lehrenden nach dem Ertrag der Traubenernte. Der englische Shakespeare-Schauspieler Edmund Kean (1787–1833) soll Hammel gegessen haben, wenn er einen Liebhaber spielen musste, Rindfleisch wenn Mörder und Schweinebraten wenn Tyrann. Dementsprechend verspreche ich mir von diesem akademischen Rebensaft gute Vibrationen zu den mich umgebenden Studierenden. Und spekuliere zudem darauf, auf diese Art nicht so oft pinkeln zu müssen wie unter Biereinfluss.

Mutig setze ich mich auf die zentrale Treppe, aber mit dem Kontakt zur Jugend ist das so eine Sache. Altersmäßig rangiere ich in der Mitte zwischen den Studenten und den Berbern. Dementsprechend empfindlich fühle ich mich getroffen, als die Studentin neben mir sagt: »Alles über 30 brauch ich hier echt nicht.«

Im ersten Moment komme ich mir sehr verfault vor. Herodot erzählt von den iranischen Massageten, dass sie ihre lästigen Alten rituell geschlachtet, gekocht und verspeist haben. Hungrig sieht dieses klapperdürre Mädel tatsächlich aus, und jetzt stimmen ihre Freunde auf der Stufe darunter ihr auch noch entschieden zu. Ein echter Jungbrunnen scheint dieser Uni-Wein nicht zu sein. Ich will schon fliehen, da merke ich, dass sie von Hitzegraden redet. 25 würden ihr dicke reichen, fährt sie fort.

Das verbindende Glied zwischen den Berbern und den zahlenmäßig weit überlegenen Studenten ist, neben dem Platz selbst, das Flaschenpfand. Niemand besteht darauf, die paar Cent für seine mitgebrachten Bierflaschen selbst einzulösen. Das Leergut geht stets an die permanent kreisenden Sammler.

Wie sie da durch die zu Haufen gebündelten Freundeskreise streichen, scheinen sie einer festen Choreografie zu folgen. Nie kommen sich zwei Pfandjäger ins Gehege, nie greifen zwei Arme nach einer Flasche. In diesen ständig gesenkten, den Boden scannenden Augen stecken Pupillen mit einem weiten Radius, der Zusammenstöße verhindert.

Wer sie länger bei ihrer Arbeit beobachtet, lernt professionelle von Gelegenheitssammlern zu trennen. Die einen sind permanent unterwegs und akkumulieren für den morgigen Tag. Die anderen geben sich mit dem Gegenwert einer vollen Flasche zufrieden, den sie dann auch sofort versaufen. Nur der kleine Dreckspatz mit der fluoreszierenden Sportkombi verfolgt offenbar gar keinen Plan. Wie ein Trabant umkreist er die erfolgreichen Jäger, ohne selbst eine einzige Colabüchse zu ergattern.

Unterschiedliche Taktiken hingegen bei den Profis. Die dreisteren unterbrechen notfalls Gespräche, um zu erfragen, ob diese Flasche da leer sei. Und warten dann neben dem Besitzer, bis er ausgetrunken hat. Überaus dezent hingegen geht ein bleicher, schlaksiger Kerl vor, den hier jeder zu kennen scheint. Groß, ganz in Schwarz zieht er seine Bahnen, ohne je anzuecken. Mit keiner Geste verrät sein Auftreten den mittellosen Clochard, stattdessen agiert er auf dieser Bühne wie ein Kellner, der die Tische abräumt. Dementsprechend nimmt er auch Sekt- und Weinflaschen auf, obwohl er dafür kein Pfand bekommt. »Ich werf die in den Glascontainer, kein Problem«, ist einer der wenigen Sätze, die ich von ihm höre.

In jedem Hauseingang, auf jedem Mäuerchen und Fenstersims lagern Studenten. Immer neue Gruppen besetzen die Freitreppe oder lassen sich am Bächle nieder, die Füße im Wasser. »Wer ins Bächle neidappt, muss ein Freiburger

Bobbele heiraten«, heißt es. Demnach werden hier Tag für Tag Dutzende Ehen gestiftet.

Unten an der Gerberau imitiert das Schmuckgeschäft Milagro mit einem Deko-Rollo das Richterfenster im Kölner Dom. Über mir lassen sich zwei Deutsche und eine Amerikanerin nieder. Alle drei würden lieber in Köln studieren, sagen sie reihum. Die Amerikanerin trinkt Asbach aus der Flasche. Als genug davon fehlt, füllt sie den Rest mit Cola auf.

Ganz gemächlich paradieren zwei Polizisten vorbei, während »Werni« seinen letzten Abend als Junggeselle feiert. Aus seinem Bauchladen heraus verkauft er Scherzartikel. Ein Satz Playboyhasenohren wechselt den Besitzer, begleitet von lautem Johlen. Während Werni in olivgrüner Unterwäsche herumläuft, tragen seine Kumpels die komplette Tarnfleckenmontur. Auf zum letzten Gefecht, sozusagen, in dem es momentan gegen eine Stadtführung geht. Aber die schlaffe Rentnerbande gibt nach, weicht aus und bahnt sich einen Fluchtweg durch die labyrinthischen Gänge zwischen den Sitzgruppen.

Es ist zwanzig vor zehn, als die »Säule der Toleranz« anspringt. Ihr erstes Kleid repräsentiert das komplette Farbspektrum. Das Rosarot entspricht ziemlich genau dem Tütü, das der zweite Junggeselle auf Wunsch seiner Freunde tragen muss. Die Pumps baumeln inzwischen locker in seiner Hand, das Kleid wird vielleicht später folgen.

Hinter ihren Glasscheiben offenbart die Stele 60 Reihen à jeweils vier LED-Lämpchen. Ab 22 Uhr werden alle vier Minuten vier weitere Reihen auf Rot umspringen. Von unten nach oben, bis die ganze Säule rot leuchtet. Nicht nur ich bin der Meinung, dass dies der falsche Weg ist, um Freiburgs Jugend vom Augustinerplatz zu vertreiben. Vor einigen Jahren hatte der Stadtrat das Trinken im Freien gänzlich verboten, aber ein Juradoktorand brachte dieses absurde Gesetz zu Fall. Vielleicht sollte man hier eher eine Sprenkleranlage installieren. Oder Juckpulver verschießen. Diese Säule hingegen beschert dem Platz ein warmes, plüschiges Licht, das flüsternd zum Bleiben auffordert. 18 000 Euro hat sie gekostet, bei der Einweihung im Juni 2009 flogen Flaschen. Witzbolde knieten vor der Stele nieder und huldigten ihr wie einer Gottheit.

Auch heute Abend wird geklatscht im Moment der totalen Röte, und zwei Nachwuchsmusiker beginnen auf Gitarre und Trommelbox einzuschlagen. Es ist 23 Uhr. Zeit, eine neue Flasche Wein zu besorgen.

*

Unten am Schwabentor beginnt der Fußweg zum Schlossberg. Zwei Flaschen Burgunder warten darauf, fußläufig vertrieben zu werden. Schon der morgendlich frische Wind tut mir gut, das Leben besteht nicht nur aus Flaschensammlern und Bummelstudenten. Trotz der frühen Stunde steht auch heute wieder ein Pulk Schachspieler im Stadtpark zusammen. Junge Kerle, vernachlässigt wirkende Flaneure und professorale Brillenbärte diskutieren hinter vorgehaltener Hand, während zwei von ihnen die kniehohen Figuren befehligen.

Auf dem Stadtplan wird der Schlossberg lediglich durch eine grüne Fläche markiert. Dass die eingezeichneten Wege wie endlos geringelte Schlangen verlaufen, hätte mir auffallen können. So jedoch lehne ich nach der geschätzt 200. Serpentine an einer Steilwand und keuche mir die Lunge aus dem Leib.

»Hier ruht ein Greis,/ der stets in freier Brust/ des

Rechts der eignen Forschung/ sich bewusst«, steht auf der Gedenktafel des »mysteriösen Arztes«, wie die Freiburger Presse ihn nennt. Man weiß inzwischen, dass Dr. Christian August Hoffmann (1790–1868) weder Freiburger war noch lange hier lebte. Stattdessen zog er wohl nach Russland und schloss sich dort der Armee Napoleons an. Wie seine Bronzeplatte hier hinkam und ob seine Forschung in irgendeiner Hinsicht bahnbrechend war, weiß bislang niemand.

Das Rätsel im Kopf, reißt es mich weiter. Ganz nach oben, zum angeblich grandiosen Aussichtsturm, gelangt man nun über einen sanften Bogen oder eine steile Treppe. Eine innere, Lee-Marvin-tiefe Stimme flüstert mir ein, dass ich diese Option als Herausforderung zu begreifen habe. Also gut, die Stufen.

288 sind es an der Zahl, und jede einzelne trägt einen Namen. Kleine Metallplatten zeugen davon, dass hier auf Schritt und Tritt ein braver Bürger Geld gegeben hat zur Erschließung des Schlossberges. Etwa mit jeder zehnten Stufe verdoppelt sich meine Wut auf die Spender. Früher diente diese so enge wie steile Treppenschlucht als Fluchtschneise für die Soldaten. Heutzutage werden hier Touristen in den Tod getrieben.

Wer es dennoch bis oben geschafft hat, auf den wartet die ultimative Herausforderung. Die oberste Plattform des Schlossbergturms erreicht man über noch einmal 186 Stufen. Glaube ich jedenfalls, denn auf der 121. war ich mir nicht mehr sicher, ob ich die 120. aus Versehen ausgelassen hatte.

Auch im Schlossbergturm stammen sämtliche Tritte aus dem Ersparten edler Spender. Das stählerne Bauwerk hängt an schräg eingelassenen Baumstämmen und macht bereits von unten einen nicht gerade vertrauenerweckenden Eindruck. Nach oben hin verjüngt sich der Turm so stark, dass auf die allerletzte Ebene nur noch ein einzelner Mensch passt.

»Jeder Turm erfährt aus horizontalen Kräften Verformungen«, warnt das Schild vor den letzten fünf Metern. »Falls bei der Begehung Schwankungen wahrgenommen werden, sind diese für die Standsicherheit ohne Bedeutung. Der Turm ist für den Angriff eines Orkanes (Windstärke zwölf Beaufort) mit Sicherheitsreserven bemessen.«

Das mag ja sein, ich will den Architekten da gar nichts unterstellen. Aber dieser Ausguck in 463 Metern Höhe schwankt beim leisesten Windhauch dermaßen stark, dass selbst Herrn Beaufort Hören und Sehen verginge. Das Gefühl völligen Ausgeliefertseins schwächt keine noch so seriöse Infotafel ab. Immerhin: Stürbe ich hier, fiele mein letzter Blick auf das Spendenschild der Brauerei Ganter – es könnte schlimmer kommen.

Zurück im Zentrum, stärke ich mich mit einem halben Liter des besagten Bieres. So jung komme ich schließlich nie wieder auf den Münsterplatz. Ein Hochzeitspaar wird im Dreirad einmal um die Kathedrale chauffiert, ganz abgasfrei-freiburgisch. Während die Dosen blechern übers Pflaster scheppern, freuen sie sich schon aufs Recyclingzentrum. Und vorm Rathaus wurde gerade ein im Breisgau entwickelter Kunstreis geworfen, der sich nicht nur von selbst auflöst, sondern zudem die Fugen im Pflaster biologisch entkrautet. Schätze ich.

Um mich herum postiert sich eine Stadtführung. »Seine Frucht ging mehrfach in ihr auf«, erzählt die Frau vom Verkehrsamt, ein Satz, den man nicht so schnell vergisst. Der angesprochene Befruchter, Philipp der Schöne, hängt lebensgroß am Historischen Kaufhaus, uns direkt gegenüber. Seine Beziehungen zu Freiburg sind ähnlich vernachlässigenswert wie die des Arztes C. A. Hoffmann. Dennoch ist man im Breisgau stolz auf diesen 1478 geborenen Habsburger, Herzog von Burgund und kastilischen König. Ob er wirklich so schön war, sei dahingestellt. Aber wie die altertümliche Formulierung der Stadtführerin bereits andeutet, war dieser Philipp wohl ein echter Schwerenöter. Jede Nacht liege er bei einem anderen Weib, empörten sich seine Hofbeamten. Er sei »ein Sklave seiner Lüste« und »in gewissen Trieben seines Körpers unersättlich«.

Ausgerechnet dieser – beim Volk im Übrigen sehr beliebte – Philipp geriet dann jedoch an eine über die Maßen eifersüchtige Frau. Die Hochzeit mit Johanna von Kastilien, die bald den Beinamen »die Wahnsinnige« tragen sollte, muss noch recht beschwingt verlaufen sein. Obwohl unter rein politischen Gesichtspunkten zusammengebracht, verliebten sich die beiden auf den ersten Blick ineinander. Die Zeremonie wurde vorgezogen, direkt danach verschwanden Philipp und Johanna im Schlafgemach. Sechs Mal ging seine Frucht in den nächsten Jahren in ihr auf, aber wohl nicht nur dort. Während Philipp Berichte über Johannas Absonderlichkeiten abfasste, verfolgte sie seine Eskapaden mit zunehmend rasender Wut. Als der Gemahl während ihrer letzten Schwangerschaft stirbt, verfällt sie vollends dem Irrsinn.

Ob Philipp wirklich vom Fieber dahingerafft oder doch vergiftet wurde, konnte nie geklärt werden. Johanna weigerte sich, die Leiche beerdigen zu lassen, und verfrachtete den Sarg stattdessen auf ein Fuhrwerk. Drei Jahre war sie in der Folge unterwegs, eine Irrfahrt mit dem vagen Ziel Kastilien. Sämtliche Frauen ihres Hofstaats hat sie vertreiben lassen, endlich gehört ihr Philipp ganz allein. Fester Bestandteil ihres Wahns war der Glaube, dass der Geliebte nur schlafe. In jeder Herberge musste die sicherlich nicht gerade wohlriechende Totenkiste direkt neben ihrem Bett platziert werden. Und Tag für Tag, so berichteten ihre Diener später, ließ sie den Deckel abnehmen, um dem Leichnam die Füße zu küssen. Oder was davon noch übrig war.

1509 beendete Ferdinand II., König von Aragon, die gruselige Odyssee seiner Tochter. Ihren kastilischen Thron hatte er längst übernommen, nun ließ er sie einsperren. Bis zu ihrem Tod vegetierte sie noch ganze 45 Jahre dahin.

Ein zweites Bier will ich unter Philipps Augen nicht trinken. Stattdessen mache ich mich daran, das Vorzeigestädtchen Freiburg weiter zu vermessen. An diesem heißen Samstag präsentiert es sich in Bestform. Eine Goodwill-Aktion jagt die nächste, Informationsstände, Plakate und Flugblätter färben das Stadtbild. Zwischen Bertoldstraße und Rathausplatz passiere ich eine Initiative für Migranten-Wahlrecht, eine gegen Abschiebung und eine weitere gegen Diskriminierung im Allgemeinen. Nicht weniger energisch wirbt man hier gegen den Klima- und dort für den Energiewandel, während es ein paar Meter weiter um Vegetarische Ernährung beziehungsweise Häusliche Pflege geht. Die »Initiative für ökologische Verkehrsplanung« hat sich in Sichtweite des Polizeistandes »Rücksicht im Straßenverkehr« postiert. Während man bei Ersterer schöne Kugelschreiber, Feuerzeuge und Wasserflaschen bekommt (na gut, der Aufdruck »Initiative für ökologische Verkehrsplanung« stört ein wenig), verteilen die Ordnungshüter lediglich kostenlose Luftballons.

Wenn in Köln irgendwo ein Wehr instand gesetzt wird, hängt man eine Hinweistafel auf und lässt es die nächsten 500 Jahre wieder verrotten. In Freiburg dagegen liefert dasselbe Wehr den Strom für 500 Haushalte. In Köln fackelt man öffentliche Mülleimer ab, in Freiburg werden sie samt und sonders bunt bemalt. Auf einem von ihnen steht ein kleiner Mann und predigt wider den Teufel: »Nur der Herr garantiert ewiges Leben.«

Dass in Freiburg 36 Mal die Pest wütete, dass hier also einst hygienische Defizite herrschten, will man einfach nicht glauben. »Hier finden Sie eine nette Toilette«, sagt der Aufkleber eines Kneipenfensters, verliehen im Rahmen eines städtischen Wettbewerbs für saubere Kneipenklos. Als mir klar wird, dass ich in keinem der Bächle auch nur den Hauch einer Verschmutzung bemerkt habe, spucke ich in einem Moment anarchistischen Wahnsinns meinen Kaugummi aus. Leider landet er nicht im Wasser, sondern zwischen zwei Pflastersteinen. Fleißige Freiburger haben sie zu Milliarden am Rheinufer gesammelt, halbiert und sodann das markante Altstadtpflaster daraus gepuzzelt.

Ein alter, bärtiger Kerl läuft als Werbesandwich durch die mit Wochenendshoppern verstopften Straßen. Er sammelt Gelder für die Dombauhütte, ein durchaus ehrenwertes Unterfangen. Aber ich habe bereits eine Legebatterie verhindert, die Atomwaffen abgeschafft und eine afrikanische Schule gebaut. Das Münster muss nun dran glauben, soll es in Gottes Namen einstürzen.

Als ich dem Mann ausweiche, laufe ich jedoch der Frau vom World Wildlife Fund in die Arme.

»Darf ich dich fragen, wie du heißt?«

In der Folge wird sie in jeden Satz meinen Vornamen einbauen – so hat man's ihr wohl beigebracht, die persönliche Ansprache als Motivation zur Rettung der Welt. »Also, Bernd, ich bin die Clara, und jetzt schätz doch mal, wie viel Regenwald in den letzten 100 Jahren abgeholzt wurde.«

Clara hat hübsche, lange Finger, die beim Reden stark mitarbeiten. Ich muss in die Sonne blinzeln. Wahrscheinlich trägt mein Gesichtsausdruck dazu bei, dass sie mich für scheppendämlich hält.

»Und jetzt tipp mal, wie viel Euro im Monat unsere Mitglieder durchschnittlich spenden. 100 Euro sind's nicht, Bernd, das sag ich dir gleich.«

»Fünf?«

»Sehr gut«, sagt sie. Ich wundere mich, dass sie mir dabei nicht den Kopf streichelt. »Es sind sogar fünf bis zehn Euro.« Und weil ich es bin, fügt sie hinzu: »Also noch ein bisschen mehr, als du dachtest, Bernd.«

Bernds Durst ist jedoch inzwischen größer als sein Umweltbewusstsein: »Ich geb dir fünf Euro, und du sagst mir, wo der *Schlappen* ist, okay?«

Diese beliebteste aller Studentenkneipen soll schon tagsüber aufhaben, da wäre ich jetzt gern. Aber Clara ist weder aus Freiburg noch darf sie einmalige Spenden annehmen. Nur Mitglieder werben, dafür hat man sie hier hingekarrt. Noch immer umgarnt sie mich mit einem Lächeln, das zwischen ansteckender Begeisterung und Mitleid oszilliert. Diesem Tropf muss ich anders kommen, sagt sie sich wohl.

»Du hast ein großes Herz, Bernd, das merk ich doch direkt.«

Eigentlich habe ich noch keinen einzigen Cent lockergemacht. Aber immerhin stehe ich mit Clara schon zehn Minuten in der sengenden Sonne. Ja, ich habe ein großes Herz. »Wenn dir also der Wald vielleicht nicht so wichtig ist, dann denk doch mal an die Tiger, die dadrin leben. Die sterben nämlich auch aus.«

*

Schon seit meiner Ankunft sammle ich badische Verniedlichungen: Bächle, Schlössle, Schäufele, Gässle, Knöpfle, Tannenzäpfle. An der Kaiser-Joseph-Straße steht der »Päcklebus«, der den Einkauf aufbewahrt, damit man – im wahrsten Sinne »unbeschwert« – zum nächsten Lädele weiterschlendern kann.

Als ich Freiburg ein paar Tage später verlasse, betrete ich ein vollkommen leeres Reisezentrum. Das heißt also: Ich bin der einzige Kunde und habe die Wahl zwischen zwei besetzten Schaltern. Das Serviceparadies der Deutschen Bahn stimmt mich so wohlgemut, dass ich den weiteren Weg nehme – zu der Frau mit dem Strickpulli, dessen Tigermuster mich an meinen Auftritt beim WWF erinnert. Aber oh wehle, sie weist mich ab: »Jetzt ziehen Sie sich erst mal ein Nümmerle, und dann kommen Sie wieder.«

Clara und ich haben uns freundschaftlich verabschiedet. Ich glaube, das Gespräch mit mir hat ihr etwas gegeben. Ihre Geschichten vom Vorrücken der Wüste haben wiederum meinen Durst geweckt. Und ganz zufällig stehe ich bald direkt vor dem Eingang der *Feierling Brauerei*. Bäume wachsen durch die Freiterrasse im ersten Stock und beschatten die Tische im Biergarten. Um mich herum sitzen Rentner beim Knöpfleessen und Sportlergruppen auf Vereinsausflug. Der TSV Seckmauern hat sich laut vereinseigener Website durch das alljährliche Entenrennen einen Namen gemacht. Dabei werden bis zu 900 Quietscheentchen in den »bestens präparierten« Steinbach gelassen. Falls der TSV über weibliche Mitglieder verfügen sollte, hat man sie von der Freiburgtour ausgeschlossen. Wahrscheinlich präparieren sie daheim den Steinbach. Die Jungs sind derweil bester Laune. Ihre Schnapsrunden folgen aufeinander wie die Anhänger eines australischen Trucks. Und wenn es mit der nächsten Halben zu lange dauert, steigt man halt auf Maßkrüge um, die zudem die Unterarmmuskeln sehr plastisch ausarbeiten.

Nach so einem oder zwei naturtrüben Feierlingshumpen verspürt man keinerlei Lust, wieder in die pralle Sonne zu treten. Also bestelle ich mir noch einen und warte erst mal ab, was passiert. Zum Beispiel, dass die Blaskapelle zu spielen beginnt. Aber diese Burschen sind auch nicht mehr das, was sie einmal waren. Statt der »Wacht am Rhein« oder dem »Radetzkymarsch« improvisiert die Tuba den Bass für ein Bon-Jovi-Lied, und die Trompete entführt uns ein wenig unbeholfen in den »Summer of 69«. Mit dem ersten Schlag auf die ganz dicke Trommel erheben sich die sechs rauchenden Japaner und schlendern zum Augustinerplatz.

Auch für mich wird es Zeit für einen Kneipenwechsel, dann wollen wir mal in den *Schlappen* schlappen.

An der Theke lande ich neben einem Schnäuzerträger, der angeblich die SC-Freiburg-Legende Alain Sutter persönlich kennt. Dieser Laden hat den Charme der 1980er fast ohne Kratzer konserviert. In jenem Jahrzehnt hießen solche holzdominierten Schuppen *Podium*, *Museum*, *Klamotte*, *Miljöh*, *Stiefel* oder eben: *Schlappen*.

Der vielleicht charakteristischste Einrichtungsgegenstand steht direkt links hinterm Eingang: eine riesige Tropfenkerze. Von Wachsströmen überlaufene Flaschen, vorzugsweise bauchige Korbflaschen aus Italien, waren einst das Markenzeichen jeder Studentenkneipe und Wohngemeinschaft. In derselben Tradition steht auch der Wandschmuck des *Schlappen*, denn dort kleben weder Tapeten noch Farbe, sondern Plakate – von großen, vergangenen Ereignissen zeugend und vor allem kreuz und quer.

Ich bestelle mir einen der 108 Whiskys und hoffe auf Details aus der Freiburger Zeit des ebenso eleganten wie langhaarigen Mittelfeldregisseurs Sutter. Aber dann stellt sich heraus, dass mein Informant ihn lediglich ein paar Mal an der Tanke getroffen hat.

»Hast du ihn denn mal angesprochen?«

»Nee, hab ich mich damals nicht getraut, heute würd ich.«

Na prima.

Wie alle Gebäude der Freiburger Innenstadt blickt auch der *Schlappen* auf eine lange Geschichte. Augenfällig wird sie am Eingang zur Herrentoilette, die man über eine freigelegte Latrine aus dem 11. Jahrhundert betritt. Das dahinterliegende Pissoir ist vom Boden bis zur Decke verspiegelt – die Rede vom »Hab mich bepisst vor Lachen« gewinnt hier eine ganz neue Bedeutung. Zurück am ewig langen, verschachtelten Tresen bin ich von drei jungen Spunten eingekreist, die Kölsch aus echten 0,2er-Stangen trinken. Das simple Obergärige ist recht teuer hier. Als sei es ein ganz edler Tropfen, führen die Jungs das Glas immer ein wenig gespreizt an den Mund. Zwischendurch zeigen sie sich Handyfotos von schnellen Autos. Die kennen sich aus, das werden mal findige Ingenieure. Es fallen Begriffe wie: Spoiler, DTM, Coupé, 6er, 7er, 5 Liter, C3. Als sie sich um ein mir dorfböhmisches technisches Detail streiten, ruft einer der beiden Dicken plötzlich: »Ey Mann, du googelst, das ist unfair.« Sehr sympathisch, diese Freiburger.

Sowieso: Im *Schlappen* trinkt man in wildem Trubel und dennoch sehr friedlich. Ich fühle mich aufgehoben hier und zugleich auch ein bisschen gelangweilt. In dieser studentischen Monokultur fehlen auf die Dauer ein paar bunte Jogginghosen und strassbesetzte, an den tätowierten Schulterblättern endende Jeansjäckchen. Ein bisschen KiK für den letzten Kick sozusagen. Aber vielleicht resultiert mein Unbehagen auch aus den vergangenen Wochen, in denen ich mich bevorzugt in Kaschemmen herumgetrieben habe. Was ist schon ein naseweiser BWL-Student gegen eine rotviolette Saufnase mit 70 Jahren auf dem krummen Buckel?

Wie auf dem Augustinerplatz gehöre ich auch im *Schlappen* zu den »älteren Semestern«, um hier mal hochnotpeinlich in der Akademikersprache zu bleiben. Bier und Whisky haben fleißig gearbeitet, eigentlich gehöre ich ins Bett. Aber nach der geballten Ladung Jugend suche ich noch nach einem Absacker-Lokal, in dem auch ein paar Erwachsene verkehren. Genau genommen suche ich auch meinen Heimweg. Es ist stockdunkel, ich habe mich verirrt. Die Schrift auf der Karte vom Touristenamt ist so unleserlich wie das Kleingedruckte in Kaufverträgen. Ständig begegnen mir Menschen, die ich zu kennen glaube. Dabei ist das nur der Bratfritze vom Burgerimbiss, der schon wieder vor der Tür raucht, als ich zum zweiten Mal an ihm vorbeistreiche.

Schließlich lande ich in einer Spelunke, die ich so in Freiburg-City nicht vermutet hätte. Eine meiner vor der Tour aufgestellten Reiseregeln besagt:

Je schlechter die Trinksprüche hinterm Tresen, desto besser die Kneipe.

In diesem Laden wimmelt es von Plaketten à la »Ich Wirt, du nichts« und »Kredit erst ab morgen«, hier bin ich also richtig. Und auch die Atmosphäre zielt voll auf die Magengrube. Tote Fliegen bedecken das Fensterbrett wie ein Sisalteppich. Der zerknitterte Wirt steht hinter seiner flachen Theke und klatscht immer wieder einen feuchten Lappen in die offene linke Handfläche. Wenn er gleich einen Indianer erschießt, gehe ich zum Sheriff.

Am einzigen bevölkerten Tisch sitzen zwei Typen Mitte 40 und eine Frau namens Claudia. Detlev und Kurt sind passionierte Biker, fahren jedoch beide seit Jahren nicht mehr. Detlev hat seine 1200er-Kawasaki ZZR aus Angst vor sich selbst verkauft. Nach dem dritten gebrochenen Schlüsselbein fühlt er sich wie ein Kriegsinvalide. Auch heute Abend ist er völlig hinüber und hängt seiner nicht minder betrunkenen Freundin eher wie ein Baby am Hals als wie ein Lover.

»Ich überhole noch immer jeden LKW«, sagt er so patzig, als hätte ihn jemand Schlappschwanz genannt. Nun ja, das Wort stand tatsächlich im Raum. Schließlich hat er zugegeben, inzwischen Roller zu fahren.

Kurt wirkt auf den ersten Blick reifer als Detlev. Aber nur auf den ersten.

Von Beruf scheint er so etwas wie ein Ingenieur gewesen zu sein. Vielleicht ist sogar ein Erfinder an ihm verloren gegangen. Jedenfalls arbeitet er daran, den Nabendynamo mit dem Hilfsmotor zu verbinden. Jeder Tritt auf die Pedale soll einen entsprechenden Akku füllen, das leuchtet mir ein. Aber Akkus zu laden und die Ladung dann auch noch zu bewahren, scheint die große Herausforderung der Wissenschaftler zu sein. Sagt Kurt.

Seine Suzuki Bandit steht seit vielen Jahren im Stall. Kurt sagt, er hat Angst vor weiteren Manipulationen. Einmal habe er einen Molotowcocktail unterm Reifen gefunden. Ein anderes Mal habe jemand die Kette gelockert. Und schließlich sei eines Tages der Handbremszug zerschnitten gewesen.

Kurt nimmt einen tiefen Zug aus seinem Halbliterglas.

Mit dem Abstellen ordert er ein neues und starrt dann die zerfurchte Tischplatte an. Mir ist nicht klar, ob er mit dieser Kunstpause Anlauf für eine Pointe nimmt, oder ob er seinen Vortrag womöglich komplett vergessen hat.

Detlev schläft an Claudias gewaltigem Busen. Claudia legt seinen Kopf auf ihrem Stuhl ab – unter uns gesagt: das bekommt man auch sanfter hin – und geht eine rauchen. Zwei Studenten stecken ihre Nasen herein und verschwinden dann schnell wieder. Der Wirt knallt seinen Lappen auf den Nebentisch und wischt ihn für heute zum letzten Mal ab.

»Wer könnte denn das mit dem Bremszug gewesen sein?«, frage ich schließlich.

Kurt verlässt sein Wachkoma und sagt, er habe auf der ganzen Welt keine Feinde. Aber dennoch einen Verdacht, vielmehr die Gewissheit, wer der Täter sei: sein Vater.

Da wüsste man als Geschichtensammler natürlich gerne mehr. Aber Kurt kniet wieder am Grab seiner Suzi. Die Freiburger Nacht umhüllt mich wie ein Leichentuch. Aus irgendeinem Grund scheine ich zurück ins Univiertel geraten zu sein, da vorn sitzen steinern Homer und Aristoteles. Wie viele Engel gehen auf eine Nadelspitze? Sind auch Tiere mit der Erbsünde belastet, müssen sie fasten und können sie auferstehen?, hat man sich hier einst gefragt. Mich jedoch drückt ein ganz anderer Schuh, denn noch immer habe ich keinen Schimmer, wie ich von hier zur Caritas komme. »Sie haben die Steigung schon fast geschafft!« – läse ich das Schild jetzt, ich würde es umarmen wie Johanna ihren Philipp. Selbstmitleidig torkele ich durch Freiburgs Gassen, und zu allem Überfluss reut mich plötzlich mein Umweltfrevel von heute Mittag. Ich will den Kaugummi aufsammeln, der zwischen die Pflastersteine geraten war. Tatsächlich finde ich die Stelle, trotz Suff und Dunkelheit. Aber das Hubba Bubba ist verschwunden.

Quitten und Kutteln

Marbach

Auf der winzigen Bühne stehen die *Marbach Boys* und spielen »Viva Colonia« von den *Höhnern*. Der Versuch des Frontmanns, trotz schwäbischen Akzents Kölsch zu singen, scheitert grandios. Das fremde Idiom liegt ihm wie eine fettige Blutwurst auf der Zunge: »Met ner Pappnas jebore ... mer fiere jän ... mer lääve hück ... mer lääve d'r Aurebleck« – der Mann könnte es genauso gut mit Kirgisisch probieren.

»Kommen die *Toten Hosen* auch noch?«, frage ich den jungen Kerl am Getränkeausschank. Ein Plakat der Band hängt hinter seinem Rücken.

»Nein«, antwortet er und grinst das lässig-amüsierte Grinsen eines zutätowierten, muskelbepackten Heavy Metalers. Dann sprengt er den Kronkorken meines Wulle-Biers und widmet sich dem nächsten Kunden.

Ich setze mich auf einen der ausgelegten Heuballen und trinke. Die *Marbach Boys* präsentieren jetzt ein Lied in ihrem eigenen Dialekt. Warum gibt es eigentlich keine Songs über Schiller, frage ich mich. Hier geht es schließlich um Volkskultur, da darf der »berühmteste Sohn der Stadt« doch eigentlich nicht fehlen?! »Goethe war gut«, sang einst Rudi Carrell. Aber so etwas wie »Schiller war der Knüller« sucht man in der deutschen Schlagergeschichte vergeblich.

In Marbach läuft das Holdergassenfest, eine im Zweijahresrhythmus stattfindende Feier in der Oberen, Mittleren und Unteren Holdergasse. Früher wohnten in diesen windschiefen Häusern die Weinbauern, und gegenüber lagen ihre Scheunen. Direkt auf meinem ersten Parcours durch die drei schmalen, recht kurzen Sträßchen hatte ich einen echten Kölner getroffen. Klaus arbeitet bei einem katholischen Pressedienst und berichtet unter anderem exklusiv von den Piusbrüdern, die hier in der Nähe eines ihrer sektiererischen Messzentren betreiben. Über vier Jahre wohnt er mit seiner Frau nun schon in Marbach und auf seinem T-Shirt steht, wie er die Diaspora zu überstehen gedenkt: »Et es, wie et es«, eine jener kölschen Weisheiten, die zwar in ähnlicher Form überall auf der Welt kursieren, aber durch ihre tagtäglich tausendfache Wiederholung am Rhein einen besonders prophetischen Status erlangen. Et es, wie et es, Et kütt, wie et kütt, und Küsst'e övver d'r Hungk, küsst'e och övver d'r Stetz.

Wie alle Anrainer hat auch Klaus seinen uralten Gewölbekeller freigeräumt, um dort Wein und Bier (Kölsch) auszuschenken. Kaum haben wir mit unseren Stangen angestoßen, wird der Keller von einer Abordnung der »Marbacher Zeitung« gestürmt, die auf der Jagd nach fröhlichen Festfotos für die morgige Ausgabe ist. »Denk an '78«, murmelt mir Klaus zu, und wie er beginne auch ich bei der Erwähnung dieser Jahreszahl ein kölsches Liedchen zu singen. Denn in jener Saison, Gott und die Kickerstatistik sind unsere Zeugen, gewannen die Geißböcke das Double.

Ein paar Meter weiter staut sich die Menge vor der Mikrobrauerei *Salzscheuer*. »Versuch mal, für mich ein Alkoholfreies zu bekommen«, sagt ein Mann zu seiner Begleiterin. Sie sieht ihm so ähnlich, das muss seine Ehefrau sein.

»Du bist vielleicht witzig«, antwortet sie.

Das Lokal hat die Größe einer Doppelgarage und ist so vollgestopft mit Bierdevotionalien, dass es an ein Museum erinnert. Schnell wird mir klar: Hier regiert keine schnöde Sammlerwut, sondern echte Passion. Der Hausherr, wer immer er ist, beschränkt sich nicht auf seltene Bierbücher, historische Werbeschilder und exotische 0,33er-Büchsen. Zu den Exponaten gehören darüber hinaus Kleinode wie eine metallene Gambrinus-Plakette – aufwendig gedengelt von einem ägyptischen Goldschmied. Direkt vorn am Eingang wiederum hängt ein geschnitzter Kleiekotzer. Das sind jene furchterregenden Fratzen, mit denen früher das Spundloch der Getreidemühlen verkleidet wurde. Dort unten schoss das geschrotete Korn aus dem Großmaul der Maske – man kennt das aus der Schlussszene von »Max und Moritz«, deren Getreideumrisse ihren unvermeidlichen Tod illustrieren. In Marbach hingegen springen, angetrieben von einer versteckten Mechanik, schokoladene Goldtaler aus dem Rachen des Teufels.

Hier wurde, so erfahre ich, schon Märzen, Weizen und sogar irisches Schwarzbier gebraut. Aber kein alkoholfreies, der Tourist draußen am Stehtisch muss mit einem naturtrüben Pils vorliebnehmen. Dass seine Frau es vor ihn hinstellt, ohne noch einmal gefragt zu haben, scheint er ihr zunächst übel zu nehmen. Nach dem ersten Schluck zuckt er tatsächlich ein wenig angewidert mit dem rechten Mundwinkel, gibt diese alberne Haltung jedoch bald auf. Und leert sein Glas noch schneller als ich meines.

Nach dem Halbliterhumpen Salzscheuerbräu weiß ich: Diese seltsame Besenwirtschaft muss ich mir für später merken. Aber zunächst einmal habe ich Hunger.

Schiller mochte Quittengebäck, jedenfalls belegt dies ein Rezept, das seine Mutter ihm sandte, lange nachdem er aus seiner Heimat geflohen war:

Qütten Hüppen ohne Feuer und Eissen zu Machen
Erstlich nimt man Etlich Schöne Zeigtige Qütten, reibt solche mit einem Dug ab, thuts in ein Häffele, giest waßer da rüber, lest allgemach Sieden Biß die Haut Herunder geht, dan wans zu schnell Sieden so springens gern auff und werden wässerig, als dan wird die schelen Sauber Herunder gezogen, und mit einem gutten Messer daß Marck fein in ein Sauber schüssele geschapt, daß Keine stückle oder Knölle giebt.

Klingt knorke, aber schon im Hotel wurde mir beigebracht, was man hierzulande zu probieren habe. Saure Kutteln, so die freundliche Rezeptionistin, seien das schwäbische Festtagsessen Nummer 1! Dass man, zumal als Fremder, einigen Mut würde aufbringen müssen, fügte sie sofort hinzu. Denn Kutteln, so erklärte sie mir, werden aus dem Pansen, also dem Vormagen des Rinds, gewonnen. Von einem arg berauschten Manne heißt es deshalb auch bei den Schwaben: Der hat sich die Kuttel zugesoffen.

Damit ein Mensch so etwas essen kann, muss zunächst der dem Vormagen anhaftende Talg entfernt werden. Außerdem werden die Pansen mehrere Stunden gewässert und einen halben Tag lang in Salzwasser gegart, damit der muffige Stallgeruch aus dem Fleisch fleuche. Danach schneidet man den Kuhmagen in längliche Streifen – die sogenannten Kutteln. Diese sollen sodann in kochender Mehlschwitze erweichen, bevor Essig oder Wein schließlich den säuerlichen Geschmack der Suppe besorgen.

Mit diesen Informationen im Kopf steige ich in einen der

geöffneten Gewölbekeller hinab und werde von angenehmer Kühle und einem würzigen Duft umfangen. Schwäbische Kuttelsuppe, um es vorwegzunehmen, schmeckt im Grunde wie Sauerbratensoße. Und es birgt einige Vorteile, während des Essens hin und wieder an Sauerbraten zu denken. Zum Beispiel, weil dessen Soße gern mit ordentlich Zwiebeln gespickt wird. Hier unten im Keller herrscht schummrige Dunkelheit, da sieht man gar nicht, was gerade auf dem Löffel liegt. Und immer, wenn wieder so ein Haufen glitschiger Würmchen über meine Zunge gleitet, denke ich: Klar, das sind die Zwiebeln. Oder die Glasnudeln, wie beim Asiaten. Oder meinetwegen Morcheln, genau: Dieses Zeugs mit der Konsistenz toter Regenwürmer, diese schillermütterlichen Stückle und Knölle, das sind Morcheln und bestimmt keine Kuh-Innereien. Und außerdem steht da ja noch dieses große Glas Wein auf dem Tisch, mit dem ich selbst daumendicke Kuttelstränge hurtig herunterspülen kann.

Weil ich mir zwischen zwei Löffeln ein paar Notizen mache, denkt die Wirtin offenbar, ich sei Gastrokritiker. Mir ist das peinlich, denn von Küche und Kochen habe ich so viel Ahnung wie gestern noch von Kutteln. Bei jedem Gang durch den Keller kontrolliert sie den Level meines Tellers, und auch ihr »Schmeckt's denn?« kommt mit loriothafter Schlagzahl.

»Schönes Kleid«, sage ich irgendwann ein wenig hilflos und mit Blick auf ihr Dirndl. Die aktuelle Kuttel in meinem Rachen bewegt sich noch. Die schlägt gerade mit dem Schwanz aus, weil sie nicht runterwill.

»Alles schön, gell«, antwortet die Wirtin. Es klingt wie eine Drohung.

Im Westen sinkt die Sonne sanft in den Neckar. Die *Marbach Boys* haben die Bühne geräumt und verstauen ihre

Instrumente. Aus einem Zimmer im zweiten Stock weht Drupis »Piccola e fragile« aufs Pflaster, legt sich wie Gaze um die letzten Streuner und bestäubt sie mit luftiger Melancholie. Der Salzscheuerbrauer ist ausverkauft, seine Fässer sind leer. Beim singenden Kölner habe ich mich nach der Marbacher Kneipenszene erkundigt. Nach all dem Gewühl in den engen Holdergassen, nach Bieren im Stehen und auf pieksenden Heuballen ist mir nun nach einer anständigen Theke mit Barhockern zumute.

»So etwas tut der Schwabe nicht«, hatte mich Klaus beschieden. Der Schwabe gehe durchaus gern mal essen (Kutteln zum Beispiel). Aber sein Geld des Abends an einem Tresen zu verbrennen, liege nicht in seinem Naturell. Schlussendlich hatte er mir dann aber doch noch einen Tipp geben können: Das *Bahnhofsstüble*, nun ja, verfüge immerhin über eine Theke. Alles Weitere müsse ich selber sehen.

Als ich am Bahnhof anlange, ist es dunkel. Das *Stüble* liegt im Parterre eines 70er-Jahre-Traktes und bildet eine von mehreren kleinen Ladeneinheiten. Links davon werden Obst und Gemüse verkauft, im weiteren Verlauf Wetten und schließlich künstliche Sonnenstrahlen. Wie in Eisdielen reichen die Fenster des Lokals bis zum Boden und geben den Blick frei auf eine komplette Wand mit Spielautomaten. Vor den Spielautomaten sitzen Männer, und auch die geschwungene Theke wird vor allem von Männern belagert. Die Kellnerin hingegen ist weiblich und noch sehr jung. Schon beim Eintreten weiß ich dank der Zurufe, dass sie Celina heißt. Und dank dem »schnellen René«, wie er sich nennt, habe auch ich hier bald einen Namen: Ich bin der »Kölner«.

»Der Schiller war ohnehin lieber in Benningen. Und weißt du auch, wieso, Kölner? Weil der bei uns immer so leckeren Kartoffelsalat gegessen hat.«

Offenbar hat er sofort den Klugscheißer in mir erkannt. Typen wie ich kommen nur wegen Schiller nach Marbach, basta. Renés Heimatort Benningen liegt auf der anderen Seite des Neckars, ein Dorf im Schatten von Marbach, das wiederum seit Jahrhunderten im Schatten von Ludwigsburg liegt. Die Mär vom Kartoffelsalat lässt sich später trotz intensiver Recherche nicht belegen, scheint aber ein Benninger Mythos zu sein. Oder zumindest einer von René. Sein Kopf über dem weißen Tommy-Hilfiger-Hemd endet in hochgegelten Haaren mit einer Ray-Ban-Brille on top.

»Als ich so alt war wie du, habe ich auch noch Bier getrunken«, sagt Erwin. Er mag Ende 50 sein und verbringt die meiste Zeit an einem der vier Daddelautomaten. Zwischendurch setzt er sich auf eine Kippe neben Elke und bläst Trübsal.

»Ziemlich viel Bier sogar, aber das macht mein Magen nicht mehr mit.« Dabei hebt er sein wie ein Fässchen geformtes Glas mit der Weinschorle in die Höhe und simuliert einen Ex-und-hopp-Zug. Wie fast alle hier trinkt er beidhändig, ständiger Begleiter und Beschleuniger der Schorle ist eine Einheit Jack Daniel's mit Cola und Eis.

»Den Jacky kann ich dafür bis zum Abwinken«, sagt Erwin. Dann dackelt er wieder zum Automaten.

Die Bilder an den Wänden entstammen dem »Meine erste Kneipe«-Fundus im Großmarkt: Marilyn Monroe mit wehendem Rock, Edward Hoppers »Nighthawks« und die »Casablanca«-Szene mit Humphrey Bogart und Ingrid Bergman. Die Boxen regiert ein Oldie-Sender für Junggebliebene (»Das Beste der ...«), und auf den Stühlen liegen Sitzkissen in verschiedenen Fliedertönen. Herrlich!

Celina und Elke stecken über den Tresen hinweg die Köpfe zusammen. Ich schnappe Satzfetzen auf: »... gestern war er wieder«, »… zu bunt«, »vielleicht solltest du …«. Die beiden Alten links neben mir, der triefäugige Herbert und der griesgrämige Vinzenz, beobachten Erwin, der seine Äpfel und Birnen beobachtet. Irgendwann holt er eine Serie, die Zweieuromünzen pladdern aus dem Automaten wie die Golddukaten aus dem Kliekotzer des findigen Braumeisters. Elke ordert zwei neue Jacky-Cola mit Eis. *Manfred Mann's Earthband* singt das Lied vom »Mighty Quinn«, in dem es um genau alles und nichts geht. René massiert seinen mittelprächtigen Bizeps und hat ansonsten einen Hänger, aus dem ihn der wiedererwachte Herbert befreit.

»In der Eifel haben die Brauer früher elf Liter Bier pro Tag getrunken«, sagt er. Über seinen Augen liegt ein matter Schmierfilm.

»Elf Liter!«, krächzt Vinzenz, »das sind ja … das wären ja …« Quinn, der Eskimo, kommt irgendwo an, Vinzenz auch: »Das kommt ja auf über 20 Pullen raus!«

»Genau, weil die haben ihr Bier nämlich in alten Vulkanhöhlen gebraut. Und da war's so staubig und trocken, dass die eben ganz viel trinken mussten.«

Herbert trägt eine karierte Dreiviertelhose aus wollenem Stoff, in den lamettahafte Goldfäden verwoben sind. Etwas Derartiges habe ich noch nie gesehen und beschließe, morgen in Marbachs Modeläden danach Ausschau zu halten. Schiller sorgte gern mit seinem locker geöffneten Hemdkragen für Aufsehen. Im Museum oben auf der Höhe liegt außerdem ein Paar seiner Strümpfe. Deren Längsstreifen seien, so erfährt man dort, um 1800 der letzte Schrei gewesen. 41 war der Dichter damals, und fünf Jahre später leider schon tot. Herbert legt die altersfleckigen Hände auf den Tresen und läuft nun zu großer Form auf:

»Ich fahre seit 38 Jahren zum Almabtrieb in Hohenstaufen. Und was glaubst du, das wird mir nie langweilig. Willst du poppen, willst du saufen, komm zu uns nach Hohenstaufen. So sagen die da. Und das stimmt auch.«

Dem schnellen René ist das anscheinend zu viel der Harmonie und feuchten Fröhlichkeit. Vielleicht empfindet er unser Gespräch inzwischen auch als übersexualisiert. Jedenfalls hat er beschlossen, der Typ am Flipper habe ihn auf dem Klo blöd angemacht. »Der denkt wohl, ich bin 'ne Schwuchtel oder was. Das frag ich den jetzt mal.«

Und genau das tut er auch. Stellt sich neben diesen kleinen Schnäuzertyp, hindert ihn am Spielen und raunzt ihn von der Seite an.

»Würde ich nicht machen«, sagt Elke. »Der Maik war früher Ringer.«

»Und ob«, ergänzt Vinzenz, dessen Rücken immer krummer wird. »Der stand sogar mal im Olympiakader der DDR, kuck dir nur mal dem seine Blumenkohlohren an. So was haben nur Ringer.«

»Ja, und weißt du noch, wie der mal Ärger hatte mit diesem Zuhälterheinz aus Stuttgart? Da hat der 20 Sekunden für gebraucht, dann lag der flach auf'm Rücken und hat nur noch Fäuste geschluckt«, greift Elke den Faden auf.

So langsam beginne ich, mich um meinen neuen Bekannten zu sorgen. Er mag ein wenig jähzornig sein, womöglich könnte man ihn sogar mit einigem Recht für sozial derangiert halten. Aber ich mag ihn, er fällt aus der Rolle. Mesut, den Wirt, scheint das Spielchen im Gegensatz zu mir keinen Deut zu beunruhigen. Und recht hat er. Bald darauf hat René sich ausgesprochen und kommt mit einem zufriedenen Grinsen zurück an den Tresen.

In meinem Magen tobt ein erbitterter Kampf. In einem stockdunklen Bassin aus Bier und Wein und Jacky D. kraulen die letzten Kutteln um ihr Leben. Sie stoßen blind an Wände, verbeißen sich ineinander, tauchen ab und jagen aufs Neue hinan. Ob jetzt vielleicht ein Päckchen Nüsse helfen würde? – Nein, antworte ich weise, das reicht wohl fürs Erste. Und zahle.

*

Am Morgen meines zweiten Marbacher Tages erwache ich vom Quieken einer Sau. Die Schweinesprache liegt mir noch ferner als das Schwäbische, aber eines spüre ich sofort: Die Kreatur hat Angst. Alles Weitere erschließt sich mir, als ich mich langsam aus dem Tran kämpfe und erste Gedanken sammle. Zu meinem Hotel gehört eine Metzgerei. Und über die Bärengasse, auf die mein Zimmer hinausgeht, wird der Laden angeliefert. Das Schwein quiekt immer lauter und verzweifelter, auch sein Getrampel auf dem Trottoir hat zugenommen. Irgendwann wird das Quieken zum Kampfgetöse, dann höre ich einen dumpfen Knall, und gleich darauf ist es still. Eine eiskalte, kristallklare Stille, wie sie nur einer zustande bringt: der Tod.

Noch vor dem Frühstück suche ich nach einem Zeitungsladen. Eine Osteuropäerin fragt nach Blättern mit Stellenanzeigen. Trotz dem frühen Morgen wirkt sie erschöpft, ihr aufwendiger Putz scheint eine bröckelnde Fassade zusammenzuhalten. Die Frau tut mir furchtbar leid. Ich nehme jede Arbeit an, sagt ihr Blick, ich kann schaffen bis zum Umfallen. Bitte, bitte, glaubt mir das.

Die Ladenbesitzerin schickt sie zum Rathaus. Dort lägen Umsonstblätter aus, hier würden alle Zeitungen etwas kosten. Die Frau bedankt sich demütig, in der Hand bereits jene Zigarette, die sie jetzt unbedingt braucht. Ich erstehe eine »Marbacher Zeitung« und sehe zu, dass ich wieder verschwinde. Vor der Tür klackert ein Rentnerpärchen mit Walking Sticks vorbei, während am Oberen Torturm ein Greis mit echten Krücken seine Runde dreht. Seltsam: Die ersteren Hilfsstöcke sollen den Einsatz der zweiteren hinauszögern. Aber am Stock gehen sie doch alle drei.

Wenig erheiternd auch der Blick in den Lokalteil der Zeitung. Zwei komplette Seiten übers Holdergassenfest, zahllose Fotos, aber keines von mir und dem Katholen-Kölner. Stattdessen eines der *Marbach Boys*: »Da simmer dabei«, scheinen sie mir entgegenzugrinsen, »und du nicht!«

Im Frühstücksraum knarzt der Holzfußboden. Messer treffen auf Porzellanteller, und wer die Ohren spitzt, hört die Klappen der Tischmülleimer schwingen. »Kann ich die Zeitung danach mal haben?«, fragt mich einer aus der Radwandergruppe, die ebenfalls gestern Nachmittag angekommen ist. Weil sie zu sechst sind, begraben sie das angestrengte Flüstern der Pärchen unter Sprüchen und Gelächter.

»Ja«, sage ich. Da habe ich mir schon notiert, dass Emo-Dance »Kurse für Tanzbegeisterte über 50« anbietet, die »von tanzmedizinisch ausgebildeten Pädagogen unterrichtet werden«. Da sollte ich vielleicht mal hin, den müden Pansen schwingen.

Weil es fürs *Bahnhofsstüble* noch ein bissle früh ist, spaziere ich erst mal zur Schillerhöhe. Mit dem Deutschen Literaturarchiv, dem Literaturmuseum der Moderne und dem Schiller-Nationalmuseum verfügt Marbach über echte touristische Wucherpfunde. Auf der Aussichtsplattform neben dem Museum erkennt man, wie steil die Stadt über dem Neckar hängt. Hohe Bäume beschatten hier oben den Park, grüne Auen säumen dort unten den Fluss. Eine Lehrerin bereitet ihre Klasse auf den Museumsbesuch vor, und links von mir, den Hang hinab, blüht der für Schillers

Vater Johann Caspar angelegte Apfelhain. »Diesen Kuss der ganzen Welt!«, möchte man mit inniger Götterfunkenfreude ausrufen, aber der friedvolle Schein trügt. Schillers überlebensgroßes Denkmal wurde aus eingeschmolzenen französischen Kanonen des Krieges 1870/71 gegossen. Und nebenan trägt ein Stein die folgende revanchistische Inschrift des sudetendeutschen Dichters Josef Mühlberger: »Dieser Stein birgt Erde/ aus Deutschlands Osten/ Deutscher Ahnen Fleiss/ hat sie einst erschlossen/ Ihre Liebe und Treue/ schuf sie zum Garten der Heimat/ Blinder Hass raubt'/ sie den Vätern und Söhnen/ Eingedenk der Toten/ die in ihr verlassen ruhen/ mögen die Enkel sie/ einst wieder pflügen.«

Marbach wurde 1693 von den Franzosen in Schutt und Asche gelegt, ein halbes Jahrhundert später kam Friedrich Schiller zur Welt. Seine Theaterstücke, von den frühen »Räubern« über den »Wallenstein« bis zum späten »Wilhelm Tell«, spielen fast durchweg in Kriegszeiten. Manchmal, wenn man durch sein tageslichtloses Museum flaniert, kommt einem der Gedanke: Aha, deshalb ist es hier auch so dunkel.

Schillers Vater, bevor er zum herzoglichen Hofgärtner und Pomologen wurde, diente als Militärarzt und mischte unter anderem im Siebenjährigen Krieg mit. Biografen beschreiben ihn als üblen Pedanten und Choleriker, der seine Zeit lieber im Lager als bei Frau und Kindern verbrachte. Friedrich hingegen war zutiefst unglücklich, als er mit 14 aus seinem Elternhaus gerissen und auf eine Militärschule gezwungen wurde. Den Drill dort soll er gehasst haben, noch mit 15 war er Bettnässer. Der Schularzt attestiert ihm einen »ausgebrochenen Kopf und etwas verfrörte Füße«, ansonsten jedoch sei er »recht gesund«. In Aufsätzen zwingt man die Kinder zur Denunziation, wer »der

Geringste« (sprich: Charakterloseste) unter ihnen sei. Die unmenschlichen und manchmal absurden Auswüchse der Barraspädagogik beschreibt Schiller später in Briefen, von denen viele in Marbach ausliegen. Wenn der Herzog zu Besuch kam, so erzählt er 1780, postierten sich die größten Schüler in der vordersten Reihe. Die mittelgroßen Eleven hatten hinten zu stehen, während die kleinsten in der Mitte zwischen den beiden Gardereihen versanken. Und warum dieser absurde Spökes? – Weil dem Herzog alles Kleinwüchsige zuwider war. Schließlich lebte man in der Ära der »Langen Kerls«, also jenes preußischen Infanterieregiments Nr. 6, in das nur Mannsbilder ab 1 Meter 88 aufgenommen wurden.

Mit knapp 1,80 überragte Schiller zwar seine Mitschüler, war aber nicht immer ein leuchtendes Vorbild. Vielleicht ist es einer gewissen pubertären Renitenz zuzuschreiben, dass er als 14-Jähriger heimlich Tabak schnupfte und mit der Reinigungsmagd verbotenerweise Kaffee trank. Womöglich scheint hier auch schon seine – moderate – Drogenaffinität auf. Bekanntermaßen bunkerte er verfaulende Äpfel in seiner Schreibtischschublade, weil deren Geruch ihn in einen lebhaften (Schaffens-)Rausch versetzte. Aus dem württembergischen Herzogtum floh er letztlich als Deserteur. Und jener gellende Ruf nach Freiheit, der ein Großteil seines Werkes durchzieht, dürfte wohl auch dafür verantwortlich sein, dass ihm das 19. Jahrhundert deutlich mehr Denkmäler setzte als seinem Kollegenkonkurrenten Goethe. Nicht alle jedoch überdauerten die Gezeiten so trutzig wie die Kanonenfigur von Marbach.

In seinem Geburtshaus an der Niklastorstraße erzählt eine animierte Fotowand von den Geschicken der Schiller-Büsten. Die allererste war 1813 im ehemaligen Adelssitz zu Pucht (heute Puhtu/Estland) aufgestellt worden, keine zehn Jahre nach seinem Tod also. Im Ersten Weltkrieg benutzte man sie als Zielscheibe – erfolgreich. Die Geschichte des Königsberger Standbilds hingegen erinnert an eine Anekdote vom Rhein. »Nit scheeße, do stonn doch Minsche«, soll ein Kölner anno 1794 den einrückenden französischen Revolutionstruppen zugerufen haben. In Königsberg hingegen rettete eine kyrillische »Schmiererei« Schillers Standbild vor der Zerstörungswut der Roten Armee: »Nicht schießen«, lasen die Soldaten dort, »das ist ein Dichter!« Und sie hielten sich dran.

Die Schiller-Porträts verleihen dem ansonsten kalten Vitrinenraum ein wenig altväterliche Wohnzimmeratmosphäre. Interessanterweise präsentieren die im Marbacher Museum versammelten Werke weniger den germanischen Nationalhelden mit kantigem Siegfried-Kopf, sondern in ihrer Mehrzahl den sensiblen Dichter. Auf den Betrachter fällt ein nachdenklich-verträumter Blick aus klein-klugen Augen, die tief hinter einer scharfen, schmalen und etwas schiefen Nase liegen.

Wer sich hier auf die Suche nach dem Menschen hinter »Glocke« und »Bürgschaft« begibt, muss vor allem: lesen. Wie in seinem Geburtshaus unten im Städtchen sind Original-Relikte rar. Dort ein reizender Strampelanzug, hier eine eher aufreizende, beinahe lebensgroße Statuette aus seinem einstigen Salon: »Die Frierende«, ein ursprünglich fleischfarbenes Pin-up-Girl. Ihr frischer Teint ist längst verblasst, ohnehin hatte Schiller ein Faible für eher ältere Frauen. Sein zumeist abwesender Vater soll die Mutter schlecht behandelt haben. Diese wiederum überschüttete den Sohn mit Liebe. Ihre Briefe in den Vitrinen zeugen davon, und von ewiger Sorge. Dorothea Schiller wurde als Tochter des angesehenen Gastwirts Georg Friedrich Kodweiß im *Goldenen Löwen* geboren. Aber der Vater verarmte, musste das Lokal verkaufen und erhielt schließlich ein Gnadenbrot als Marbacher Torwächter. Dorothea zog zur Miete in jenes trostlose Zimmerchen im Parterre von »Schillers Geburtshaus«.

Jeder hier weiß, dass der Marbacher Schiller-Hype ein bisschen schal schmeckt. Denn Friedrich hat dieses Städtchen bereits mit vier Jahren verlassen, und er ist nie mehr zurückgekehrt. Auch nicht nach Benningen übrigens. Der *Goldene Löwe*, den er mit etwas mehr Glück hätte erben können, ist während meines Aufenthalts in Marbach geschlossen und wartet auf einen neuen Pächter. Schade, da hätte ich gern mal reingeschaut. Aber wenigstens hat das *Bahnhofsstüble* jetzt auf.

Es ist ein schönes Gefühl, zum zweiten Mal in eine Kneipe zu kommen und schon freudig begrüßt zu werden. »Hallöle«, ruft Elke, »wir sind schon wieder hier.« Und Erwin schwenkt müde nickend seinen Jacky. René sitzt wie gestern am Thekenknick, auch Herbert und der finster dreinblickende Vinzenz sind wieder da. »Hast du kein Zuhause?«, fragt Letzterer heiser.

Gestern habe ich den echten Rheinländer gegeben – leutselig, fröhlich, aufgeräumt. Um mich ein bisschen seriöser zu profilieren, werfe ich eine etymologische Frage in die Runde: »Warum heißt es eigentlich ›Eine Halbe‹?«

»Wie meinscht denn das jetzt?«, fragt Elke zurück. Und auch Erwin, der gerade vom Spielautomaten kommt, sieht mich, nun ja, verständnislos an.

»Warum bestellt ihr nicht ›Ein Halbes‹ oder meinethalben ›Einen Halben‹?«

»›Einen Halben‹?«, Erwin hustet sein Lachen heraus, »So 'n Quatsch.«

Die Axt scheint gefallen, aber so früh will ich nicht aufgeben: »Welches Hauptwort fehlt denn hinter ›Halbe‹? Also eine Halbe von was?«

»Ja, Bier natürlich.«

»Eine halbe Bier?«, hake ich nach.

Elke stellt ihre Weinschorle ab und prustet los: »Eine halbe Bier, ach, Erwinle. Und ein ganzes Flasch Jacky Daniel's, was?«

Erwin reagiert ein bisschen sauer, hackt seinen Jacky weg und stapft zum Automaten. Vinzenz allerdings hat die ganze Zeit aufmerksam zugehört. Die von allen Seiten Richtung Kinn laufenden Furchen in seinem Gesicht kennzeichnen ihn als entschiedenen Skeptiker und Misanthropen. Ein Mann, der zu keinem Drink Nein und auf keine Äußerung umstandslos Ja sagt.

»Das heißt Maß!«, sagt er nun. »Eine halbe Maß, klarer Fall.«

Elke springt ihm fast über die Theke an den Hals, Erwin macht den Scheibenwischer, ohne den Blick von seinen Äpfeln und Birnen zu richten. Und der alte Herbert kichert sich eins.

»Was heißt denn ›Maß‹? Sind wir hier etwa in Bayern, du verdammter Ossi?«

Kurzzeitig gerät meine sprachhistorische Diskussion nun aus dem Ruder. Denn wie der gestrige Ringer hat auch Vinzenz offenbar einen ostdeutschen Hintergrund. Ossi jedoch will er keiner mehr sein. Er lebe hier in Marbach seit immerhin 58 Jahren, sagt er, und für mich klingt sein Akzent schwäbisch genug. Direkt im Anschluss stellt sich heraus, dass Elkes Vater aus Italien, Erwins Mutter aus Schlesien und meine aus Ostpreußen kommt. Der Einzige, der bereits in zweiter Generation am Neckar lebt, ist Mesut, der Wirt.

»Und außerdem«, sagt Herbert, »heißt das nicht ›eine‹ Halbe, sondern ›ö‹ Halbe.«

Und damit sind wir dann auch alle zufrieden.

Eine jener Reiseregeln, die ich mir zu Hause aufgestellt habe, lautet wie folgt:

> Geh auf keinen Fall, wenn es am schönsten ist. Verlass den Laden erst, wenn auch jene fort sind, denen du den Abend verdankst.

Oder eben bei Kuttelalarm.

»Ich hätte gern noch ö Halbe, Celina«, sage ich.

Ihr Ausschnitt fällt heute noch ein paar Zentimeter tiefer, sodass ich den Anfang ihres interessantesten Tattoos sehen kann. Es handelt sich um ein irgendwie verschnörkeltes, irgendwie hübsch misslungenes Spruchband, das am linken Brustbein ansetzt und über den Oberarm zum Rücken wandert. Wenn sie den Arm hoch zum Flaschenregal hebt, versinken die Buchstaben im Krater ihrer Schultermuskeln. Streckt sie mir ein neues Bier entgegen, hängt der Schriftzug vorne durch wie ein Springseil.

»Was steht da eigentlich?«, frage ich nach der fünften Halben.

»You've gotta fight for your right – to love.«

»Das ist aber schön«, sage ich und weiß, die Regel wird heute gebrochen. Nach solch einem großartigen Erlebnis geht man besser heim, danach kann nichts mehr kommen.

Für dein Recht auf Liebe musst du kämpfen, murmele ich beim Hinausgehen. Und stoße dabei an den Stuhl eines Kerls, der in all diesem Trubel die »Marbacher Zeitung« studiert. »Sie kenne ich doch, Sie sind der Salzscheuer-Braumeister.«

»Stimmt«, antwortet er, nicht ohne einen Anflug von Stolz. Und damit ist unsere Verabredung für den nächsten Tag auch schon besiegelt.

*

Dieter Baader setzt einen neuen Sud an, es riecht bereits angenehm nach einer warmen Flüssigkeit, die dereinst kalt und schaumig in ein Glas stürzen wird. Dieses ehemalige Salzlager wurde an die alte Stadtmauer von 1405 gebaut. An den Wänden finden sich noch Brandspuren der Feuersbrunst von 1693, und die Futternischen zeugen von einer späteren Nutzung als Stall. Bevor dann irgendwann die Baaders hier einzogen.

»Meine Ururur-und-so-weiter-Eltern haben am 22. Juli 1749 in Marbach geheiratet«, erzählt er. »Am selben Tag, am selben Ort wie Schillers Eltern.«

Er selbst hat in Buenos Aires gelebt, in China und auf den Philippinen. Als Maschinenbauer einer Weltfirma wie Daimler-Benz kommt man ganz schön herum. »Einmal unterm Stern, immer unterm Stern«, sagt Baader dazu.

»Und der Stern vor Ihrem Haus, was hat es mit dem auf sich?«

Gerade eben hat wieder eine Besuchergruppe an die Tür geklopft und dieselbe Frage gestellt. Baader führt die Leute am Kleiekotzer vorbei und kramt unterm ägyptischen Gambrinus in Schubladen, deren Knäufe aus den Porzellanköpfen alter Bügelverschlüsse bestehen.

»Sehen Sie hier«, sagt er mit Blick auf ein paar alte Stiche. »Das Hexagramm, diese beiden um 180 Grad verdrehten, ineinander verschränkten Dreiecke, die wir vor allem als Davidstern kennen, bildete für viele Jahrhunderte auch das Zunftzeichen der Brauer.« Kaum hat er das gesagt, fällt mir ein eigener Beleg dafür ein: Überm Eingang des *Golde Kappes*, der Traditionskneipe im Kölner Stadtteil Nippes, hängt genau dieser Stern. Eine Irritation, stets wahrgenommen, aber nie hinterfragt. Im Sinne von: Ich bin hier, weil ich ein Kölsch trinken will. Also kusch dich, Verstand!

Die Reisenden sind beruhigt, Baader gibt Gas: »Brauen, das war für mich zunächst so etwas wie Alchemie. Was ist eine Brauerei anderes als eine Hexenküche?« Und schon rezitiert er das Hexen-Einmaleins aus dem Faust, mit dessen Hilfe die Zauberin den magischen Verjüngungscocktail mixte:

> *Du musst verstehn!*
> *Aus eins mach' zehn,*
> *Und zwei lass gehn,*
> *Und drei mach' gleich,*
> *So bist du reich.*
> *Verlier die vier!*
> *Aus fünf und sechs,*
> *So sagt die Hex',*
> *Mach' sieben und acht,*
> *So ist's vollbracht:*
> *Und neun ist eins,*
> *Und zehn ist keins.*
> *Das ist das Hexen-Einmaleins.*

Baaders Gesicht erinnert an Vicco von Bülow, mit dem er auch den trockenen Humor gemein hat.

»Warum brauen Sie Bier, anstatt zum Beispiel Ihren Daimler spazieren zu fahren?«

»Eine Kaminkarriere habe ich nie angestrebt, als die Pensionierung anstand. Ich hatte einen tollen Oldtimer, den ich damals meinem Sudhaus opferte. Das ist mein Beitrag, um Marbach attraktiv zu machen.«

Und nicht nur das. Als studierter Mathematiker ist Baader zugleich in jenem Verein aktiv, der sich dem Gedenken des zweitberühmtesten Stadtkindes widmet. Auch Tobias Mayer (1723–1762) verließ Marbach bereits als Dreikäsehoch, ohne je zurückzukehren. Früh die Eltern verloren, Waisenhauszögling, Autodidakt, bahnbrechender Wissenschaftler und mit 39 Jahren schon gestorben – warum dreht eigentlich niemand einen Film über den? Mayer gilt als Bezwinger des »Längengradproblems«, das bis ins 18. Jahrhundert besonders den Seefahrern bei ihrer Positionsbestimmung zu schaffen machte. Der Aphoristiker Lichtenberg (»Nonnen haben nicht nur ein strenges Gelübde abgelegt. Sie haben auch dicke Gitter vor ihren Fenstern«) veröffentlichte posthum Mayers megaexakte Mondkarte. Mathematik-Kollege Carl Friedrich Gauß bezeichnete ihn als »Mayer immortalis«, den »unsterblichen Mayer«. Und auch für Dieter Baader ist die Sache klar: »Mayer war, in seinem Metier, viel bedeutender als Schiller.«

Damit das auch irgendwann die ganze Welt weiß, gibt es in Marbach einen Tobias-Mayer-Verein samt Tobias-Mayer-Museum (Vorstand: Dieter Baader), und im Park vor dem Bahnhof steht ein funktionstüchtiger Nachbau von Mayers Quadrant, mit dem er mehr als 1000 Sterne verortete (Rekonstrukteur und Finanzier: Dieter Baader).

»Für das Geld hätten die mal besser 'nen Spielplatz da hingebaut«, sagt Celina.

»Ja«, sage ich, »aber Tobias Mayer bringt mehr Touristen nach Marbach.«

»Die können mich mal«, sagt Celina.

Brauer Baader schenkt mir ein kleines, selbst redigiertes

Heftchen mit gesammelten Weisheiten (Cicero: »Wir wollen trinken, um uns zu stärken, nicht, um unsere Sorgen zu ertränken« – ist klar …). Er demonstriert sein Können als kabarettistischer Entertainer und versierter Stadthistoriker. Ich mache derweil meine Notizen und streue hin und wieder eine Prise Geistreiches in unsere recht monologische Konversation. In der *Salzscheuer* flackert die Glühbirne, draußen bahnt sich ein Unwetter an. Des Brauers Frau verlangt nach ihrem Mann, auf dass er das Biergartenequipment ins Haus rette. Gambrinus grinst mir feist ins Gesicht, auch der Kleiekotzer scheint seinen Spaß zu haben. Ich werde nie wieder Kutteln essen.

»Warum ich das hier angefangen habe? – Da war dieser Albtraum, es gäbe kein Bier mehr auf der Welt. Deshalb!«, erklärt Baader.

Und als dann alles gesagt ist, als ich meinen Schreibblock demonstrativ zuklappe und Anstalten mache zu gehen, lockt das den Braumeister schließlich doch noch aus der Reserve: »Was meinen Sie, Herr Imgrund, sollen wir vielleicht noch ein Fläschchen Bier zischen?«

Endstation

Aalen

Meine erste Aalen-Reise begann als Reinfall. Ich hatte beruflich in Schwäbisch Hall zu tun und beschlossen, meinen freien Tag für einen Abstecher zum berühmten Aalener Limesmuseum zu nutzen. Ungefähr 40 Meter vor dem Eingang ging mir plötzlich auf, dass mein Besuch auf einen Montag fiel – und das Museum daher geschlossen war.

Der Trip hatte mich inklusive Umstieg und Fußmarsch immerhin zwei Stunden gekostet, ich war sehr enttäuscht. Auch schien es mir, als ich da vor dem eisernen Gitter stand, dass mir Ähnliches schon viel zu oft in meinem Leben passiert sei. Also setzte ich mich erst einmal auf ein Mäuerchen und weinte, bis mir die Tränen alle Erschöpfung aus der Seele gespült hatten. Dann stand ich auf und rief: Na gut, das Limesmuseum ist zu. Aber du hast doch zwei gesunde Beine, Bernd! Dann wanderst du jetzt eben zum kaum minder populären Kocher-Ursprung.

Zehn Minuten später saß ich in einem stickigen Rumpelbus, der mich nach Unterkochen brachte. Weil ich auf Anhieb kein Hinweisschild entdecken konnte, marschierte ich aufs Geratewohl los. Zweimal an einem Tag sein Ziel zu verfehlen, ist unmöglich, sagte ich mir. Du wirst diese Quelle unter allen Umständen finden!

Recht bald jedoch verlor ich jegliche Orientierung und

drehte eine um die andere Runde in einem labyrinthischen Einfamilienhausdistrikt. Frauen, die sich gerade noch angeregt unterhalten hatten, rissen ihre Kinder an sich und sprangen mit angstverzerrten Gesichtern in die Hauseingänge, als sie mich erblickten. Arthur Conan Doyle'sche Hunde fletschten hinterm Zaun ihre blutigen Lefzen, während am Himmel die ersten GSG9-Hubschrauber kreisten. Nur ein einsamer Heimwerker mit Ohrenschützern hatte von alldem nichts mitbekommen.

Die Sonne stand mittlerweile senkrecht am Himmel, und noch immer hatte ich absolut nichts erreicht an diesem Tag. Wollte ich mir den Schweiß abwischen, verwandelten sich die Papiertaschentücher bei bloßer Berührung in klatschnasse, längliche Röllchen. Die Gummisohlen meiner wildledernen Desert Boots zerflossen in der Hitze, mit einem schmatzenden Geräusch blieb ein Fladen nach dem anderen am Asphalt kleben. Und in denselben breiigen Aggregatzustand schien sich allmählich auch mein Hirn zu verwandeln. Überkochen in Unterkochen, längst hatte ich vergessen, warum ich die Quelle dieses unbedeutenden Flüsschens überhaupt sehen wollte. Immer schleppender wurde mein Gang, bald schon war ich bereit, am Wegesrand niederzusinken und nie mehr aufzustehen.

Erst ein kleiner Junge weckte mich aus meiner Lethargie. Er saß an einem Fenster im ersten Stock und spielte Blockflöte. Seine Etüden schnitten mir die Gehörgänge in kuttelartige Fetzen. Aber mit dem jähen Schmerz kehrten meine Lebensgeister zurück. Statt eines Fegefeuers nahm ich wieder einzelne Phänomene meiner Umwelt wahr. Das Haus links bewohnt laut Klingelschild die Familie Jägerhuber, ja, jetzt entscheidet euch doch mal! Zwei solche süddeutschen Klassiker in einem Namen, und Töchterchen Vroni heiratet später den Huberjäger Schorsch. Wenige

Meter weiter hat jemand seinen Vorgarten in eine chinesische Miniaturlandschaft verwandelt. Und an der Straßenecke, dem Herrgott sei Dank, weist ein hölzerner Pfeil den Weg zum Kocher-Ursprung.

Durch Schwäbisch Hall fließt der Kocher als tiefgrüner Langweiler. Hier am Fuße der Schwäbischen Alb jedoch springt er in alpiner Hellbläue über Stufen und Steinchen. Trotz der vielen Kilometer in meinen Knochen schöpfte ich neue Kraft aus diesem Anblick. Aber der Kocher, er wurde nicht schmaler, wie sich das eigentlich gehört für einen Fluss, den man stromaufwärts zum Ursprung hin begleitet. Später erfuhr ich, dass man genau deshalb von »Ursprung« und nicht von »Quelle« spricht: Weil der Kocher sich eben aus zahlreichen Quellen speist und deshalb nirgendwo ein wirklich flussbabyhaftes Rinnsal bildet. An jenem Tag jedoch dachte ich empört, dass diese verdammten Schwaben mich zum Narren halten. Und gab irgendwann, zwischen zwei Quellen, zwischen zwei noch unvereinigten Flussläufen auf.

Der Ausflug schien auf das Trostloseste beendet, als Aalen ihm dann doch noch einen versöhnlichen Ausklang bescherte. Zurück in der Stadt, spazierte ich entlang einer vierspurigen Schnellstraße gen Bahnhof. Plötzlich fiel mir eine geöffnete Tür auf. Die Kratzputzfassade des Hauses wirkte verwittert, Myriaden von Autos hatten ihre Abgase in Schichten darübergelegt. Hinter dem schwarzweiß gefliesten Eingangsbereich begann ein Dielenboden, dessen Oberfläche von langer Nutzung zeugte. Das Weichholz, vermutlich Kiefer, war geschwunden, weggeschmirgelt von Abertausenden schwerer Stiefel und schlurfender Sohlen. Wie Pestbeulen hoben sich die härteren Astaugen aus der Fläche, dunkel, glatt und rund. Bevor ich eintrat – und dass ich das tun würde, stand augenblicklich fest –, warf ich noch einen Blick auf das Namensschild am Haus. Und da stand: »ENDSTATION«.

Seine Kratzputzbude *Endstation* zu nennen, schien mir im ersten Moment grenzwertig. Ich sah einen Wirt vor mir, der überm Tresen seinen fröhlich gezwirbelten Schnäuzer präsentiert und sich darunter die geldgeilen Wurstfinger reibt. Aber mit dem Eintritt wusste ich: Die meinen das hier ernst! Dieser Laden heißt nicht nur, der *ist* die Endstation.

Auf das späte Mittelalter gehen die Legenden vom Nobiskrug zurück. Dort trinken die Toten, bewirtet vom Leibhaftigen persönlich. Durst leidet man nicht in dieser Spelunke, denn Luzifer schenkt immer nach, mit teuflischem Grinsen. Zeitgenössische Bilder präsentieren das Tor zum Nobiskrug als Höllenrachen. Wer hier eintritt, der hat ganz im Sinne des Wortes seine Endstation erreicht. Und genau so fühlte ich mich damals in Aalen.

Im Innern dieses schwäbischen Nobiskrugs saß rund ein Dutzend schweigsamer Männer. Aus dem Radio dudelte das Beste der 80er, 90er und von heute, wozu offenbar auch »You can't hurry love« von Phil Collins gezählt wird. Um mich positiv einzuführen, versuchte ich es mit einem flotten Spruch:

»Bei diesem Kneipennamen dachte ich, den Laden muss ich mir mal ansehen.«

Der Wirt, hinter seiner schmalen Theke, quittierte dies mit einem Nicken, das mit dem Adjektiv »desinteressiert« nur sehr unzureichend beschrieben ist. Aber so kalt der Empfang, so herrlich kalt auch die Flasche Wasseralfinger, die er mir dann kredenzte. Ein Grad weniger, und man hätte es lutschen können, dieses Bier. Ich nahm einen tiefen Schluck und sah mich um. In der Flucht des Tresens, zum Fenster hin, lagen drei separate Sitznischen, in denen ein Mann, oder auch zwei, gemütlich einen ganzen Tag vertrinken konnte. Den Schankraum zwischen Tür und Theke hatte man mit einem abwechslungsreichen Sammelsurium von Tischen und Stühlen möbliert. Braungelbe, ebenfalls vom Autoverkehr in Mitleidenschaft gezogene Butzenscheiben tauchten das Lokal in ein dunstiges Zwielicht. In der *Endstation*, so schien es, war die Zeit stehen geblieben. Bei fünf nach zwölf.

Augenblicklich fühlte ich mich wohl und geborgen, die restlichen Aalen-Stunden verbrachte ich in völliger Eintracht mit mir und meinen Mitmenschen. Ich führte interessante Gespräche über den Vorteil von Flaschen- gegenüber Fassbier, über das angeblich von vorn bis hinten gefakte Limesmuseum und über den Aalener Dialekt, demzufolge diese einzigartige Stadt »Oole« heißt und »im Oschte vu Bade-Wirttebärg« liegt. Noch beeindruckender als diesen charmanten Zungenschlag habe ich jedoch einen Dartzweikampf in Erinnerung, der offenbar schon einige Zeit vor meinem Eintritt angefangen hatte.

Beide Kontrahenten wirkten nicht sonderlich austrainiert. Der Alkoholkonsum hatte unübersehbare motorische Schwierigkeiten erzeugt, ein wenig erinnerte das Getorkel und Getaumel an die 14. Runde des Thrilla in Manila. Der jüngere Spieler war zudem durch eine höchst eigenwillige Wurftechnik gehandicapt. Möglicherweise um Kraft zu sparen, schleuderte er den Dart nicht auf Augenhöhe gen Scheibe, sondern von unten. Sein Arm pendelte vor und zurück wie ein aus dem Takt geratenes Metronom, und irgendwann ließ er den Pfeil einfach los. Ob er dabei ein Ziel vor Augen hatte, war nicht festzustellen, nicht einmal, ob er wenigstens ahnte, wo der Dartautomat stand. Deshalb konnte auch niemand vorhersagen, ob der

Pfeil hinter ihm, an der Decke oder in seinem Auge landen würde. Wer in der Nähe saß, hielt seine Pulle während dieser Auftritte etwas fester in der Hand.

Dem Alten hingegen mangelte es zwar nicht an rechtem Sportsgeist, aber auch ihm fehlte zuweilen das nötige Maß an Orientierung.

»Du stehst schon wieder falsch«, sagte der Jüngere.

»Wie, falsch? Das geht dich doch …«

»Ja, falsch eben, du stehst doch mindestens zwei Meter vor dem Strich, kannst du die Pfeile ja direkt mit der Hand in die Scheibe zimmern.«

»Welcher Strich?«, sagte der Alte und suchte den Boden ab. Dann stellte er sich kurz vor den Automaten und jagte den Pfeil im Zuge eines Galoppsprungs mit voller Wucht in die Poren des Dartautomaten. »Der gilt nicht«, schrie er, als das Spielgerät infolge des übermäßigen Kraftaufwands von der Wand zurücktitschte und im Raum aufschlug. »Der gilt nicht, den werf ich noch mal.«

»Gar nix wirst du, ich bin dran«, sagte der Jüngere. Aber der Alte nahm seine Pfeile und hackte sie wutentbrannt in die Triple 20.

Weil die Elektronik zu diesem Zeitpunkt längst auf Spieler II umgestellt hatte und demzufolge den Wurfbetrag vom Konto seines Gegners subtrahierte, entstand eine gewisse Konfusion. Der Alte zeterte und fluchte, während der Jüngere darauf bestand, die eingestochenen Wutpunkte gehörten nun ihm. Es brauchte mehrere Korn, bevor wieder ein wenig Ruhe einkehrte.

Irgendwo hinterm Kocher ging die Sonne unter, es wurde dunkel im Oschte vu Bade-Wirttebärg. So langsam musste ich an meine letzte Verbindung nach Schwäbisch Hall denken. Der Wirt hebelte weiter seine Bierflaschen auf, die Dartspieler tauchten nach ihren im Raum verstreuten Pfeilen. Limesmuseum hin, Kocher-Ursprung her – der Trip nach Aalen hatte sich letztlich gelohnt. Mit einem Wasseralfinger in der Hand und einem fröhlichen Lied auf den Lippen machte ich mich auf den Weg zurück zum Bahnhof.

*

Die *Endstation* ist auch der Grund dafür, auf meiner 100-tägigen Tresentour noch einmal Aalen zu besuchen. Ich mag diese antimodernen, aussterbenden Kaschemmen. Die kümmern sich nicht um Innovation oder Servicestrategien, die machen einfach weiter, bis irgendwann Schluss ist. Mit einem Lokal wie der *Endstation* lockt man keine Touristen an. Auch Nachwuchskünstler und Borderlinebürger sieht man hier nicht, die suchen nach coolen, kultigen Läden. Aber dafür begegnen einem die Menschen hier ungeschminkt – ihre Masken haben sie schon vor langer Zeit abgelegt. Oder irgendwo unterwegs verloren. In der *Endstation* trinkt man am Rand der Gesellschaft, und von dort aus hat man einen besseren Blick als mitten im Kessel.

Jenseits der Kneipenmauern kann ich in Aalen zudem meinem zweiten Hobby frönen: eine Stadt auf den Spuren einer historischen Figur zu erkunden. Denn was Schiller in Marbach, ist Christian Friedrich Daniel Schubart in Aalen. Die beiden kannten sich sogar, Schiller verehrte den 20 Jahre älteren Dichter und Komponisten als Freiheitshelden. Die große Bronzebüste am Aalener Bahnhof zeigt einen eher gemütlichen, pausbackigen Zeitgenossen. Aber Schubarts Zunge war so scharf wie seine Feder spitz, und er nutzte sie für so manche sozialkritische Polemik, etwa in seiner zweimal wöchentlich erscheinenden »Deutschen Chronik«. Im Januar 1777 wurde er unter einem Vorwand auf württembergisches Gebiet gelockt und verhaftet. Herzog Carl Eugen und seine von Schubart als »Lichtputze« verspottete Mätresse sollen genüsslich zugesehen haben, als man ihn in die Bergfestung Asperg überführte. Die nächsten zehn Jahre verbrachte er in einem Turmverlies und unter den denkbar härtesten Bedingungen. Sein Kerker war feucht und kalt, an den Folgen der Haft sollte er 1791, viel zu früh, mit 52 Jahren sterben.

Dass man ihm in den ersten Jahren sogar jeglichen Besuch sowie Bücher und Schreibpapier vorenthielt, grenzt an Folter. Schubart behalf sich, indem er seine Gedichte mit einer Schuhschnalle in die Wände und den Boden seiner Zelle ritzte. Eine Zeit lang hatte er auch Kontakt zu einem Mitgefangenen, dem er Texte durch einen Spalt diktierte. Auch »Die Forelle« entstand hier, Schubarts berühmtestes, von Franz Schubert vertontes Gedicht. Wer denkt, diese Verse handelten von gefallenen Mädchen, ist auf dem Holzweg. Hier geht es um den Hinterhalt des Herzogs und Schubarts trauriges Los. Nicht umsonst ließ Kollege Schubert bei seiner Komposition jene vierte Strophe weg, die der Dichter als Camouflage für seine Peiniger angehängt hatte.

Heutzutage gibt es in Aalen eine Schubart-Schule, eine Schubart-Straße und -Apotheke sowie einen nach ihm benannten Literaturpreis. Außerdem die beiden Denkmäler an Geburtshaus und Bahnhof. Direkt dahinter liegt mein Hotel, das ich über das Internet bestellt habe. Aber wie so oft hinkt die Wirklichkeit den digitalen Versprechungen um einiges hinterher. Der geschickte Einsatz eines Weitwinkelobjektivs hatte mir eine Fürstensuite vorgegaukelt, die vor Ort auf geschätzte 7,5 Quadratmeter zusammenschmilzt. Auch die Einrichtung des Zimmerchens lässt so manchen Wunsch offen. Dass beispielsweise die Kloschüssel hier ohne jegliche Verkleidung direkt neben der Tür steht, unterschlug die Bilderfolge im Netz.

Offiziell wohne ich im ersten Stock, und insgeheim hatte ich darauf spekuliert, ein hübsches Aalen-Panorama genießen zu können. Weil jedoch das Gelände hinter dem Hotel steil ansteigt, lebe ich eher in einem Souterrain. Direkt oberhalb meines Fensters steht ein Biergartentisch. Die Gäste dort könnten mir die Reste ihrer Frikadelle zuwerfen und ich ihnen im Gegenzug die Schuhe putzen. Aber wahrscheinlich wird sich unser Kontakt eher darauf beschränken, dass ich nachher ihre Zigarettenasche von meinem Kopfkissen fege.

Für die *Endstation* ist es noch ein bisschen früh, schließlich habe ich mir vor Antritt meiner Reise geschworen, kein Bier vor vier zu trinken. Also setze ich mich wie vor Jahren in einen Bus. Zum »Tiefen Stollen« soll es diesmal gehen, dem Aalener Schaubergwerk. Die Schwäbische Alb ist ein altes Eisenerzrevier, 500 Jahre lang wurde das Material hier abgebaut.

Der Kälteschock, der einen in Bergwerken ereilt, wirkt immer wieder berauschend. Gleichbleibend elf Grad herrschen hier, die Führung darf ruhig ein bisschen länger dauern. Wie es der Zufall will, bin ich zeitgleich mit einem Ausflugsbus voller älterer Herrschaften eingetroffen. 72 an der Zahl. In der Folge erlebe ich, dass sich Rentner in der Gruppe nicht anders benehmen als Schulkinder. Kaum ist die Lorenbahn in den Tunnel eingefahren, rufen zwei Dutzend brüchiger Stimmen nach dem Bürgermeister von Wesel. Und das uns vom Lorenfahrer abverlangte »Glück auf!« wird mit einem kehligen »Gut Schluck« und wasserfallartigem Gelächter beantwortet.

Leider stammt meine Gesellschaft aus der Region, was

unsere Führerin dazu ermutigt, vom Hochdeutschen in gnadenloses Schwäbisch zu wechseln. An einer Gabelung fällt das Wort »Aschtmadigga«, weil dort vorn der Heilstollen für Lungenkranke abzweigt. Unter Tage fliegen keine Pollen und kein Feinstaub. Die alte Dame im Sitz neben mir atmet tief ein. »Herrlich«, sagt sie, »das ist wie klares Wasser atmen.«

Der Satz hält zwar keiner ernsthaften Prüfung stand, es sei denn, die Oma ist eine verwandelte Forellenprinzessin. Aber schön formuliert ist das allemal.

In den Aalener Flözen, so erfahren wir, lagern noch heute zehn Prozent des kompletten deutschen Eisenerzvorkommens. Und das, obwohl sie vergleichsweise klein sind. Während hier eine maximal 1 Meter 70 dicke Schicht mit 32%igem Erzanteil abgebaut wurde, findet man in Schweden 100-Meter-Lagen mit einem mehr als doppelt so hohen Quantum Erz. Um uns die schwierigen Arbeitsbedingungen einmal am eigenen Leib spüren zu lassen, löscht die Führerin an geeigneter Stelle sämtliche Lichter. Die Stockdüsternis ist so total, dass sie geradezu stofflich wirkt. Eine Weile so zu verharren, könnte spannend werden. Aber leider weckt die ungewohnte Situation schnell die Urinstinkte der Rentner.

»Jetzt hab ich mein Gebiss verloren«, ruft einer in die Stille hinein.

»Tu die Hand da weg«, kreischt ein anderer.

Kurz überlege ich, die Flucht zu ergreifen, aber schließlich siegt die Angst vor dem Indianer-Joe-Tod. Das verbrecherische Halbblut aus »Tom Sawyer« ist bekanntlich in der McDouglas-Höhle verhungert. Besonders gruselig: Mit seiner Leiche entdeckte man auch die Kratzspuren, die er an der massiven, verschlossenen Holztür hinterlassen hatte.

Während meine Rentner weiterwitzeln, wandert mein Albtraum zu Christian Schubart. Sein erster Biograf setzte in die Welt, der Dichter sei lebendig begraben worden. Schon Hölderlin soll dieser Bericht tief erschüttert haben, und noch Heiner Müller nahm darauf Bezug, als er 1995 schrieb: »Als man sehr viel später den Friedhof abgeräumt hat, hat man entdeckt, dass der Sarg von innen völlig zerkratzt war, der Sarg von Schubart, das ist schon makaber, nach zehn Jahren Knast auch noch scheintot zu sein.«

Zum Herbst hin werden auch hier im Bergwerk sämtliche Tore verriegelt, wegen der überwinternden Fledermäuse. Auf meine Frage, ob der Tiefe Stollen im Krieg als Luftschutzkeller genutzt wurde, gibt unsere Führerin eine interessante Antwort: »Nein«, sagt sie. »Dafür hätte es jemanden gebraucht, der sagt, dass die Stollen bombensicher sind. Dieser Jemand fehlte in Aalen.«

Wenn vier Knappen in ihrem Stollen mit zwei Ölfunzeln auskamen, wurde danach vom Eingesparten ein Schnäpschen getrunken. Daher die Redewendung: »Einen auf die Lampe gießen«. Glücklich zurück im Tageslicht, ist es auch für mich an der Zeit, nach der nächsten Tränke zu suchen. Schon wegen der noch immer drückenden Hitze. Von der Endstation des Busses am Aalener Bahnhof marschiere ich deshalb schnurstracks zur gleichnamigen Kneipe an der Friedrichstraße.

Dass seit meinem letzten Besuch ein paar Jahre ins Land gegangen sind, lässt sich die *Endstation* nicht anmerken. Das Ticken der Weltuhr bemisst sich hier nach den Toten an der Wand. Spontan verbindet man mit solchen ausbleichenden Bildern die guten alten Zeiten. Aber was ich dort sehe – die längst stillgelegte Zapfanlage, die nikotinvergilbten Schnäuzer, die auf dem Barhocker schlafende

Frau –, deutet eher darauf hin, dass es in der *Endstation* auch früher schon ziemlich hart zuging.

Während ich die Fotos hinter dem Stammtisch betrachte, nähert sich mir ein alter Kerl. Er freut sich über mein Interesse, zumal er auf vielen Bildern selbst zu sehen ist. Manche Aufnahmen mögen 20 Jahre alt sein, aber auch dieser Mann hat sich eigentlich kaum verändert. Was immer das bedeuten mag.

»Die hat sich totgesoffen«, sagt Günther und zeigt auf die schlafende Frau.

»Die da ist vom Auto überfahren worden.«

»Und der Heinz ist auch schon tot.«

Bei dem letzten Satz dreht sich Günther seltsamerweise um und sucht die Wände ab. Als könnte der Heinz jederzeit wieder auftauchen, und als hätte er irgendwie Angst vor diesem Moment. Er überspielt die Irritation, indem er mir alles Mögliche über seine und die Vergangenheit der Kneipe erzählt. Wir stoßen an, ich höre ihm gerne zu. Alte Männer haben mehr zu sagen als junge: Sie haben mehr erlebt und weniger zu verlieren. Deshalb sind sie ehrlicher, oder: auf eine lustige Art unehrlicher. Und dasselbe gilt für Kaschemmenmenschen im Vergleich zu, sagen wir, Bistrogängern.

Die *Endstation* ist eine jener Spelunken – oder Pilsbars, wie man hier sagt –, die ihren Tresen bereits ab acht Uhr morgens zur Verfügung stellen. Wer früh mit einem Brand aufwacht, kann ihn hier jederzeit löschen. Punkt 16 Uhr bin ich eingetreten, 20 Minuten später ist die erste der noch immer wunderbar eiskalten Pullen Wasseralfinger geleert. Während ich auf Nachschub warte, kommt ein kleines, furchtbar dünnes Männlein durch die Tür.

»Ha«, ruft ein Stammtischler, »hat der Kindergarten wieder Ausflugstag?«

Der kleine Mann wird sich in den nächsten zwei Stunden mal hier, mal dort hinsetzen. Er erzählt fast ausschließlich von seinen Eltern. Während sein Vater ein echter Haudegen gewesen sein muss, scheint die Mutter ihn einst vergöttert zu haben. »Meine Mutter hat mich früher immer Auto fahren lassen«, sagt er. Um sich auf seinen Stehtisch stützen zu können, muss er die Ellbogen bis auf Schulterhöhe heben.

»Das kann jeder sagen«, wird er aufgezogen. »Ist aber ein Unterschied, ob einer nur mal an 'nen Lenker gefasst hat oder richtig 20 Kilometer gefahren ist.«

Der Kleine hebt den Kopf und zieht ein furchtbar gekränktes Gesicht. »Meine Mutter hat mich jeden Tag 20 Kilometer mit dem Auto fahren lassen«, sagt er trotzig.

Wie alle anderen hat er an diesem frühen Nachmittag schon ordentlich Schlagseite. Das Bier ist billig hier, aber wer sich zu Hause ein bisschen warmtrinkt, spart trotzdem den ein oder anderen Euro. In der ersten Fensternische sitzt ein schweigsamer Berber. Der Bart fällt ihm auf die Brust, das streng zurückgekämmte Haar bis unter die Schulterblätter. Wie viele mittellose Schluckspechte trinkt er Weizenbier, weil das nicht so schnell verschalt und oft ein paar Cent weniger kostet. Hebt er zwei seiner sehr langen, dürren Finger, bekommt er noch einen Korn dazu. Die Erhabenheit des echten Säufers verlangt von ihm, dass er das fertige Gedeck dann erst einmal gar nicht beachtet. Minutenlang fixieren seine immer feuchten Berberaugen irgendein Loch in der Wand, als sei dort der Stein der Weisen verborgen. Oder als käme da gleich der alte Heinz herausgekrochen. Zwei, drei Mal streifen die Augen die Getränke, ein spielerisches Schielen ist das, na, wer kann länger? Wenn es dann so weit ist – denn das Zeug muss ja weg, wird ja warm –, greift er sich das Schnapsglas mit einer Grandezza, als handle es sich um den Blutkelch Christi. Er trinkt den Korn und spült mit einem Schluck Weizen nach.

Ein paar andere Jungs entern das Lokal. Von ihrem Äußeren her sind auch sie auf dem Weg zum Klondike. Aber der Goldrausch ist lange vorüber, und die letzten Nuggets wurden im ewigen Biersee versenkt. Ein dicker Typ um die 50 quetscht sich in die Bank gegenüber dem Berber, es beginnt ein absurdes Schauspiel. Der Mann kotzt sich die Seele aus dem Leib, er erregt sich, er flucht, seufzt, schüttelt den Kopf und lacht bitter. Immer wieder fordert er dem Alten mit einem »Ne?« oder »Hab ich nich recht?« Einverständnis ab. Aber er bekommt es nicht, genauso gut könnte er in sein Glas hineinblubbern wie ein kleines Kind in der Badewanne. Mit keinem Zucken seiner buschigen Brauen lässt der Berber erkennen, ob er auch nur ein einziges Wort verstanden hat. Er sieht den Schwafler nicht an, erwidert nichts, und selbst die Schnäpse, die ihm der Dicke zwischendurch spendiert, trinkt er ohne Anstoßen oder sonstigen Dank.

Erst der spielsüchtige Spanier, der gegen fünf aufkreuzt, bringt etwas Leben in den Alten. Kaum hat er die beiden Daddelautomaten mit Futter versorgt, stellt er sich zum Berber, macht einen Scherz und haut ihm derart krachend auf die Schulter, dass der mit der Stirn in sein Weizenglas kippt. Als er sich wieder berappelt hat, hebt er den rechten Zeigefinger und macht »Du, du«, sein erstes nicht dem Alkohol geschuldetes Lebenszeichen.

Meine Gastrobücher erzählen, dass in Kneipen häufig Verfluchtes deponiert wurde. Ein Ritual der mesopotamischen Antike geht auf den unheiligen Geschlechtsverkehr eines Mannes mit seiner Ziege zurück. Um das darob drohende Unheil zu bannen, band er ein Stück Ziegenfell in ein Leinentuch und warf es in das »Tor des Schankwirts«. Auch in die *Endstation* könnte man alles Mögliche schmeißen, diese Kneipe würde selbst Giftmüll neutralisieren. In dieser schnaps- und schweißgeschwängerten Luft haben böse Geister keine Chance, notfalls vergiftet der Jägermeister sie mit Sechsämtertropfen.

Oder mit Ouzo, den, wie viele hier, auch Johannes bevorzugt trinkt. Er ist der Jüngste von uns allen und das Paradebeispiel eines richtig netten armen Schweins. Johannes hat einen Sprachfehler, ein Alkoholproblem und keinen Job. Schon zwei Mal, erzählt er mir, ist er dieses Jahr gefeuert worden. Beim ersten Mal habe er wegen Magen-Darm-Beschwerden im Bett gelegen. Und weil er dem Chef nicht sagen konnte, wann er wieder fit sei, habe der ihn entlassen. Im andern Fall sei er ausgerutscht, bei Glatteis auf dem Weg zur Arbeit. Stocknüchtern sei er gewesen, sagt Johannes, nein, er schwört es, schwört es mit den beiden Fingern, die er sich bei dem Sturz brach, die er sich selbst notdürftig schiente und die er nun nicht mehr ordentlich strecken kann. Die Nacht vor dem Unfall habe er bei einem kranken Freund verbracht, eine schwarz gekleidete Frau habe eine Rolle gespielt und ein Tisch sei gerückt worden. Johannes' Sprache wird irgendwann so hektisch und die Geschichte so hanebüchen, dass ich ihr nicht mehr folgen kann.

Dabei ist dieser junge Mann ein kluger Kerl. Wie selbstverständlich streut er diverse Fremdwörter in seine Rede ein, er spricht ein gutes Englisch und kennt die Genese sämtlicher Bundes- und Landstraßen im Aalener Raum. Aber irgendwo zwischen Dewangen und Waldhausen, zwischen Ebnat und Wasseralfingen ist er wohl falsch abgebogen.

Wie schon vorhin der zerknautschte Alte an der Fotowand sucht auch Johannes beim Sprechen den Körperkontakt. Wer sich länger in der *Endstation* aufhält, dem fallen die vielen Berührungen auf. Hier werden ausdauernd Hände geschüttelt, Hände auf Schultern gelegt und um Nacken gefaltet. Hier fällt man sich in die Arme und auch schon mal gemeinsam um. Der Spanier herzt den Berber derb, und nebenan inszeniert der dicke Salbaderer einen krypto-erotischen Schauringkampf mit dem schmächtigen Muttersöhnchen. Was Männern an Männerkneipen gefällt, erschließt sich nur Menschen mit einem Y-Chromosom. Alkohol macht zutraulich, das ist die eine Seite. Aber wahrscheinlich spielt auch die Einsamkeit eine Rolle, aus der diese Jungs in die *Endstation* fliehen.

»Ich hab gestern deine Ex gesehen«, ruft jemand aus einer der Nischen gen Stammtisch.

»Und? War sie allein?«

»Grüßen soll ich dich jedenfalls nicht von ihr, du wirst sicher wissen, wieso.«

Draußen, sagt Antenne eins, brennt die Sonne 35 Grad auf die Scheitel der Menschen. Da bleibt man besser noch ein bisschen hier, im Schatten der Schattengewächse. Halb acht, auch der Wirt steigt nun ein, Fläschchen Bier, Gläschen Ouzo.

Der Spanier hat seine dritte Runde gedreht, ein paar andere Automaten checken. Jetzt steht er wieder neben mir und erklärt mir die Birnen und Äpfel. Als er beim Wirt keinen weiteren Fünfer gewechselt bekommt, schlägt seine Laune jedoch um. Die Miene ist zersplittert, der Mann liegt am Boden. Er stehe immer so unter Strom im Leben, hat er mir vorhin erzählt. Jeden Morgen wache er auf und fühle sich wie ein Zitteraal. Der Automat beruhige ihn, der daddelt, damit er nicht daddeln muss. Aber jetzt? Die

Hände des Spaniers beben wie die eines Parkinsonpatienten. Er starrt seine Pulle an, halb voll noch, verflucht. Also säuft er sie aus, in einem Zug.

Er muss schließlich weiter, braucht Kleingeld.

*

Am nächsten Morgen spült mich mein Ausnüchterungsspaziergang in die Hopfenstraße. Angesichts meines Zustandes empfinde ich den Namen als Provokation und sehe zu, dass ich dort wegkomme. Im Supermarkt gibt es jetzt »Maultaschen zum Grillen«, verkündet eine große Werbetafel. Und zwar »fix und fertig mariniert«. Was man auf dem Plakat sieht, wirkt – jedenfalls auf mich, jedenfalls im Moment – durch und durch unappetitlich. Wie erklärt man eigentlich ausländischen Gästen die Namen dieser Gerichte, die in Deutschland als typisch gelten: Schweineschnitzel, Schweinskopfsülze, Saumagen, Sauerbraten, Speckfettbemme, Maultasche, Rollmops, Labskaus, Bock- und Blutwurst? Oder lässt man das besser?

Auch im Limesmuseum – endlich ist es geöffnet – werde ich zunächst mit der Speisekarte der Exbewohner konfrontiert. Die römischen Soldaten ernährten sich vor allem von *puls*, einem Brei aus Getreide, Wasser, Salz und Öl. Das Leben in der Aalener Kaserne kann man sich wahrscheinlich gar nicht öde genug vorstellen, aber knapp 2000 Jahre später lerne ich hier immerhin ein paar neue Wörter: Aus dem *puls* entstand die Polenta, die keltische Fruchtbarkeitsgöttin Epona machten die Römer zur Schutzheiligen der Pferde, und Eichenprozessionsspinnerraupen verfügen über giftige Brennhaare.

In *Oli's Bistro* stehen zwei frühe Gäste an der Theke, einer liest die »Motorrad«, ein anderer eine Automobilzeitschrift. Sie streiten sich darüber, ob man als Aalener zum VfB oder zu den Bayern hält. Die Fotos an den Wänden erinnern daran, dass Aalen eine Ringerstadt ist. Ein paar Meter weiter, im Café vor dem Marktbrunnen, sitzt ein Schwede, der an Wickies Vater Halvar erinnert. Er trinkt, ohne zu schlucken, zwei Halbe in knapp zehn Minuten. Das türkischstämmige Pärchen nebenan diskutiert in der Sprache seiner Vorfahren und wechselt wenn nötig spielend ins Deutsche: Nachtkonzession, Mülltonnenabholtermin, Stress. Das Gespräch wird heftiger, hier geht es ums Eingemachte. »Du hast doch ...«, »Ich habe dir zig Mal gesagt ...«, und dann wieder Suada auf ö und auf ü. Am Ende gewinnt, wer mehr Zigaretten geraucht hat.

Weil ich kulturell noch nicht gesättigt bin, suche ich nach einem passenden Programmpunkt für den Abend. Zur Ausnüchterung wäre ich gern auf ein Strom-Konzert gegangen, oder wenigstens in die Lesung eines schwäbisch-avantgardistischen Lyrikers. Stattdessen bieten mir die »Aalener Nachrichten« lediglich an: eine Podiumsdiskussion zur Lage am Hindukusch, einen Vortrag über Sportverletzungen und einen Themenabend der Aalener Sternwarte: »Der Mond – eines der merkwürdigsten Objekte im Sonnensystem«.

Das ist es, schließlich bedarf es von der Gastro- zur Astronomie nur der Streichung eines Buchstabens.

Irgendwann lande ich auf der Schillerhöhe, einem kleinen Hügel vor den Toren der Stadt. Die wenigen Schritte bergauf verbrauchen meine letzten Kraftreserven, vor einem Gebäude mit kugelrundem Dach verschnaufe ich. Die AAAA (Astronomische Arbeitsgemeinschaft AAlen) besteht – wie könnte es anders sein – ausschließlich aus Männern. Die meisten rangieren knapp dies- und jenseits der 60, etwa 15 von ihnen sind heute erschienen. Kaum haben wir in dem kleinen, schattigen Räumchen Platz genommen, legen sie auch schon los. Es hagelt Begriffe wie siderische Rotation, synodischer Monat, parallaktische Libration, ganz zu schweigen von der sphärischen und der geometrischen Albedo-Reflektion.

Alle Mitglieder duzen sich, aber als Fremder spürt man auch die Konkurrenz, die im Raum wabert. Das sind alles Fachleute hier, die sich zwar schätzen, aber den gegenseitigen Respekt mit aufgestellten Nackenhaaren bezeugen. Wer Kritik am Vorredner übt, tut dies mit einem nicht ganz heiligen Grinsen, einer leichten rhetorisch-siderischen Rotation, um den drohenden Albedo-Reflex ein wenig abzufedern.

Mein erstes Aha-Erlebnis wird mir erst mit der Feststellung gegönnt, die Mondoberfläche entspreche etwa der von Afrika. Außerdem hat der Vortragende anhand einer »kinderleichten« Rechnung ermittelt, wo der Hochsprungweltrekord auf Luna läge: bei 8 Meter 50 nämlich. Die »Meere« auf dem Mond tragen so schöne Namen wie Heiterkeit, Ruhe, Erkenntnis, Ozean der Stürme oder Fruchtbarkeit, und was für uns der Mann im Mond ist, gilt anderswo als Hase, Löwe, Frau und Astronaut mit Hündchen. Dass der Herr auf dem Stuhl neben mir schon wieder eingeschlafen ist, kann ich in diesem Stadium nicht nachvollziehen. Immerhin sehen wir gerade den Film über die letzten vier Minuten der Mondlandung im Juli 1969. Immer nach dem Aufwachen haut er ein vernehmliches »So« in den Vortrag, »so, jetzt ist aber genug«. Und dann deutet er ein finales Erheben an, bleibt aber sitzen. Und döst noch ein bisschen.

Ein komischer Kauz ist das, unter komischen Käuzen. Ganz am Ende, man hätte es ahnen können, landen sie bei Perry Rhodan. Von der Rückseite des Mondes ins Zentrum der Milchstraße, mit der Stardust und den Arkoniden zu ES und Unsterblichkeit. Die PowerPoint-Präsentation gerät ins Stocken, eine Diskussion übers Perryversum entbrennt. Kosmokraten und Chaotarchen baden im Sternenozean von Jamondi, und aus den anwesenden Ingenieuren und Wissenschaftlern, Professoren und Hobbyastrologen wird wieder das, was sie waren, als es den Mann im Mond noch gab: kleine Jungs.

Im Perry-Rhodan-Heft 955 beschließt der Held, auch ohne den siebten Zusatzschlüssel nach der legendären Materiequelle zu suchen, hinter der sich eine Superintelligenz verbirgt. Gucky, der Mausbiber, wird süchtig nach einem ominösen Karottensaft, der sich als 40%iger Schnaps entpuppt. Im Rausch gelingt es ihm, eine sage und schreibe sechsdimensionale, als unüberwindlich geltende Barriere zu durchbrechen. Mir hingegen würde es schon reichen, den mehr oder weniger zweidimensionalen Pfad zur *Endstation* zu finden. Aber in Aalen ist es so düster wie im Tiefen Stollen. Also endet mein Abenteuer, wie es vor Jahren begonnen hatte: Ich verirre mich. Statt beim Berber lande ich bei Schubart am Bahnhof. Kein Mond nirgends.

Humpen, Haxen, Hostien

Andechs

Dass in Bayern noch alles beim Alten ist, belegen die Gewinne beim Sommerturnier des TSV Erling. Laut Anschlag an der Bushaltestelle warten dort keine Pokale oder Medaillen auf die Sieger, sondern »Fleisch- und Wurstpreise«.

Erling ist einer von drei Orten, die zusammen die Gemeinde Andechs bilden. Sowohl hier als auch in Frieding gibt es eine Blaskapelle mit allem Drum und Dran. Die *Machtlfinger Musikanten* haben sich hingegen ganz auf Alphörner verlegt. Durch Erling führt eine alte Römerstraße, die einst Bregenz mit Gauting verband. Spaziert man heute durch das lang gestreckte Dorf, passiert man gleich zwei Kriegerdenkmäler. Eins für die Toten der beiden Weltkriege, ein separates für die von 1870/71. Jenseits der Kreuze regieren bajuwarische Rauten das Panorama. Und wer den Kopf hebt, der erblickt – besonders bei Föhn – eine ähnliche Zackenlinie hinten am Horizont. Das sind dann schon die Alpen. »Unter weiß-blauem Himmel und dem Krummstab der Prälaten ist gut leben«, lautet hierzulande eine Redewendung.

Der Name der Gemeinde verdankt sich dem weltberühmten Kloster über dem Ammersee. Dieses, oder genauer gesagt, das *Bräustüberl* dort, ist mein Ziel. Aalen und das Schwabenland sind abgehakt, fortan geht es um bayrische Humpen, Haxen und Hostien. Ich kenne das Kloster von einem früheren Besuch, der viel zu kurz ausfiel. Aber ich weiß noch: Diese Schwemme lässt das Herz eines jeden seriösen Trinkers höherschlagen. Und die Biere, die man dort braut, schmecken ausnahmslos gut.

Nicht ohne Grund hängt noch immer in jeder zweiten deutschen Eckkneipe ein Gemälde mit bechernden Mönchen. Dicke, rotwangige Kerle in braunen Kutten stoßen feixend an, trinken gierig und wischen sich die fleischigen Lippen mit fleischigen Handrücken ab. Früher standen sie – genau wie Waldszenen mit röhrendem Hirsch – für biedermeierliche Ödnis. Noch immer würde ich mir kein Mönchsgelage ins Wohnzimmer hängen, aber heute weiß ich zumindest, dass dieses Klischee einen wahren Hintergrund hat: Der Mönch und der Gerstensaft bilden schon seit dem Mittelalter eine Symbiose. Denn Bier trank man hinter den Klostermauern als Folge einer gnädigen Regel, die da lautet: »Flüssiges bricht Fasten nicht«.

Dass Bier nicht nur den Durst löscht, sondern auch satt macht, wussten schon die alten Ägypter. Geld war zu Zeiten des Pyramidenbaus unbekannt, deshalb erhielten die Arbeiter ihren Lohn in Naturalien. Sie bekamen Getreide zum Brotbacken – und Bier zum Herunterspülen. »Wo ein Brauhaus steht, braucht es kein Backhaus«, lautet ein in die gleiche Richtung weisendes deutsches Sprichwort. Und zum Bier führte dann auch das Schlupfloch, durch das die Mönche der Entkräftung während der Fastenzeit entkamen. Jedes Kloster hatte seine eigenen, jedoch immer recht strengen Regeln. In manchen Orden durfte nur nach Sonnenuntergang gegessen werden, in anderen tage- oder gar wochenlang überhaupt nichts. Dort half nur noch das »flüssige Brot« gegen den drohenden Hungertod. Kein Wunder, dass man deshalb versuchte, den Sud so nahrhaft wie möglich zu brauen – Maibock, Doppelbock und andere Starkbiere zeugen noch heute von dieser Entwicklung. Und kein Wunder auch, dass die Tagesrationen der Mönche heute geradezu ungeheuerlich anmuten. Für gewöhnlich standen den Brüdern fünf tägliche Zumessungen zu. Aus ihnen entwickelte sich die heutige Maß, deren Füllmenge allerdings zeit- und ortsbedingt zwischen einem und zwei Litern schwankte. Das bedeutet also: So ein Mönch vertilgte pro Tag bis zu zehn Liter Starkbier.

Dass man nach solch einer Ration nicht mehr hungrig ist, leuchtet ein.

Eine logische Konsequenz des Bierkonsums war es, dass die Klöster irgendwann dazu übergingen, sich ihre Flüssignahrung selbst zu brauen. Im nächsten Schritt fand man dann heraus, dass sich auf diese Art nicht nur Geld sparen, sondern sogar verdienen ließ. Nicht umsonst gilt bis heute ein ehemaliger Mönch als Schutzpatron der Bierbrauer. Arnulf von Metz hatte schon zu Lebzeiten das Bier als Gesundungstrunk gesegnet. Als er im Juli 640 zu Grabe getragen wurde, ereignete sich ein Wunder. Furchtbar heiß war jener Tag, und allen 5000 Trauernden stand nur ein einziger Krug Bier zur Verfügung. Aber siehe da: Die Männer tranken, die Weiber, schließlich auch die Kinder. Der Krug jedoch wurde niemals trocken. Leider weiß man nicht, wo er abgeblieben ist.

Arnulfs Nachfahren wirkten keine Wunder, sondern gingen wissenschaftlich an die Sache heran. Im Gegensatz zum brauenden Volk konnten die Mönche schreiben, ihre Erkenntnisse also zu Papier bringen und untereinander weitergeben. Ihre Spezialisierung und der Bildungsvorsprung machten sie zu Meistern ihrer Zunft – Klosterbier wurde ein Markenhit. Und am Ende dieser Geschichte stehen traditionsreiche, traumhafte Tränken wie das *Andechser Bräustüberl*.

Ursprünglich stand auf diesem 760 Meter hohen Endmoränenhügel eine Burg. Die Andechser Ritter waren mächtige Männer, bis man sie 1208 verdächtigte, den Schwabenkönig ermordet zu haben. Die Burg wurde geschliffen, das Geschlecht starb aus.

Die heutige Route zum Kloster entspricht dem historischen Pilgerweg. Am Straßenrand steht Erlings 700 Jahre alte Dorflinde. Sie sieht inzwischen aus wie ein aufgegebener Steinbruch, schlägt aber jedes Jahr aufs Neue aus. Den Bus der Firma »Rindfleisch Reisen« will ich spontan für einheimisch halten. Er kommt aber aus Innsbruck.

Im Klosterbezirk angekommen, rolle ich das Feld von hinten auf. Am nördlichen Fuß des Hügels stehen heutzutage die Brauanlagen, hochmodern, aber äußerlich verkleidet als hölzerne Großscheune. Eine Doppelreihe Hopfenranken erinnert an die Ingredienzien nicht nur des Andechser Bieres. Hopfen wächst an dünnen, entasteten Baumstämmen, die an Galgen erinnern. Und er wächst wie der Teufel. Rund zweieinhalb Monate vergehen von der Pflanzung Ende April bis zur Ernte im Juni. Sieben bis acht Meter klettert die Ranke in dieser Zeit in die Höhe und bis zu 30 Zentimeter am Tag. Kein anderes europäisches Kraut kann sich damit messen.

Steil wie der Hopfen streckt sich auch der Weg zum engeren Klosterbereich nach oben. Überall erschöpfte Touristen, ob sie im Gras liegen oder es bereits beißen, ist manchmal schwer auszumachen. Wer es geschafft hat, besichtigt die barocke Kirche und besteigt vielleicht noch für einen Euro den Aussichtsturm. Mag sein, dass der ein oder andere zudem Interesse an Andechs-Andenken hat. Aber früher oder später landen alle im *Bräustüberl*.

In einer Seitenkapelle des Klosters liegt der Komponist Carl Orff begraben. Gefragt, warum er ausgerechnet dort beerdigt werden wolle, antwortete er: »Die Leute sollen, wenn sie mein Grab besuchen, anschließend ein gutes Bier trinken können.« Das können sie bis heute, selbst wenn es ihrer viele sind. Das *Bräustüberl* fasst – samt Sälen, Sonnenterrassen und Schwemme – knapp 2000 Menschen. Erstaunlicherweise sitzt man dennoch in jedem Bereich dieser Massenlokalität sehr gemütlich. Um jedoch möglichst viel mitzubekommen von dem Treiben hier, hocke ich mich in die Schwemme, direkt an den Ausschank.

Ein langer Gang teilt die beiden Bankreihen voneinander, wie in einer Kirche. Die Maß, ein ganzer Liter Bier, führt die Getränkekarte an, ist also die Regel. Die Maß als Maß aller Dinge, sozusagen. Als Abweichung gilt folglich der darunter aufgelistete halbe Liter. Dass selbst diese Einheit in meiner Kölner Heimat zweieinhalb Gläser füllt, traut man sich hier kaum zu sagen. Kleinere Mengen sieht die Karte nicht vor, und auch Alkoholfreies sucht man vergeblich. Genauso sympathisch sind mir die Mönche spontan wegen ihrer Preispolitik. Eine Halbe ist mit drei Euro ausgesprochen billig für einen solchen Touristenmagneten. Und der ganze Liter kostet dann nicht etwa 5,95 oder gar 5,99, sondern glatte sechs Euro. Hoffentlich kommt hier nie ein BWLer ans Ruder.

Vor der Kasse steht ein Drängelgitter, von dem man weitergeleitet wird zum Ausschank. Sich dort anzustellen, seinen Bon und im Austausch dann seinen Humpen in Empfang zu nehmen, scheint die Menschen auf eine bühnenhafte Empore zu heben. Das ist ein Einakter hier, ein kleines bajuwarisches Theaterstück, dessen Regieanweisungen man sich gern unterwirft. Zumal ein jeder die Hauptrolle spielt. Von der Bonkasse gehst du zwei Schritte nach links zu den Zapfern, lautet die erste Anweisung. Viel Gefühl haben die, das sind Professionelle, die ihr Handwerk beherrschen. Mit einem feinen Schwung gleitet dein Glas so über die Theke, dass der Henkel griffbereit vor dir steht. Hast du mehrere Gläser bestellt, werden auch sie zu Curlingsteinen, und alle landen im »Haus«. So kennt man das aus Westernsaloons, wo der Barkeeper die Whiskygläser übers abgewetzte Tresenholz gleiten lässt. Das Dramolett sieht vor, dass die Zapfer einen Spruch raushauen, während du da stehst – das Bayrisch gerne osteuropäisch gefärbt. Und dann greifst du endlich nach deiner Maß, anderthalb Kilo, der Bizeps gibt Gas.

Frauen spielen freudiger mit als Männer. Steht zum ersten Mal so ein Literkrug vor ihnen, halten sie gern eine Hand vor den Mund und prusten. Männer hingegen greifen mit verkniffenem Stolz nach dem Glas. In ihnen lebt wohl der Mönch fort, der hier nichts als sein täglich Brot abholt.

»Der Pascal trinkt wie 'n Eichhörnchen.«

Die vier Jungs am Nebentisch stoßen nicht zum ersten Mal heute auf eine Runde an. Der, der Pascal heißt, trinkt aber jetzt eine Halbe, Gott sei ihm gnädig. Das Gefrotzel erreicht seinen Höhepunkt, als Pascal auch noch pinkeln muss.

»Prostata!«, rufen ihm seine Kumpels hinterher, und man sieht, wie er sich – für was auch immer – schämt, während er mit diesem Spruch im Rücken durch die lange Reihe der Biertische schreitet.

Ein alter Kerl haut sich ohne Not neben mich in die Bank und schließt mich dadurch in der Fensterecke ein. Das ebenfalls betagte Pärchen gegenüber unterhält sich über Geografie, da klärt er sie direkt einmal auf: »Es gibt Oberelkofen und Unterelkofen«, das wisse doch jeder.

»Ja gut«, sagt der Mann ein wenig gereizt, »aber wir reden ja auch über Hörlkofen.«

Das sei doch etwas völlig anderes, empört sich mein neuer Tischnachbar. Und erklärt, er sei ein Original-Münchner. »Aber so was von original«, fügt er hinzu.

Das Paar ignoriert ihn fürderhin, eine Taktik, die mir leider ob meiner Lage unmöglich ist. Nach wenigen Augenblicken ist der streitbare Münchner an meiner Schulter eingeschlafen. Als ich mich – mit viel Mühe – befreie und mit einem neuen Bier zurückkehre, hat der Alte meinen schönen Fensterplatz mit Schwemmenblick besetzt.

»Hallo, da bin ich wieder«, sage ich.

»Na und«, sagt er.

»Kann ich denn wieder auf meinen Platz?«

»Nein, du Saupreuß, du garstiger«, schreit er.

Wegen der Verwendung dieses schönen alten Wörtchens »garstig« verzeihe ich ihm auf der Stelle. Kein Problem auch, dass er mich vor allen Leuten lautstark auffordert, mir gefälligst einen anderen Platz zu suchen. Immerhin hat er mir nicht die Reservenüsschen aus der Tasche geklaut, soweit ich das überblicke.

An meinem neuen Tisch lande ich neben einem japanischen Pärchen. Als der junge Mann seiner Freundin den riesigen Maßseidel vor die Nase stellt, verschwindet sie beinahe dahinter. Ihre Augen reichen gerade eben über den Rand des Glases, und ich glaube pures Entsetzen in ihnen zu erkennen. Was mögen das für Menschen sein, steht auf ihrer Stirn, die so etwas normal finden?

Aus größeren Behältnissen tranken vermutlich nur die alten Ägypter. Weil beim Umschütten in Becher zu viele Schwebstoffe aufgewirbelt worden wären, sog man das

Bier zumeist mittels langer Strohhalme direkt aus dem Trog. Ein erstaunliches, etwa 4000 Jahre altes Terrakottarelief zeigt eine Frau, die genau dies tut – und dabei gleichzeitig von hinten begattet wird. Weibliches Multitasking at it's best, das zugleich an das mallorquinische Eimertrinken unserer Tage erinnert.

Aber statt der armen Japanerin mit dem antiken Vollweib zu kommen, beobachte ich sie lieber beim Trinken. Sie stemmt ihre Maß wie eine Gewichtheberin, mit beiden Händen. Ihr gesamter Kopf scheint in der Öffnung zu versinken. Dann schluckt sie, tapfer, ich sehe die Gurgel hüpfen. Allein, es tut sich nichts. Als sie den Krug wieder abstellt, befindet sich die Schaumkrone in leichter Unordnung. Von der Flüssigkeit fehlt kaum ein Millimeter.

Der Vorgang wiederholt sich mehrmals, mit demselben Ergebnis. Der Gesichtsausdruck der Frau wechselt von gequält über verzweifelt allmählich zu amüsiert. Als sie nach einer halben Stunde etwa fünf Zentimeter geschafft hat, gibt sie auf. Das Letzte, was ich von ihr sehe, eingehakt bei ihrem Freund, ist ein Kopfschütteln.

»Singen und Lärmen« sind im *Bräustüberl* nicht gestattet, eine Kneipe im Klosterumfeld folgt anderen Regeln als eine in freier Wildbahn. Andererseits ist hier aber auch einiges erlaubt, für das man anderswo des Lokals verwiesen würde. Zum Beispiel darf man sich seine eigene Brotzeit mitbringen und sie am Tisch verspeisen. Pilger waren in den seltensten Fällen reiche Leute, denen gestattete man die Selbstversorgung. Wer richtig billig wegkommen möchte, darf seine Feldflasche sogar an den öffentlichen Hahn in der Schwemme hängen und frisches, eiskaltes Wasser abzapfen. Zum Glück für den Braubetrieb tut dies jedoch kaum jemand. Wer die Menschenbewegungen in Andechs ein paar Stunden beobachtet, kommt zu dem Schluss: Anarchie ist machbar. Ermögliche den Menschen, nach ihren Bedürfnissen zu leben, und sie werden diese Aufgabe unter vollster Beachtung der Nächstenliebe meistern!

Ich gebe aber gleichzeitig zu: Es schadet nichts, wenn man sich für diese Erkenntnis ein wenig warmtrinkt. Auch den hier herrschenden Frieden empfindet man dann intensiver. Das heutige Klosterleben ist vielsprachig und bunt, man sieht die unglaublichsten Frisuren, Gesichtsbehaarungen und Kleider. Da vorn in der Schlange stehen zwei richtige Schluckspechte mit Berberbärten, eine hier eher rare Spezies. Die beiden warten nicht auf ihren allerersten Krug, blicken den Bonmann aber immer noch an, als seien sie gerade zwei Monate durch die Wüste gerobbt. Ein junges Pärchen aus Südeuropa tastet sich derweil an die bayrische Küche heran. Auf ihren Tellern liegen zwei ziegelsteingroße Scheiben Leberkäse, wie ein Bergsee umschlossen von Püree- und Sauerkrautmassiven. Bevor sie zu essen beginnen, fotografieren sie ihr Lunch, daheim wird man ohne Frage beeindruckt sein. Als es für einen Moment ruhiger wird vor dem Ausschank, stelzt eine Schönheit in ihren besten Jahren heran. Hohe Absätze klackern über die Dielen, die Leisten der Holzstühle haben ein interessantes Muster auf der Rückseite ihrer Oberschenkel hinterlassen. Die Frau bläst sich eine Locke aus der Stirn, während sie auf ihr Getränk wartet, und selbst der Zapfer nimmt sich Zeit für ein Lächeln. Einen kurzen Moment lang steht die Welt still.

Zwischen der zweiten und dritten Maß lerne ich Toby kennen, einen schlaksigen Typen mit Brille, Adlernase und Zappabart. Er interessiert sich für Darts und die Formel 1, sagt er. Aber wie jeder echte Engländer frönt er auch noch einem ausgefallenen Hobby. Toby ist Reliquienjäger.

In Altötting werde ich die Schwarze Madonna kennenlernen, ein europäisches Wallfahrtsziel ersten Ranges. Im Kloster Andechs setzt man dagegen auf die sterblichen Überreste von Heiligen. Bis zu 272 Reliquien wurden hier zeitweise aufbewahrt, darunter ein Zweig der Dornenkrone Christi, ein Fetzen seines Schweißtuchs und ein Splitter seines Kreuzes. Als bedeutendstes Stück der Sammlung gelten jedoch die in Bergkristall eingefassten »Heiligen Drei Hostien«. Sie sollen die Wandlung des eucharistischen Brotes belegen. Denn angeblich offenbarten sie nach ihrer Weihung blutige Zeichen: ein Fingerglied, ein Kreuz und das Monogramm Jesu.

Toby ist ein strammer Trinker und noch schnellerer Redner. Der gesamte Reliquienbestand habe zwischenzeitlich als verschollen gegolten. 1388 jedoch soll eine Kirchenmaus einen Zettel vor den Altar geschleppt haben, der zur Wiederauffindung des Schatzes führte. Die Heilige Kapelle, in der die meisten der vermeintlichen Überbleibsel ausgestellt sind, kann man nur im Rahmen von nicht öffentlichen, angemeldeten Führungen besichtigen. Zwei Mal schon, sagt Toby, habe er sich inkognito einer solchen Gruppe angeschlossen, und er überlege, eine Führung nur für sich allein zu buchen.

Es ist inzwischen früher Nachmittag. Die meisten Menschen arbeiten jetzt, sitzen in Büros oder stehen an Maschinen. Aber die Terrasse des *Bräustüberl* ist so voll, dass die Leute bereits Mauern und Treppen okkupieren. Vor dem Ausschank hat sich eine lange Schlange gebildet, die bis an unseren Tisch reicht. Die Frau mit dem Suzi-Quatro-Vokuhila von 1971 ist möglicherweise eine Landsmännin von Toby. Ein weißhaariger Greis geht mit alterstypischen

Tippelschrittchen zurück zu seinem Tisch. Mitten im Gewühl sitzt eine einsame Kaffeetrinkerin, die hier auffällt wie ein Papagei unter Krähen.

Toby ist nun ganz in seinem Element. Die anglikanische Kirche daheim habe es nicht so mit Reliquien. Italien, Spanien und Süddeutschland hingegen seien die Paradiese seiner Zunft. Er schwärmt vom Siegeskreuz Karls des Großen und dem Brautkleid der Elisabeth von Thüringen, die auch zu Teilen hier lagern sollen. Noch stärker jedoch fasziniert ihn ein Reliquiar, das in der offiziellen Geschichtsschreibung des Klosters seit vielen Jahren nicht mehr erwähnt wird. In der nächsten halben Stunde fällt dann mindestens 100 Mal das Wort »foreskin«.

Reliquien von Jesus gelten nicht nur deshalb als die wertvollsten überhaupt, weil er der erste aller Christen war. Sondern auch, weil nichts rarer ist. Jesu Körper wurde nie gefunden, schließlich entschwand er nach offizieller Lesart aus seinem Grab gen Himmel. Wer also eine echte Körperreliquie des Nazareners präsentieren wollte, musste sich an Fundstücke halten, die er zu Lebzeiten abgelegt hatte. Dementsprechend existieren Nagelreliquiare genauso wie solche für Haare – auch Jesus Christus, so hippiesk man ihn gerne darstellt, musste hin und wieder zum Barbier. Falls man damals schon Pediküreraspeln kannte, hat auch sicherlich jemand die pulverisierte Hornhaut seines Fußballens als Jesusreliquie ausgegeben. Das bedeutendste Stück jedoch, das er lebendigen Leibes verlor, war seine Vorhaut, auf Englisch: his foreskin. Denn Jesus von Nazareth war Jude, wie man weiß.

Von den weltweit als echt verehrten Splittern des heiligen Kreuzes kann man angeblich ein ganzes Schiff bauen. Und auch die Vorhaut des Gottessohnes gab es in mehrfacher Ausführung. Zeitweise behaupteten 14 europäische

Kirchen, im Besitz des einzig wahren Hautringes zu sein. Neben Hildesheim, Antwerpen, Chartres und Santiago de Compostela war auch das Kloster Andechs mit im Rennen. Die gängigste Genese besagt, dass die Vorhaut einst im Besitz Karls des Großen gewesen sei. Als Dank für seine Kaiserkrönung am 25. Dezember 800 soll er sie dann Papst Leo III. geschenkt haben.

Die meiste Zeit hat dieses bekannteste Sanctum Praeputium, so sein lateinischer Name, im Örtchen Calcata nördlich von Rom gelagert. Ein regelrechter Kult entwickelte sich dort um das ledrige Stückchen Haut. Zuhauf pilgerten vor allem Frauen nach Calcata, die sich von der Anbetung der göttlichen Vorhaut baldigen Kindersegen versprachen. Das Reliquiar wurde auf Prozessionen präsentiert, und bis 1962 galt der 1. Januar im Kirchenkalender als »Tag der Beschneidung des Herrn«. Was bis dahin lediglich mystisch-mythisch anmutet, wird im Jahr 1983 mysteriös.

Toby schaut mir nun tief in die Augen, seine eigenen zu Schlitzen verengt. Es leuchtet kein irres Flackern darin, wie man vielleicht meinen könnte. Toby wohnt auch nicht allein in einer mit Postern ausgeschlagenen Junggesellenbude, sondern versichert mir glaubhaft (diverse Handyfotos), mit Frau und Kindern in einem viktorianischen Reihenhaus nahe London zu leben. Dieser Mensch mag besessen sein, aber nicht unberechenbar. Den weiteren Hergang der Geschichte referiert er im nüchternen Ton eines Inspektors, der seinen Fall bis in den hintersten Winkel ausgeleuchtet hat. Zur Unterstützung seiner Worte tippt er – ganz leicht – mit dem Zeigefinger auf den Tisch.

»In Nineteen Eighty-Three«, hebt er an, verschwand die Vorhaut aus Calcata. Spurlos, wie Dorfpfarrer Magnoni seinen Schäfchen vor Ort und der ganzen Christenheit erklärte. Augenzeugen wollen Magnoni jedoch wenige Tage vor dem vermeintlichen Diebstahl in einer schwarzen Limousine gen Rom haben fahren sehen. Es sei deshalb davon auszugehen, dass der heilige Zwiebelring in Wirklichkeit im Vatikan »entsorgt« wurde. Und zwar aus triftigem Grund. Die frühen 80er waren schließlich die erste Boom-Zeit für einen viele Menschen mit Angst erfüllenden Technikzweig: das Klonen.

Man stelle sich vor, ein moderner Frankenstein hätte das Sanctum Praeputium aus Calcata entwendet und daraus einen neuen Jesus geschaffen! Das wäre dann zwar auch eine Art Wiederauferstehung, aber wohl nicht im wundersamen Sinne der Erfinder.

Heutzutage sind sämtliche Vorhaut-Reliquien aus den Schauräumen entfernt. Auch in Andechs hat niemand eine Ahnung, wo das Teil abgeblieben ist. Aber vielleicht verrät Toby mir ja auch nicht alles, wer weiß, was in diesem Amulett um seinen Hals steckt. Am Fuße seines Bieres will er noch einmal in die Klosterkirche gehen, Mr. Orff besuchen. Der hat nicht nur die »Carmina Burana« vertont, sondern auch »Die Bernauerin« geschrieben. Agnes Bernauer, Mädchen aus einfachen Verhältnissen, unterhielt eine Liebesbeziehung zum bayrischen Herzogssohn Albrecht. Als seinem Vater dies zu bunt wurde, ließ er Agnes entführen und als Hexe in der Donau ertränken. Albrecht schmollte ein Weilchen, heiratete aber schon ein Jahr später eine standesgemäß blaublütige Kollegin. In der Folge zeugte er zehn Kinder und gründete 1455 das Kloster Andechs.

Ich weiß nicht, ob Albrecht beschnitten war. Aber dass Toby sich für diese Story interessiert, verstehe ich sehr gut. Mich hingegen zieht es erst einmal nach Hause, die geballte Ladung oberbayrischer Sex & Crime will verarbeitet werden.

Zurück an der Pension, kommt es zu einer interessanten Begegnung. Drei Maß habe ich getrunken, ein Mittelaltermönch würde lachen über solch eine Pfütze. Ich hingegen bekomme den verdammten Schlüssel nicht mehr ins Schloss. Wie immer ich ihn drehe und wende, die Tür will nicht aufgehen. Mir hängt das Fossil-Herrentäschchen meines verstorbenen Schwiegervaters über der Schulter, ich trage eine Riesenbrezel samt vier Flaschen Andechser in der Linken und möchte ansonsten in Bayern nicht weiter auffallen. Ich rüttele leicht an der Tür, vielleicht ist die ja gar nicht abgeschlossen. Aber sie gibt nicht nach, und zu meinem Schrecken regt sich nun auch etwas im Haus. Es nähert sich jemand dem Eingang.

Ein steinalter Mann steht vor mir, lange Grannen an Augen und Kinn. Bevor er etwas sagen kann, entschuldige ich mich vielmals und will das Weite suchen. Bestimmt habe ich mich im Haus geirrt, oder im Dorf, im Bundesland. Aber der Alte klärt mich auf: Drei Meter weiter den Garten hoch, direkt hinter der Ecke, liegt der richtige Eingang.

»Ich bin zwar völlig blind«, sagt er auf meinen Dank hin, »aber ich lebe ja noch. Also kann ich auch noch helfen.«

Der Mann hat mich mit seinen dünnen, dunkel geäderten Händen zielgerichtet bei der Schulter gepackt und blickt mich aus Paul-Newman-blauen Augen an. Blind will der sein? Und auch noch auf einem Ohr taub, wie er sagt?

»Außerdem bin ich seit 21 Jahren über 70, wenn du verstehst, was ich meine.«

Der Alte lacht so erfrischend albern über seinen Witz, dass ich mir tatsächlich vorkomme wie der Erste, der ihn hören durfte. Und weil uns das Schicksal nun einmal zusammengeführt hat, unterziehe ich ihn einem Test. »Was halten Sie denn hiervon?«, frage ich und deute auf meinen Vierer-Pack Andechser.

Der Alte reagiert mit einem ins Nichts gerichteten Blick. Er ist tatsächlich stockblind.

Okay, zweite Stufe, ich ziehe zwei der Pullen aus der Pappbox und schlage sie leicht aneinander. »Was verbinden Sie mit diesem Geräusch?«, frage ich.

Als er das charakteristische Klackern hört, wächst ein glückliches Grinsen über das Gesicht des Alten. »Dös«, sagt er mit seinem kehligen Bayrisch, »sind zwoa Flaschn Bia.« Als er hinzufügt: »Andechser«, gruselt es mich kurz. Aber das ist halt die Sorte, die er getrunken hat in den letzten 91 Jahren.

Der Alte, das erfahre ich später, ist der Opa meines Zimmerwirtes. Hier wohnt man mit vier Generationen unter einem Dach, das gibt es wohl auch nur noch in Bayern, bei den Iren und den Bonobos. Zum Abschied klingele ich mit meinem Schlüssel und dackele zur nächsten, der richtigen Eingangstür.

»Bist a Guada, pfiat di«, ruft mir der Alte hinterher.

*

Der nächste Morgen: Heute steht das Bergfest an, der 50. Tag meiner Reise. Die 100-tägige Kneipentour durch die Republik war eine Schnapsidee – im Sinne des Wortes, wie mir längst klar ist. Aber ich weiß auch: Es gibt Schnapsideen, die man bereits am nächsten Morgen bereut. Ich hingegen könnte mich kaum besser fühlen.

Mein Frühstück ist reichhaltig und noch nicht einmal vom Buffet. In Bayern bekommt man noch ein Brotkörbchen auf den Tisch gestellt, eine Platte mit Käse und Fleisch und einen richtig guten Filterkaffee. In der schwäbischen

Pension ist das Waschbecken so klein, dass man bei der Morgentoilette das Zimmer unter Wasser setzt. In Bayern hingegen könnte man in diesem Becken baden. Bayrische Betten quietschen nicht, in die Pensionsschränke passt mehr, als man je auf Reisen mitnehmen kann, und sogar die Klopapierrolle befindet sich dort, wo sie nach den Regeln der Ergonomie sein sollte. Warum hier vieles besser funktioniert als andernorts, ist schwer zu ergründen. Vielleicht liegt es am guten Bier. Aber das ist natürlich ein Zirkelschluss.

Die Aufgabe, die ich mir heute gestellt habe, sieht vor, eine der legendären Andechser Klosterhaxen zu essen. Der Mensch braucht Herausforderungen, sonst wird er träge. Und irgendwie docke ich damit auch an meinen gestrigen Reliquientag an, immerhin geht es auch bei der Haxe um einen Knochen. Weil es dafür jedoch noch ein bisschen früh ist, beschließe ich, erst einmal zum Friseur zu gehen.

Schon gestern war mir dieser unscheinbare Salon auf dem Weg zum Kloster aufgefallen. Friseure geben ihren Läden heutzutage gern ausgefallene Namen wie »Hairkiller« oder, wenn sie in einem schicken Viertel mit jungen Kreativen liegen, »Haarvision«. In Altötting, ein paar Tage später, hätte ich gar zum »Hairgott« gehen können, was an solch einem Ort nicht ganz ohne Witz ist. In Andechs jedoch lässt man sich ganz bayrisch-bodenständig von »Anita und Angelika« frisieren.

Hinge hier kein Schild an der Fassade, man würde den Salon für eine ganz gewöhnliche Wohnung halten. Die Frauen hinter den Fenstern palavern entspannt, Lockenwickler im Haar, Kaffeetassen in der Hand. Auf die Straße weht ein Bouquet von Spray und Shampoo.

»Ist hier auch für Männer?«

Anita, Angelika und ihre derzeitige Kundin starren

mich an. Meine Frage hängt zwei Sekunden im Raum, bevor Gelächter sie hinausbläst.

»Dann setzen Sie sich mal hierhin«, sagt Anita. Oder ist es Angelika? Jedenfalls macht mir ihr Ton unmissverständlich klar, dass sie nun die Regie übernommen hat.

Direkt mit dem ersten Schnitt kappt sie mir ein Bündel Hinterkopfhaare bis zur Wurzel. So muss sich der Feldhase unterm Mähdrescher fühlen. Mein Einwand, dass es vielleicht doch nicht ganz so kurz sein sollte, wird schweigend übergangen. Wer diskutiert schon mit einem Hasen.

Ebenso wenig rette ich den Scheitel. Ob dessen Haare nicht zumindest bis zur Augenbraue fallen könnten, bitte ich Anita.

Nein, nein, das sähe nicht aus, sagt sie. »Die müssen vorn so kurz wie hinten, Sie werden schon sehen.«

Inzwischen hat sie mich so weit, dass ich nachher noch ungefragt alles aufkehre. Ich füge mich in mein Schicksal und entwickle irgendwann sogar Vertrauen zu Anita. Vielleicht ist das schon das Stockholm-Syndrom, wie man es von Entführungsopfern kennt. Aber man kann sagen, was man will: Bei dieser Frau sitzt jeder Schnitt, die ist vom Fach und vertritt ihr Handwerk mit Würde. Außerdem geht sie außerordentlich behutsam vor in den, nun ja, eher sensiblen Bereichen meines Kopfschmucks. Aber zugleich hat sie eben auch unerschütterliche Vorstellungen vom Haarschnitt eines Mannes.

»Sehen S'«, sagt sie zum Schluss, als sie mir den Spiegel vorhält, »so schauen S' guad aus!«

Als sie mir den Kassenbon über die Theke schiebt, bin ich kurz davor, mit »George Clooney« zu unterschreiben.

Im *Bräustüberl* stehen dieselben Jungs am Ausschank wie gestern. Der Bierschalter wird, auch das hat sich nicht geändert, zu drei Vierteln von Männern frequentiert. In der kantinenartigen Essensausgabe dahinter stehen die Frauen. Und ich.

Wie die Getränke-, so weist auch die Andechser Speisekarte einige Besonderheiten auf. Unter anderem findet man dort nur 100-Gramm-Preise. Ein Zehntelkilo Haxe geht hier zum Beispiel für 1 Euro 80 über die Theke. Aber vorher auf die Waage. Als ich lese, dass gleich 810 Gramm auf dem Teller liegen, verfluche ich die Idee, außerdem Kartoffelpüree und Sauerkraut bestellt zu haben.

Der Anblick ist atemberaubend. Eben noch hungrig wie ein Wolf, würde ich mich jetzt am liebsten unter der Vorhaut dieses ehemaligen Schweins verkriechen. Oder so ähnlich.

Bayrische Messer sind scharf. Aber diese borstige Schwarte schneidet man nicht durch, man stemmt sie weg. Wo mir ein Durchstoß gelingt, breche ich eine braune Scholle aus, um an das darunterliegende Fleisch zu gelangen. An manchen Stellen schimmert es rosig, an anderen ist es tiefschwarz. Um das zu akzeptieren, versuche ich mir klarzumachen, dass es sich hier um den hoch entwickelten Unterschenkel eines Huftiers handelt und nicht um uniformes Pressfleisch. Super Trick!

Meine Gabel trifft auf einen Knochen, gleitet ab und rutscht mit einem Gänsehautquietschen übers Porzellan. Angestachelt von Tobys gestrigen Ausführungen zum Thema menschliche Überbleibsel habe ich mich selbst einmal schlaugemacht. Im Mittelalter wurden die Leichen berühmter Verstorbener häufig eingekocht, um an die Knochen zu gelangen. Da nimmt man also seinen zu Lebzeiten so hochverehrten und respektvoll behandelten Landesherrn und stopft ihn in den ganz großen Topf. Und wenn der Hingeschiedene dann gut durch ist, schabt man ihm das Fleisch von den Gebeinen. Papst Bonifaz VIII. sprach ab 1299 mehrere Verbote gegen diese Praxis aus, mit der zum Beispiel Kreuzritter ihre Toten konservierten, um deren Überreste nach der Rückkehr in die Heimat beerdigen zu können.

Wenn es um ihre eigenen Leute ging, zeigte sich die Kirche jedoch weitaus weniger zimperlich. In Köln etwa stieß man im 12. Jahrhundert bei Grabungen auf einen römischen Friedhof, den man sofort mit der Legende um die heilige, am Rhein noch heiligere Ursula und ihre 11 000 von den Hunnen gemeuchelten Jungfrauen in Verbindung brachte. Ein komplettes Kloster war fortan damit beschäftigt, die ausgebuddelten Gebeine in kleine und kleinste Einheiten zu zersägen, um sie danach in aller Welt als Reliquien zu verscherbeln. Es wäre ein spannendes Experiment, diese Praxis einem vermeintlichen Wilden – oder auch nur einem Protestanten – so zu erklären, dass er sie begreift. Am ehesten müsste man dann wohl wirtschaftspolitische Theorien zurate ziehen. Mag so ein kölsches Fingerglied 4 Taler 99 gekostet haben, dann bekam man drei Glieder sicherlich für 14,95 (die Kölner waren nicht dumm). Eine ganze Haxe schlug mit rund 100 Talern zu Buche und so weiter. Der Nepp funktionierte reibungslos, und das, obwohl der Fund einen nicht unerheblichen Makel aufwies: Dort lagen nicht ausschließlich (Jung-)Frauen, sondern genauso viele Männer.

Inzwischen gehe ich davon aus, dass meine Vorfahren damals einen helgoländischen Museumschef zurate zogen. Der dann auch eine Lösung fand: Diese irritierenden Männerknochen, so erklärte er, gehörten zu Freunden, Verwandten und Beschützern der Jungfrauen, die heroisch mit ihnen in den Märtyrertod gingen.

Nicht gerade erhebend, diese Geschichten. Aber noch

immer zielt mein Ehrgeiz darauf ab, die vor mir liegende Haxe zu meistern. Und weil manchmal nur die wilde Attacke hilft, beginne ich überfallartig zu essen. Wo immer ich einen Ballen Schwein erwische, bade ich ihn in Püree und Kraut und stopfe mir die Gabel in den Mund. Aus dem Augenwinkel beobachte ich seit geraumer Zeit zwei klapperdürre Nonnen, die scheinbar ziellos durch die Bankreihen streifen. Futtern die vielleicht die Reste weg? Auf der Stelle würde ich die beiden einladen, mir mit meiner Haxe zu helfen. Zumal ich nach schier ewigem Gemetzel feststelle, dass gerade einmal die Hälfte dieser Mammutwade fehlt.

Wer isst, bis ihm schlecht ist, der kommt auf schlechte Gedanken. Wieder fällt mir mein englischer Freund Toby ein, der mir die Geschichte der Agnes Blannbekin erzählt hat. Die tiefgläubige Begine wurde im 13. Jahrhundert von so vielen Visionen heimgesucht, dass man früh begann, diese aufzuschreiben. Einmal sah sie Beichtväter mit »Schweinsköpfen und schmutzigen Rüsseln«, ein andermal schien es ihr, ihr Mund empfange während der Kommunion eine »unaussprechliche Süßigkeit«. Sie identifizierte dieses ihrer Zunge schmeichelnde Etwas als die Vorhaut Christi. Weinend und sich in großer Leidenschaft windend, so heißt es weiter in den Berichten, versuchte Agnes viele Male, das zarte Stückchen Fleisch hinunterzuschlucken. Immer wieder jedoch kehrte es zurück auf ihre Zunge – mit derselben libidinösen Wirkung. Erst als sie das Praeputium mit den Fingern berühren wollte, ging es schließlich ein in ihren Leib. Und die Stimme flüsterte ihr zu, dort möge sie es bewahren bis zum Jüngsten Tag.

Ich habe keine Ahnung, was Toby jetzt treibt. Vielleicht gräbt er auf den Äckern rings um das Kloster nach Knochen. Oder er mogelt sich hügelan in seine zehnte Reliquienführung. Jedenfalls verfluche ich ihn. Ob Hostie, Zwiebel- oder Tintenfischring – mein Appetit ist restlos erloschen. Ich schiebe die Haxe so weit von mir weg wie möglich. Mögen die hungrigen Nonnen darüber herfallen.

Barock statt Barhocker

Altötting

Ich erwache mit dem mulmigen, zugleich hoch konzentrierten Gefühl eines Sportlers, dem ein großer Wettkampf bevorsteht. Denn der Altöttinger Pilgertag, den das Tourismusbüro mir ans Herz legte, hat es in sich. Die kommenden 14 Stunden werde ich auf dem Pfad des bajuwarischen Katholizismus verbringen, in einem der Zentren des europäischen Wallfahrtswesens. Barock statt Barhocker also, bedde un ärbedde, wie man in Köln sagt.

Humpen und Haxen kenne ich nach einer Woche Andechs zur Genüge. Auch über Hostien und ihre wundersame Wandlung habe ich so manches erfahren, nicht alles davon muss man wirklich wissen. Aber mal schauen, ob nicht noch ein echter Pilger aus mir wird. Um alle Voraussetzungen für Punkt 1, die morgendliche 8-Uhr-Messe, zu erfüllen, verzichte ich auf das Frühstück im Hotel. Auch den restlichen Tag will ich mich weitgehend zurückhalten mit Speis und Trank. Ein bisschen Selbstkasteiung gehört dazu, und viel freie Zeit wird mir das vorgesehene Programm ohnehin nicht lassen.

Auf nüchternen Magen wirkt die berühmte Gnadenkapelle noch eine Spur gnadenloser. Das 1000-jährige Oktogon verweigert sich jedem ökumenischen Kompromiss, hier werden keine Gefangenen gemacht. Vor dem Brustbein der Schwarzen Madonna leuchtet der goldene Ring des Joseph Ratzinger, ein Geschenk anlässlich seiner Papstwahl. Der »Silberprinz« des niederländischen Meisters Wilhelm de Groff kniet gesenkten Hauptes zu Marias Füßen, und in den Mauernischen zittern die Urnen im zarten Takt der bayrischen Herrscherherzen, die dort ihre letzte Behausung fanden. Das Klicken meines Kulis erschüttert das kleine Gotteshaus wie ein Donnerhall. Eine Frau dreht sich zu mir um, marienhafte Gnade strahlt ihr Gesicht weiß Gott nicht aus. Die Mundwinkel bis zu den Schultern heruntergezogen, schüttelt sie den Kopf. In ihrem hochtoupierten Haar schimmert ein verendetes Insekt.

Die hutzelige Kapelle dominiert den Platz wie ein Zwergenkönig den Riesenstaat. Laut einer aushängenden Urkunde gilt sie als Kulturschatz im Sinne der Haager Konvention. Das heißt wohl, dass feindliche Bomber ein bisschen achtgeben sollen, bevor sie über Altötting auf den Knopf drücken. Vorerst stürmt nun eine Horde jagdgrüner Männer herein und verteilt sich im Raum wie ein Spezialkommando. Ihre dicken Filzjanker und kniehohen Wollstrümpfe jagen mir eine Hitzewelle über den Körper. Draußen quert ein weiterer Pilgerzug den Kapellplatz. Das knarzende Megafon, die bellende Stimme der Vorsängerin, diese bedingungslose Entschlossenheit im Glauben wirken fast so paramilitärisch wie das Auftreten der Gebirgsjäger.

Vielleicht hätte man doch ein winziges Likörchen trinken sollen, bevor man sich diesen liturgischen Strapazen aussetzt. Die Messe hat noch nicht begonnen, aber schon schmerzt mein Rücken. Man sitzt sehr unbequem in diesem Heiligtum, das scheint so beabsichtigt zu sein. Wie sonst ist zu erklären, dass der vorragende Abschluss der

Rückenlehnen dem Gläubigen selbst die erbärmlichen 90 Grad verweigert, die ein Billigflieger seinen Gästen zugesteht? Die elende Leiste dort oben fräst sich allmählich zwischen meinen neunten und zehnten Rückenwirbel, irgendwann wird sie unterhalb der Brust wieder austreten. Einzige Konzession an betagtere Pilger und Anfänger wie mich: die gepolsterte Kniebank; die allerdings so dicht vor mir liegt, dass sie den Füßen keinerlei natürliche Position erlaubt. Im ersten Lied unserer Messe heißt es denn auch: »Maria hilf uns all/ in diesem Jammertal«. Ich singe entschieden mit.

Altötting gilt als Wallfahrtsort der lupenreinen Marienverehrung. Aber Gott bleibt jederzeit der Chef, das macht uns der Prediger unmissverständlich und mehrmals klar. »Maria kann uns helfen, weil der dreifaltige Herr sie mit seiner göttlichen Macht gekrönt hat«, sagt er.

Die mongoloide Teenagerin vor mir klettert auf die Polsterleiste, um besser sehen zu können. Auf das Zischeln und Zibbeln der Eltern reagiert sie mit einem gereizten Grunzen, das Wirkung zeitigt. Sie darf stehen bleiben. Vier Radfahrer öffnen die Tür, und obwohl sie uns beten sehen, treten sie ein. Ihre hautengen Hosen wirken hier drinnen noch unangemessener als im Freien, die bunten Trikots schreien geradezu nach dem Blitz des strafenden Gottes. Während der Pfarrer routiniert fortfährt, schweift mein Blick über die Wände. Wer der Jungfrau danken möchte, lässt von alters her ein Bild malen, das mit ein wenig Glück in der Kapelle aufgehängt wird. 2000 solcher Votivtafeln schmücken den kleinen Raum, die älteste stammt vom Anfang des 16. Jahrhunderts. Wenn in Museen die Wände überquellen, spricht man von einer Petersburger Hängung. Die Altöttinger Hängung ist deren Steigerung ins Absolute. Hier passt keine Salzstange zwischen zwei Rahmen, über 50 000 weitere Bilder lagern im Depot.

Die Motive sind naiv-realistisch, zum Teil drastisch und erschütternd. Da krümmt sich der Xaver Kolbinger, der in der Erntezeit 1874 von einem Heustock ausgerechnet in die aufgestellte Hacke stürzte. Das Werkzeug im Unterleib, lag er zwei Stunden im eigenen Blut, bevor man ihn fand.

»Maria sei Dank!«

Und dort sind die Ungerbauers, Vater, Mutter und Kind, die in »Räuberhände« gerieten. Ganz und gar hoffnungslos sieht das aus, wie der bärtige Bandit den Bauern mit einem großen Holzhammer malträtiert, wie sein Komplize die Hausherrin bedrängt und das entsetzte Kind die Händchen über dem Kopf zusammenschlägt. Aber sie wurden errettet.

»Maria sei Dank!«

Eigentlich möchte man wissen, wie die Sache doch noch glimpflich ausgehen konnte. Aber Altötting lebt nicht von der Auf-, sondern der Verklärung. An der Kapellenwestseite stehen große Holzkreuze bereit. Man legt sie sich wie einst Jesus über die Schulter und dreht eine gewisse Anzahl von Runden – zu Fuß oder kniend –, um seine Fürbitte zu übermitteln. Außerdem hängen dort Dutzende von historischen Korsetts und Krücken, die Spontangeheilte zurückließen. Wunder über Wunder, und auch ganz am Anfang standen Mirakel. Die Gegend um Altötting nennt man den Rupertiwinkel, denn der heilige Rupert war es, der hier um 700 zu missionieren begann. Die Schwarze Madonna, heiliges Ziel aller Wallfahrer, steht im ältesten Teil der Kapelle, dem Oktogon. Das filigrane, aber eigentlich recht unscheinbare Schnitzwerk kannte jenseits von Altötting niemand. Im Jahr 1489 jedoch änderte sich das schlagartig. Ein kleiner Junge hatte drei Stunden im

Mörnbach gelegen und war offensichtlich ertrunken. Als man den Leichnam jedoch in die Kapelle brachte und inständig betete, erwachte er wieder zum Leben. Noch im selben Jahr, man glaubt es kaum, scheut ein Ackergaul im Gewitter. Der Karren schlägt um und begräbt einen weiteren Knaben unter sich. Auch er überlebt dank Marien.

Die Wunder gingen um die Welt und kehrten in Form Hunderttausender Pilger nach Altötting zurück. Größter PR-Multiplikator: der junge Buchdruck. Die Altötting-Krimis des 15. Jahrhunderts hießen »Mirakelbüchlein« und fanden reißenden Absatz. Die Schwarze Madonna mutierte zur Heilsbringerin und letzten Hoffnung, zum Popstar. Schon 1518 begann man, der Holzfigur Kleidchen zu nähen, für jeden christlichen Feiertag eines. Später kamen Krone und Zepter hinzu, außerdem diverse Schmuckstücke. So rätselhaft ihre Wirkung, so erklärbar ihre eigentümliche Färbung. Denn der dunkle Teint der Madonna stammt weder von tropischem Holz noch aus Afrika. Den verantwortet der ständige Kerzenqualm vor der Nase.

Die Uhr zeigt halb neun, mein Pilgertag endet laut Stundenplan heute Abend um zehn. Als mir das klar wird, möchte ich aus dem Schoß der Kapelle am liebsten wieder in mein Bett kriechen. Aller Mut hat mich verlassen. Unwillkürlich falte ich die Hände, meine Augen wandern nach oben. Da liegt er, der von der Leiter gestürzte Obstbauer, wie tot zwischen den schönen, roten Äpfeln. Sehr tief ist er gestürzt. Sehr lang ist die Leiter, zu beiden Seiten verlässt sie das Bild. Aber auch der Bauer erwachte aus seiner Ohnmacht.

»Maria hilf uns all/ in diesem Jammertal«. Und im Moment vor allem mir.

Ab sieben Uhr morgens und sodann zu jeder vollen

Stunde wird in der Gnadenkapelle die Messe gelesen. Als ich meinen völlig zerschundenen Rücken rüber zum Rathaus schleppe, läutet schon wieder die Glocke für die nächste Runde. Zu Punkt zwei, der Stadtführung, haben sich außer mir nur drei weitere Interessenten eingefunden. Die beiden Frauen pflücken Flusen von ihren aprikotfarbenen Blusen, der Dicke mit dem kurzärmligen Karohemd fotografiert schon eifrig. Ich bin neu in Altötting, aber Annegret, unsere Führerin, bestätigt, was mir längst schwante: »Eine Stadtführung durch Altötting«, sagt sie warnend, »ist vor allem eine Kirchenführung.«

Drei Kapuziner mit sechs Hörgeräten kreuzen unseren Weg. Der Orden hat Nachwuchssorgen, wie alle anderen. Nur acht Brüder leben in Altötting, gestern waren es noch neun. Denn einer von ihnen wird gerade beerdigt, erzählt Annegret. Und dass »Kapuziner« tatsächlich von »Kapuze« komme, die bei dieser fundamentalistischen Abspaltung der Franziskaner besonders lang sei. Merke: Je spitzer die Kopfbedeckung, desto strenger der Orden.

Die Kapuziner sind die Chefs in Altötting, sie verwalten die Gnadenkapelle und St. Magdalena, ihren Stammsitz direkt hinter dem Heiligtum. In der barocken Kirchenhalle wabert der Weihrauch dichter als der Nebel im englischen Hochmoor. Die Vorbereitungen einer Hochzeit hindern uns daran, allzu sehr ins Detail zu gehen. Deshalb ziehen wir auch bald schon weiter, an die Südseite der Piazza. Zwischen all dem Barock des Kapellplatzes bilden das Kapellchen selbst und die Stiftskirche gotische Ausnahmen. Für einen Kölner ist es ein erhebendes Gefühl, nach dem gleißenden Stuck, den fetten Putten, nach all den ausladenden Rundungen mal wieder ein Spitzbogenfenster und ein Kreuzrippengewölbe zu betrachten. Auch das erhaltene romanische Portal der Kirche ist eine echte Augenweide.

»Lass den Jungen zur Besinnung kommen«, lautet eine der zahllosen Bitten im Gästebuch. »Gib Glück für unser Baby und die Relegation«, eine andere. Der dicke Maik – ich werde ihn noch näher kennenlernen – interessiert sich besonders für das Grab des Feldherrn Tilly. Denn Maik kommt aus Magdeburg, das der katholische Heerführer im Dreißigjährigen Krieg samt seiner Bewohner restlos niedergemacht hatte. Die von seinen Truppen begangenen Grausamkeiten waren derart maßlos, dass 1631 ein neues Wort geprägt wurde: »Magdeburgisieren« stand für das Äußerste an Kriegsgräueln.

Eher ins Kuriose geht hingegen die Geschichte eines besonders dicken Mönches, der ebenfalls in der Stiftskirche zu Grabe getragen wurde. Sechs Zentner soll jener Mensch zu Lebzeiten gewogen haben. Als er starb, ließ sich der bayrische Herzog Wams und Weste schicken und prahlte vor auswärtigen Gästen damit: Solche batzigen Kerle werden nur im Bayernland geboren!

Annegret redet frei und flüssig, ein Wunder an Wissen. Maik strapaziert seine Speicherkarte, kein Wandbild, keine Kirchenbank, keine verrutschte Fliese ist vor seinem Objektiv sicher. Während er mit zackigen Bewegungen von hier nach dort schwenkt, stellen die beiden Frauen Frage um Frage, vor allem die mit dem kleinen Rucksack. Ob es damals, zu Zeiten des dicken Mönchs, schon Brezn gegeben habe, möchte sie zum Beispiel wissen. Ja, sagt Annegret, schließlich sei die Brezel bereits im Mittelalter das Zunftzeichen der Bäcker gewesen. Über einer großen Standuhr tanzt der Altöttinger Sensenmann. »Memento mori – Gedenke des Todes«, aber das braucht mir längst niemand mehr zu sagen. Der »Tod von Altötting«, wie man das goldene Männchen auch nennt, spielt Schicksal. Senst er nach vorn, stirbt ein Mensch, sagt man. Zieht er das Werkzeug zurück, wird einer geboren. Früher geschah dies im mechanischen Takt des Uhrpendels, das Klack-Klack des Räderwerks, sagt Annegret, habe sie als Kind immer erschauern lassen. Aber mittlerweile hat auch der Tod seine Technik verfeinert, er kommt auf ganz leisen Sohlen. Den Sensenmann unserer Tage bewegt ein lautloser Elektromotor, und das bedeutet: Das Tempo des teuflischen Schnitters ist – anders als zu Zahnradzeiten – völlig variabel!

Unseren Takt jedoch gibt weiterhin Annegret vor. Wie sie da vor mir herschreitet, mit ihrem wippenden Dutt und dem Ordner unter dem Arm, jagt sie mir Angst ein. Du hast dich angemeldet, also folgst du mir auch bis zum bitteren Ende, sagt der Dutt. Und das ist noch lang nicht gekommen, sagt der Ordner. Die Sonne brennt inzwischen mit tillyesker Unbarmherzigkeit auf uns herab, magdeburgisierter könnte ich mich kaum fühlen. Auf dem Weg zur St.-Anna-Basilika passieren wir einen bayrischen Gasthof, eine Pizzeria und drei weitere Restaurants. Der Duft von Bratensoße und ofenfrischem Teig raubt mir mehr Sinne als jedes Weihrauchgeschwader. Aber Annegret treibt uns vorwärts, wir sind leicht über der Zeit.

An der Papst-Johannes-Paul-Linde beginnt der Papst-Benedikt-Rundweg. Am Papst-Benedikt-Platz wiederum hängt die überlebensgroße Statue von Johannes Paul II. Den prächtigen Baum hat er am 18. September 1980 eigenhändig eingepflanzt. »Und das dort«, Annegret zupft jetzt tatsächlich leicht an meinem Ärmel, »ist der Bruder-Konrad-Brunnen.«

Konrad, Bauernsohn, hätte als Ältester den Hof geerbt. Aber wie die Bhagwan-Jünger später nach Poona pilgerten, so zog Konrad 1853 gen Altötting. 41 Jahre lang arbeitete er als Pförtner für die Kapuziner. Er galt als überaus freundlich und hilfsbereit, und schon bald nach seinem Tod setzten die Wallfahrten zu seinem Grab ein. Der Klerus, begeistert von der postmortalen Wirkung des Mönches, leitete seine Heiligsprechung ein. Wie üblich bei diesem hochkomplexen Verfahren, war auch ein Advocatus Diaboli zugegen. Der ebenso eifersüchtige wie ungnädige Mitbruder Konrads stand auf und behauptete, dieser habe einer Magd zwei Krüge Bier ausgeschenkt. Und ein Lump, der Frauen betrunken mache, könne doch wohl nicht als heilig gelten.

Seitens des Gremiums nahm man den Vorwurf durchaus ernst, ja, man sah ihn nach reiflicher Disputation gar als erwiesen an. Dennoch fiel das Urteil einstimmig pro Konrad aus: Nach zwei Krügen Bier, so erklärte man sinngemäß, mache eine bayrische Magd noch nicht mal das erste Bäuerchen.

Unser Quartett ist amüsiert. Maik knipst den Bruder-Konrad-Brunnen so detailversessen, als wolle er ihn zu Hause nachbauen. Laut Pilgertagesplan soll ich mir nun die beiden wichtigen Altöttinger Sakralmuseen anschauen. Dass mir bezüglich der Reihenfolge die Wahl gelassen wird, überfordert mich. Ich horche in mich, aber weder der liebe Gott noch seine Mutter melden sich mit einem Tipp. Erst die Bildseite einer Eineuromünze ebnet den Weg zum »Jerusalem Panorama Kreuzigung Christi«. Was immer das sein mag.

Auf dem Weg von Bruder Konrad zum Museumsbau passiert man zahllose Devotionalienbuden. Wenn hier gleich ein bärtiger Derwisch zwischen den Ständen tobt und die Händler vertreibt, würde mich das nicht wundern. Ein Buchladen verkauft Werke, die gegen Yoga, die »Sexuelle Revolution« und sämtliche gesellschaftlichen

Entwicklungen wettern, die jünger als 2000 Jahre sind. Kurz erwäge ich, einen Comic über den »unermüdlichen Pilgervater« Johannes Paul II. zu erstehen. Auf dem Cover hält er einen süßen kleinen Indiojungen auf dem Arm und streichelt ihm sanft den Rücken. Oder lieber doch die Fahrradklingel mit dem aufgeprägten heiligen Christophorus?

Bei der Präsentation ihrer Waren orientieren sich die Ladenbesitzer offenbar an der Hängung der Votivtafeln in der Gnadenkapelle. Derart vollgepackte Regale, Schaufenster und Auslagen kennt man sonst nur von Eineuromärkten. Es gibt geigende, Schalmei, Akkordeon und Trompete spielende Engel, schlafende, nachdenkliche, lesende und betende Engel aus Holz, Wachs, Porzellan, Keramik, Metall und Kunststoff. Der Pilger hat die Wahl zwischen barock-ausladenden, streng dreinblickenden und albern lachenden Engeln in bayrischer, römischer und orientalischer Tracht. Ganz nach Wunsch bekommt man seinen Cherub als Schlüsselanhänger, Amulett, Ring, Armreifen, auf Schatullen, Postkarten – und natürlich in der Schneekugel.

Aber so breit die Palette der Engel, so begrenzt die Auswahl bei den Madonnen. Steht eine Gottesmutter allein da, blickt sie immer bedrückt zu Boden. Nur Marias mit dem Jesuskind auf dem Schoß sehen fröhlich aus. Manche lächeln sogar, als hätten sie mit dem Kleinen gerade eine Partie Uno gespielt. Oder als seien sie bedröhnt, immerhin bekommt man hier Weihrauch in 35 verschiedenen Geruchsrichtungen. Jedes Tütchen kostet das Gleiche, ganz anders als bei den Kerzen. Denn auch in der katholischen Warenwelt regeln sich die Preise über Angebot und Nachfrage. Deshalb ist etwa eine Benedikt-XVI.-Kerze doppelt so teuer wie eine gleich große Franziskus-Kerze. Da kann der Argentinier noch so viele Füße küssen – in Altötting regiert der Mann, der nur 15 Kilometer von hier geboren wurde.

Kunstpanoramen sollen im 19. Jahrhundert weit verbreitet gewesen sein. Inzwischen jedoch steht in Altötting das deutschlandweit letzte. Im »Jerusalem Panorama Kreuzigung Christi« denkt man am ehesten an die 3-D-Halle eines Erlebnisparks. Der Besucher erklimmt eine steile Treppe und steht dann wie im Zentrum eines Lampenschirms, dort, wo die Glühbirne eingeschraubt wird. Die gesamte Bespannung dieser Lampe ist bemalt und bildet ein 1200 Quadratmeter großes Rundgemälde. Vor einem flachen Bild im Museum kann man zurückweichen. Hier jedoch gibt es kein Entkommen, mit jedem Schritt nach hinten nähert man sich einer anderen Passionsszene. Jesus betet im Garten Gethsemane? Du bist dabei. Judas Ischariot verrät ihn? Man flüstert's dir ins Ohr.

Die dreidimensionale Wirkung des Panoramas wird durch skulpturale Vorbauten – Mauern, Felsen, Geröll – noch verstärkt. Während der Betrachter weitgehend im Dunkeln steht, wird die Jerusalem-Landschaft über versteckte Lichtschächte beleuchtet. Meditative Musik und ein unter der Decke installierter Laserpointer unterstützen einen Sprecher, dessen sonore Stimme an alte Märchenplatten erinnert.

Schon nach wenigen Augenblicken fühlt man sich als Teil dieses 1902 geschaffenen Monumentalwerks. Dass unten zwei neue Besucher auftauchen, scheint auf derselben Zeitebene zu spielen wie die Passion. Kommt ruhig hoch, ich lade euch auf ein Glas Wein ein. Aber mit diesen beiden dauert es ein wenig. Der Mann hievt seine Frau per Treppenlift auf die Aussichtsebene und hilft ihr in den dort bereitstehenden Rollstuhl. Die Frau sieht hübsch aus und scheint ihre Behinderung akzeptiert zu haben. Punkt für Punkt folgen sie der Erzählung und haben offensichtlich Spaß an der Show. Für einen Moment bin ich neidisch. Warum hatte Jesus, dieser seltsame Asket, eigentlich keine Freundin? Sieben Dämonen soll er der sündigen Maria Magdalena ausgetrieben haben: Dabei kommt man sich doch näher, oder?

Aber da hängt er auch schon am Kreuz. Im Hintergrund trauern seine Anhänger, zu seinen Füßen würfeln die Soldaten um seine letzte Habe. Gebhard Fugel, der Schöpfer des Panoramas, hat sein gesamtes Leben lang christliche Äcker durchpflügt. Seine Leinwände waren die Kirchenmauern und Altäre. Das Altöttinger Panorama dominieren Grautöne und gedeckte Erdfarben, hell lacht hier nur der Teufel. Wer nach Entzauberung strebt, hat die Möglichkeit, das Kunstwerk von unten zu betrachten. Im Parterre spaziert man durch die hölzernen Aufbauten, sieht die künstlich aufgeschütteten Sandhaufen und wird unbarmherzig darauf gestoßen, einer Illusion aufgesessen zu sein. Und jetzt kommt auch noch die schöne Blonde die Treppe herunter, leicht humpelnd, aber auf eigenen Füßen und ziemlich fidel. Verarsche oder Spontanheilung? – Wer weiß das schon in Altötting.

Gleichzeitig verwirrt und ernüchtert mache ich mich auf den Weg zur zweiten Kunsthalle der Stadt. Im Wallfahrtsmuseum soll der Brautkranz der Kaiserin Sissi ausliegen. Ich finde ihn nicht. Bedeutendstes Objekt der Sammlung ist das »Goldene Rössel«, seine Versicherungssumme beläuft sich auf beachtliche 45 Millionen Euro. Annegret hat uns vorhin ausführlich erklärt, warum dieses verdammte Teil so wertvoll sei. Aber ich bin inzwischen an 500 Herzreliquien, 3000 Rosenkränzen, vier Millionen Talaren und 80 Milliarden Mitbringseln aus dem Heiligen Land vorbeigeschlurft, den Magen so leer wie das Hirn. Die einzige Assoziation, die dieses Pferd in mir weckt: ein Teller Rheinischen Sauerbratens. Der kommt in meiner Region traditionell vom Ross und ist – richtig zubereitet – ein Gedicht von einem Gericht. Meine Hand greift bereits ferngesteuert nach diesem hinter Panzerglas gesicherten Hottehü, als plötzlich Maik neben mir steht.

Er schwitzt, aber sieht glücklich aus. Gerade hat er auf Tillys Grab gespuckt und in Gedanken gegen sein Standbild vor der Stiftskirche uriniert. Jetzt hat auch er genug von Rossen und Reitern. Noch immer bin ich dermaßen gefangen von meinem Plan, den perfekten Pilgertag zu absolvieren, dass er seine so naheliegende Frage zweimal wiederholen muss: »Gehen wir ein Bier trinken?«

Als ich jedoch die stupende Folgerichtigkeit dieses Ansinnens realisiere, dauert es keine zwei Minuten, bis wir uns in einem Biergarten am Kapellplatz unter einem Sonnenschirm niederlassen. Augenblicklich verwandelt sich meine Erschöpfung in ein unbeschreiblich warmes Wohlgefühl. Würde Jesus in diesem Moment auferstehen, ich bliebe sitzen.

Der in Altötting vorherrschende Gesichtsausdruck ist das beseelte Lächeln. Hier sagt man nicht »Guten Tag«, sondern »Der Herr sei mit dir«. Pärchen, die sich nicht bei der Hand halten, droht das Fegefeuer. Schlag das Kreuz, mein Freund, oder es schlägt dich.

Für einen gewissen Kontrast sorgen die drei Anhänger des FC Bayern, die sich in voller Fanmontur am Nebentisch fläzen. Statt ihren Wanderschuhen tragen sie Flip-Flops, die ihre zahllosen Blasen, Schürf- und offenen Wunden ausstellen. »Wenn Bayern Meister wird, gehn mia zu

Fuß nach Altötting«, hatten sie sich geschworen. Und so war es ja dann auch mal wieder gekommen.

In irgendeinem Zusammenhang fällt der Satz »Da fällst du vom Glauben ab!«, der an einem Ort wie Altötting eine ganz eigene Färbung bekommt. Wie Maik und ich müssen auch die drei ihr Gespräch unterbrechen, weil die Wallfahrtsgruppe Alzenau-Hörstein schon wieder unterwegs ist. Ohne hinzusehen erkenne ich sie an ihrem kaputten Megafon und der schrillen Stimme der Vorsängerin. Auch von Norden her nähert sich ein Pilgerzug, aber gegen die Hörsteiner hat er keine Chance. Mit denen singt man mit oder man geht unter. Ich bin selbst als Katholik geboren, aber diese Rituale erschließen sich mir nicht. Diese Leute sind nicht mehr die Jüngsten, in der Sonne ist es 36 Grad heiß, aber sie laufen und laufen, singen und singen, beten und beten. Wenn die mal in den Himmel kommen, hängt Petrus ihnen als Erstes das goldene Wanderabzeichen um.

Von Westen her nähert sich humpelnd die Frau vom Jerusalem-Panorama. Kaum sitzt sie, zündet sie sich auch schon eine Kippe an. Ein Wunder: mitten in Altötting ein weibliches Wesen diesseits der 50, das auch noch raucht! Am liebsten würde ich ihr Gesellschaft leisten, aber da ist ja mein Kumpel Maik, dieser seltsame Schrat. Er sei ständig auf Reisen, sagt er. Genüsslich erzählt er davon, schon einmal Schlangenherz und Hundeleber gegessen zu haben, aber damit kann er mich nicht beeindrucken. In deutschen Currywürsten werden bestimmt noch ganz andere Kreaturen verbraten.

»Ich lasse mich treiben«, sagt Maik, das sei seine Methode, ein Land kennenzulernen. Ist er hingegen hierzulande unterwegs, verdient er en passant Geld. Maik senkt die Stimme, als er mir von seinen Spionagejobs erzählt. Unter anderem miete er sich in Jugendherbergen ein, um dem Verband danach zu berichten, wie der Gast dort behandelt werde.

In meiner Welt wäre für solche Jobs kein Platz, aber Maik ist stolz auf seine Undercovernummer. Maik 007 aus Magdeburg. Und außerdem kommt in diesem Moment unser Bier. Der erste Schluck nach langer Durststrecke nagelt mich in den Sitz wie die römischen Soldaten Jesus ans Kreuz. Fast augenblicklich fühle ich mich betrunken und liebe Maik wie einen Bruder. Noch erstaunlicher als sein Stolz auf den Job ist sein Selbstbewusstsein gegenüber Frauen. Dabei erscheinen mir seine körperlichen Voraussetzungen als Womanizer auf den ersten, auch auf den zweiten Blick als recht limitiert. Man könnte meinen, der liebe Gott habe bei der Modellierung von Maiks Äußerem ein wenig nachlässig gearbeitet. Er ist kaum 1 Meter 60 hoch, dafür aber genauso tief. Auch sein Gesicht durchzieht keine Spur eines Casanova. Die extrem scharfe Nase steht in unvorteilhaftem Kontrast zu den beiden sie fast verschluckenden Fleischwangen. Nicht anders ergeht es den versunkenen Lippen im Verhältnis zum wulstigen Kinn. Dennoch erzählt Maik, dass er in allen deutschen Städten, in praktisch jeder Region der Erde schon einmal »zum Schuss gekommen« sei, wie er sich ausdrückt. Lediglich in arabischen Ländern halte er sich aus Furcht vor den patriarchalen Gebräuchen zurück. Einmal im Jemen jedoch, als er hinter einer Burka zwei hübsche Augen erspähte und von ihnen auf die verhüllte Frau schloss, habe er eine List angewandt. Da habe er nämlich den dazugehörenden Herrn nach den Feinheiten des jemenitischen Kaffeerituals gefragt und sei prompt an die Frau verwiesen worden. Er habe hinter dem Schleier ihr Lächeln gesehen, sagt Maik mit verträumtem Blick. Als der Jemenit jedoch begann, unruhig an seinem Krummdolch zu spielen, strich er die Segel.

Maik gibt mir seine Telefonnummer, fragt nach meinem Altöttinger Hotel und wo ich heute zu speisen gedenke. Das wird mir alles ein bisschen viel jetzt, wer weiß, wozu dieser sächsisch-anhaltinische Schwerenöter noch fähig ist. Und außerdem muss ich weiter, auf mich wartet die nächste Station meiner kräftezehrenden Tour d'Altötting. Ungezählte Male habe ich den Kapellplatz nun bereits überquert, ich kenne alle Putten beim Namen und grüße die Mönche per Handschlag. Die Immobilienmaklerin in der Kapuzinerstraße heißt Anna Biebl, niemand scheint sich darüber zu wundern. Die Stadtgalerie liegt direkt am Papst-Benedikt-Platz, ihre wechselnden Ausstellungen werden dem Fremden wärmstens ans Herz gelegt.

Schon die ersten beiden Bilder treiben mich jedoch wieder hinaus. »Im rötlichen Schein des Morgensterns« heißt das eine. »Ein Nebelfleck stört die Harmonie der Dämmerstunde« das andere. Dann doch lieber der Abstecher in die Krezentiaheimstraße, den die Infobroschüre ebenfalls empfiehlt. Dort soll jemand exzessiv Gartenzwerge sammeln und diese in seinem Vorgarten ausstellen.

Sobald man das Zentrum verlässt, ist Altötting ein ganz gewöhnlicher Ort. Nun gut: ein ganz gewöhnlicher *bayrischer* Ort. Zwei Mädchen radeln an mir vorüber, eine redet: »Seitdem kannst du alles vergessen. Seitdem ist bei denen Krieg wie Sand am Meer.« An einem Männerheim am Rande der Stadt frage ich nach dem Weg. Rund 20 Gestrandete stehen hier vor der Tür und rauchen, denen hilft auch die Schwarze Madonna nicht mehr. Immerhin, den Gartenzwergsammler kennen sie, der wohne direkt an der Ecke dahinten.

An der Umfassungsmauer des bezeichneten Grundstücks angekommen, glaube ich meinen Augen nicht zu trauen. Mehrere 100 Zwerge grinsen mich an, rotwangig wie Maik und verschrumpelt wie alte Kapuzinermönche. Da ist der Försterzwerg, da ist der Schubkarrenzwerg und der, der auf einem Schwein reitet. Kein Ort der Welt könnte sich stärker vom Altöttinger Alltag abheben als der hier. Und doch existieren ein paar überraschende Gemeinsamkeiten. Auf dieser Weide findet man zwar keine Pilger, keine Pfaffen und keine Putten. Aber im Grunde ist das ein Kloster hier, eigentlich unterhält auch der Gartenzwergsammler ein Männerheim wie das an der nächsten Kreuzung. Keinen seiner Gnome hat er selber gekauft, lese ich, sie wurden alle hier abgeliefert. Obdachlose Gartenzwerge auf ihrer letzten Wiese vor Walhall.

Und jetzt erspähe ich auch ihren Meister. Unter einer hölzernen Laube sitzt ein Männlein, das man spontan für den Urvater aller Gartenzwerge halten möchte. Kaum größer als seine Schutzbefohlenen, winzige Augen und ein alles rahmender, schlohweißer Bart. Vor ihm steht, wie könnte es anders sein, eine Flasche Bier. »Das größte Problem«, erzählt die Broschüre, »ist das Rasenmähen.« Der Mann muss 200 Kleinobjekte aufsammeln, bevor er den ersten Schnitt macht. Und er hat sich 400 Mal gebückt, bevor alles wieder am rechten Fleck steht.

Ich winke, Vader Abraham winkt zurück.

»Kann ich Ihnen ein paar Fragen stellen?«, rufe ich hinüber.

Aber anstatt zum Gartentor zu kommen, versteckt sich das Männlein hinter einem Verschlag. Ich bin mir ziemlich sicher, dass er mich durch ein Astloch beobachtet. Sogar das Bier hat er stehen lassen, die Sache scheint ihm also ernst zu sein. Wenn sich gleich ein metallener Lauf durch das Loch schiebt, nehme ich die Beine in die Hand. Stattdessen jedoch passiert: nichts! Der Herr der Gartenzwerge verweigert mir jede Audienz.

Allmählich senkt sich die Sonne gen Westen. Über die sternförmig abgehenden Straßen tuckern Pilgerbusse der nächsten Autobahn zu. Im Jerusalem-Panorama ist längst der letzte Laserpointer erloschen, die Biergärten füllen sich. Ein bisschen enttäuscht schleppe ich mich zurück ins Zentrum. Tillys Blick schweift herrisch über den Platz, vor ihm paradiert Maik auf und ab. Der Mann ist seit fast 400 Jahren tot, möchte ich ihm zurufen. Aber im letzten Moment besinne ich mich eines Besseren und schleiche mich rechts um die Gnadenkapelle. Erneut am Wallfahrtsmuseum vorbei gelange ich zur Basilika. Der Pilgertag wäre nicht rund, endete er nicht genau so, wie er vor zwölf Stunden begann: mit einer Messe. Wahllos schlage ich das auf meinem Sitz platzierte Gesangbuch auf und lese: »Lass mich jemanden finden, der mein Herz sucht und nicht nur mein Geschlecht.«

Das wäre vielleicht eine Anregung für Maik, aber andererseits: Wenn dieser Jemand das Geschlecht tatsächlich *suchen* muss ...

Die Basilika wurde 1897 gebaut, nach dem Anschluss Altöttings ans Eisenbahnnetz. Die Waggons der Reichsbahn spuckten die Pilger plötzlich in Massen aus, und deshalb entwickelte sich der Kirchenbau zum größten des 20. Jahrhunderts überhaupt in Deutschland. 8000 Menschen passen dort hinein, und nicht selten ist auch das noch zu wenig. Heute haben sich nur rund 300 Gläubige versammelt, die überwiegende Mehrheit ist jenseits der 100 und weiblich. Es wird viel gesungen hier, genau wie heute Morgen: »Meine Seele dürstet alle Zeit nach Gott«, wiederholen wir schier endlos, aber hin und wieder sollte man sicher auch mal an Leber und Magen denken. Unser Pfarrer kommt aus den USA. Tapfer kämpft er sich durch Texte, die er anscheinend kaum selber versteht. Um nicht zu viele Fehler zu begehen, hat er sich deshalb dafür entschieden, sehr langsam zu predigen. Seine Stimme klingt wie eine auf 33 Umdrehungen abgespielte Single.

Weil sich der Mann auch jeder Metrik verweigert, erwäge ich, bis zum nächsten Song ein wenig wegzudämmern. Aber der Text enthält diverse Fußangeln, die einen Amerikaner unbedingt zum Stolpern bringen. Das Wortpaar »physisch« und »psychisch« etwa will einfach nicht über seine Lippen. Beim dritten Anlauf, so mein Eindruck, schwingt sogar eine Portion Wut mit. Beruhigend, dass er die folgende Hürde namens »Nächstenliebe« souverän nimmt.

Viel stärker noch als heute Morgen empfinde ich das ständige Aufstehen und Hinknien als Plage. Abgesehen davon, dass mir die Regeln längst entfallen sind und ich mich ständig nach den anderen umsehen muss, fühle ich mich zu diesen Übungen einfach nicht mehr in der Lage. Die Oma neben mir macht auf fußkrank. Immer wenn ich mich stöhnend erhebe, greift sie sich demonstrativ an den knochigen Oberschenkel. Die faule Schnecke.

Endgültig vorbei mit meiner Ruhe ist es, als es an die Kollekte geht. Früher konnte man in den Körbchen schon mal nur ein bisschen rascheln, bevor man sie weitergab. Hier jedoch schwenkt ein bärtiger, entschlossen dreinblickender Messdiener einen langen Holzknüppel durch die Reihen und hält uns den daran befestigten Beutel vor die Brust. Ich fühle mich bedrängt – wie damals. Meine eigene Karriere als Messdiener endete an einem Sonntagmorgen, auf meiner ersten Beerdigung. Pastor L. war zugleich unser Religionslehrer, vermutlich gehöre ich zur vorerst letzten Generation von Deutschen, die montags in der Schule ein sauberes Stofftaschentuch vorzuzeigen hatte. Und der andernfalls ein schmerzhaftes Ziehen und Pitschen des Ohrläppchens drohte. Während Pfarrer L. an jenem Tag nette Dinge über den Verstorbenen erzählt, knie ich rechts vor dem Altar. Routiniert spule ich mein Programm ab, mache meine Diener, läute die Glöckchen und blättere im vor mir liegenden Gesangbuch das jeweils nächste Lied auf. Als es jedoch zu dem Punkt kommt, da die Kollekte ansteht, drehe ich mich um – und sehe in 100 verheulte Gesichter. Diese Leute haben gerade einen geliebten Menschen verloren, sage ich mir, ihren Ehemann, Vater, Bruder, Onkel, was weiß ich. Und denen soll ich jetzt auch noch Geld abknöpfen? Das kann Gott unmöglich wollen!

Das geflochtene Körbchen liegt mir bereits in der Hand. Aber ich bleibe, wo ich bin, wie angewurzelt. Der Pfarrer sieht mich aus den Augenwinkeln irritiert an, fährt dann jedoch mit der Liturgie fort. Erst später, der Tote ist unter der Erde, die Trauernden sind fort und wir zurück in der Sakristei, bricht die Hölle los. Pastor L. staucht mich nach Strich und Faden zusammen, Tenor: Bei keiner Messe nehme er so viel Geld ein wie auf Beerdigungen.

Das mag sein, sagte ich mir anschließend. Aber fortan lieber ohne mich.

Agnes Blannbekin, die einst die Vorhaut Christi auf der Zunge spürte, versuchte angeblich, jeden Tag an so vielen Messen wie möglich teilzunehmen. Inzwischen weiß ich, was sie sich da zumutete. Der Pilgertag geht nicht nur in die Knochen, sondern schlägt auch aufs Gemüt. Wer den ganzen Tag Gekreuzigte sieht, verändert sich. Als ich vorhin zwischen den Gartenzwergen Max und Moritz entdeckte, war mein erster Gedanke: Die werden am Ende zu Mehl zerrieben, da kann man Oblaten draus backen. Wenn ich nicht aufpasse, sammle ich morgen Philistervorhäute.

»Gebt euch ein Zeichen des Friedens«, sagt der Amerikaner.

»Friede sei mit dir«, sagt die Oma und reicht mir die Hand. Die Art, wie sie mich dabei anblickt, gibt mir für einen Moment neue Kraft.

»Gehet hin in Frieden«, sagt der Pfarrer.

Ein verschütteter Bereich meines Hirns erwacht zum Leben und sagt: Das ist das Ende. Mit diesem Satz bin ich entlassen!

Aber da fällt mein Blick auf die Kerze neben mir. Vor der Messe habe ich sie für einen Euro von einem fliegenden Händler erstanden. Mit einem Papierhäubchen als Windschutz, denn hier schließt sich jetzt noch eine Lichterprozession an.

Völlig vergessen, oh Gott. Wie betäubt schwanke ich aus der Bank, die beinkranke Alte enteilt mir. In Gedanken male ich an einem Votivbildchen für die Gnadenkapelle: Liebe Jungfrau Maria, sei bitte nicht sauer, aber ich steige jetzt aus. Am siebten Tage sollst du ruhen, sprach der Herr. Ich fühle mich längst wie am 17.

Mit dem Schöpfungsmythos im Kopf entwische ich dem Pulk der Prozessierer, blase die Kerze aus, ziehe das Windhütchen ab. Es ist ein befreiendes Gefühl, dieses Stück Papier zu zerknüllen. Ich knülle und knülle, ich zerbreche die Kerze und lache dazu wie übergeschnappt. Nie zuvor habe ich das Bestellen eines Schnitzels als einen so hochreligiösen, heiligen Akt empfunden. Mit einem Glas Bier in der Hand verfolge ich den Zug zur Kapelle, den ein aufkommendes Gewitter in dramatisches Licht taucht. Überscharf heben sich die Kirchturmspitzen gegen den Himmel ab, auch die Gesänge der Betenden klingen klarer, modulierter als im Sonnenschein. Das ist jetzt nicht das Jerusalem-, sondern das Altötting-Panorama. Regen setzt ein, binnen Kurzem entwickelt sich ein wildes Gewitter mit Donner und Blitz.

Jetzt ist auch mal gut, sagt Gott, geht nach Hause.

Und das tun sie. Rollatoren knirschen über den Kies, wer kann, nimmt Reißaus. Nach wenigen Minuten ist der Platz praktisch leer. Vor dem dritten Humpen schlage ich den Kragen hoch und kämpfe mich durch das Unwetter ein letztes Mal in die heilige Kapelle. Drei junge Priester knien im Oktogon, dermaßen versunken, dass sie von dem Weltuntergang da draußen gar nichts mitbekommen haben. In einer der Wandnischen schläft eine kleine Asiatin. Die Schwarze Madonna hat ihr feinstes Kleid angezogen, um sie herum scharen sich gefallene Engel, darbende Putten und verwaiste Gartenzwerge. Als sie kurz den Kopf hebt, kniept sie mir zu.

Die Ballade von Ina und Fiorenzo

Miltenberg

Ina sagt zum Beispiel: »Fiorenzo« (sie beginnt jeden an ihn gerichteten Satz mit seinem Namen und adelt ihn dadurch), »Fiorenzo, ich habe dir sooo viel Spinat gekauft.« Und dabei breitet Ina ihre Arme aus, die in einer für diese Kneipe völlig unangemessenen weißen Rüschenbluse stecken.

»In Spinat muss Muskatnuss«, nimmt Fiorenzo sogleich den Faden auf. Die nächsten 20 Minuten, bis er wieder rausmuss, eine rauchen, kommt dann niemand mehr dazwischen. Fiorenzo doziert in seinem unterfränkisch-italienischen Kauderwelsch über Spinat und Muskatnuss, über die Liebe zum Detail und Gott und die Welt. Dass man ihn versteht, also: wörtlich, ist unwahrscheinlich. Aber Ina versteht ihn, und darauf kommt es an.

*

Auf dem Weg von Altötting ins unterfränkische Miltenberg werde ich einer Fahrgastbefragung der Deutschen Bahn unterzogen. »Wo sind Sie eingestiegen?«, fragt mich der Mann.

»In Aschaffenburg, Sie standen doch neben mir.«

Ich weiß sogar noch, dass er aus seiner Tupperdose ein

Brot mit gescheibtem Ei zog. Dem Geruch nach mit jener Remoulade bestrichen, die ihm noch erkennbar im Schnäuzer hängt.

Außerdem möchte er wissen, ob ich allein reise.

Ich sitze in dieser Viererfnische so einsam wie Robinson bis Donnerstag auf seiner Insel. Aber der Mann stiert dermaßen intensiv auf seinen Block, dass ihm selbst eine Handvoll nackter Frauen nicht auffallen würde.

»Ja«, sage ich.

Aber die Antwort erreicht ihn nicht wirklich: »Und fährt noch jemand auf Ihrer Karte mit?«

Auf der Bank nebenan sitzt eine sehr alte Frau. Wie sich schnell herausstellt, ist sie mindestens schwerhörig, wenn nicht sogar ein wenig dement. Die Frage nach dem Alleinreisen etwa beantwortet sie mit einem »Weiß ich nicht«, das der Erhebungsbogen so nicht vorsieht. Während der Mann bisher keine Miene verzogen hat, wirkt er nun leicht gereizt. Und ganz am Ende gönnt er sich sogar einen Tritt vors Schienbein:

»Ist es noch weit?«, fragt die Frau.

»Das kommt ganz darauf an, wo Sie hinwollen.«

Ein so wahrer wie weiser Satz, der mich an meinen Kumpel Mätthi erinnert. »Wie lange braucht man von Fliessem nach Erdorf?«, wurde er einst von zwei Wandertouristen gefragt.

»Wenn ihr stramm geht, 'ne Stunde«, antwortete Mätthi. »Sonst weniger.«

*

Der *Miltenberger Riese* ist eines von vier Wirtshäusern, das für sich in Anspruch nimmt, Deutschlands ältestes zu sein. Grund genug, dort einmal aufzuschlagen. Hier am Main beruft man sich in diesem Zusammenhang auf eine Urkunde von 1411. Seitdem war offenbar einiges los. So wurden im 17. Jahrhundert zwei aufeinanderfolgende Riesenwirte der Hexerei angeklagt und verbrannt. Wahrscheinlich lief der Laden zu gut. Bis heute rühmt man sich der zahlreichen Prominenten, die hier abstiegen, dinierten und nächtigten. Der Stolz ist durchaus berechtigt, immerhin gehören angeblich Kaiser Barbarossa und Martin Luther, gesichert Richard Strauss, Hans Albers und Elvis Presley in diese Reihe. Wären sie 1948 hier aufgelaufen, hätten sie ihre eigenen Erdknollen mitbringen müssen: »Kartoffelbeilagen nur gegen Abgabe von Rohkartoffeln«, besagt eine historische Speisekarte. Damit konnte man dann das »Schnitzel mit jungen Erbsen« für 1 Mark 20 aufpeppen.

Äußerlich ist der *Riese* ein imposantes Bauwerk aus Stein, Schindeln und Fachwerk. Die 100 Eichenstämme, die Jost Virnhaber 1589 vom Rat bewilligt wurden, sind noch heute verbaut. Wer vom ersten Stock das enge Treppenhaus hinabsteigt, stößt sich womöglich den Kopf an einem von ihnen. Im Rahmen der Bauernkriege soll 1525 auch Götz »mit der eisernen Faust« von Berlichingen im *Riesen* abgestiegen sein. Passend zu dieser Goethe-Figur heißt das Bier, das man hier ausschenkt, Faust-Pils. Die lokale Brauerei gleichen Namens hat den Laden 1999 übernommen und renoviert, liest man. Ich weiß nicht, wie es hier vorher aussah. Aber wandernde Biertrinker haben im *Riesen* inzwischen keine Chance mehr. Statt eines rustikalen, sich seiner Geschichte stellenden Brauhauses betritt man ein schniekes Restaurant mit zugestellter Theke. Rotbart, Götz und Elvis kommen heutzutage mit dem Reisebus.

Passend dazu preist eine ausliegende Broschüre eine

neue, »angenehm moussierende« Bierkreation namens »Brauerreserve 1237« an. Der Sud wird mit Weinhefe vergoren und als »rotbraun« und »opalisierend« beschrieben, während der Schaum »cremefarben« daherkomme. Man schmecke »fruchtige Aromen von Himbeere, Melone, Pflaume sowie eine Nuance Bourbon« heraus. Den »komplex weichen Körper« zierten zudem »Noten von Sherry und Erdbeere«, während dem »austarierten Säure-Süß-Gleichgewicht« im Abgang ein »rundes Barrique-Aroma« folge. Weil ich hier jedoch ein paar dezente Noten Aloe vera, Fliegenpilz und Senfgurke vermisse, entscheide ich mich erst mal für ein ordinäres Helles. Danach mache ich mich auf zum Stadtrundgang, der mir zugleich eine anständige Kneipe für den Abend bescheren soll.

Der empfohlene Erkundungsweg durch Miltenberg besteht aus 28 Stationen, deren Abfolge jedoch nicht so recht nachvollziehbar ist. Obwohl es sich um keinen Rundweg handelt, liegt die 28 direkt neben der 1. Punkt 26 wiederum findet man vier Kilometer entfernt vom Start und die 27 etwa auf halber Strecke. Mit so einem Durcheinander kann ich sehr schlecht umgehen, da lobe ich mir doch meine Altöttinger. Schrecklich auch, dass meine Pension der 25 am nächsten liegt. Man steigt nicht in die Mitte eines Films ein und sieht sich danach den Anfang an.

Es sei denn, man hat keine andere Wahl.

Der Main trennt in Miltenberg Odenwald und Spessart voneinander. Hier verliefen der römische Limes und eine mittelalterliche Stadtmauer, von der noch einige Teilstücke erhalten sind. Der Zuckmantelturm zum Beispiel, dessen Besucherbänke von der Frauenunion Miltenberg gestiftet wurden. Dieser Punkt 26 ist zwar erst mein zweiter, aber ich setze mich einmal probeweise hin. Die Unionsfrauen, stelle ich fest, haben sich für einen angenehmen Sitz-Lehne-Winkel entschieden. Hier fühlen sich sicherlich auch jene Bewohner des nahen Caritas-Altenzentrums wohl, die es noch bis hierhin schaffen. Der Brennofen in ihrem Foyer ist antiken Ursprungs und Nummer drei der Reise. Irgendwer hat zwei Sommerhüte in diesem Schacht versenkt, einen männlichen und einen weiblichen.

Sehr idyllisch, direkt jenseits der Stadtmauer, liegt der Jüdische Friedhof. Über dem Steilhang, unter hohen Bäumen, verwittern die alten Steine, belebt vom Gezwitscher der Amseln und Rotkehlchen. Weiter unten, zurück Richtung Zentrum, bringt mich ein besonders ungelenker Wandspruch zum Anhalten: »St. Florian/ Schütz Haus und Hof und sorg zumal/ wenn gelöscht das Flammenmeer/ man nicht vergisst der Feuerwehr.« Reim dich, oder ich schlag dich. Notfalls tot.

Wieder auf der Hauptstraße gelange ich zum Haus der Bäckerei König – 400 Jahre Handwerk, hier wurden 1884 zur Eröffnung der neuen Volksschule erstmals zwei große Christstollen hergestellt, die »allgemeine Bewunderung fanden«. Vor dem *Riesen* steht noch immer dieser völlig verlorene Straßenkünstler, der auf lebende Statue macht. Das ist ein verdammt harter Job, den ich um keinen Preis der Welt ausüben würde. Anderswo werden diese Leute angefeixt, gehänselt und gekitzelt, um eine Regung herauszufordern. Aber in Miltenberg scheint sich ganz und gar niemand für diesen als Rübezahl verkleideten Gesellen zu interessieren. Kein einziger Cent fällt in sein schäbiges Körbchen vor dem kleinen Podest, aber dafür hat er nun schon drei Mal unübersehbar gewackelt. Dem werde ich auch nichts geben.

Dabei müsste der Mann hier eigentlich ein gutes Geschäft machen, ist er doch in Miltenberg – zumindest heute – völlig konkurrenzlos. Genauso wie der Bettler. Der sitzt allerdings weiter gen Marktplatz, dort, wo es eng wird in der Fußgängerzone. Je länger ich ihn beobachte, desto sicherer bin ich mir, dass da im Gegensatz zur Statue ein echter Profi antritt. Der so geschickt verlotterte wie wohlgenährte Kerl lässt keine Flöhe hüpfen, dilettiert nicht auf irgendeinem Instrument und verkauft auch keine Obdachlosenzeitung. Er sitzt einfach nur da, ein Bettler vom ganz alten Schlag. Sein Schild mit dem Schnorrerspruch leuchtet grellgelber als alle Anorak- und Sonderangebotsalarmfarben um ihn herum. Anstatt sich die Pappe um den Hals zu hängen, hält er sie immer mit einer Hand fest – ich bin Handwerker, ich tue etwas für mein Geld, signalisiert das. Teutonische Akribie auch beim Anstecken der Kippe: Ganz kurz nur legt er das Schild in den Schoß. Und noch bevor das Nikotin seine Lunge erreicht, weiß auch schon wieder jeder: »Ich bin 62 Jahre alt und ...«

Ich streune durch die Stadt, weiter gen Westen. Immer stärker verjüngt sich der Streifen zwischen dem Greinberg und dem Main, am Ortsausgang wird noch genau ein Gebäude rechts und links des Wegs Platz finden. Am Markt steht die Jakobuskirche, die 2006 überregional bekannt wurde. Pfarrer Boom verhinderte damals durch 20-minütiges Läuten der Glocken eine Kundgebung der NPD-Jugend. Direkt nebenan wurde 1756 der Komponist Joseph Martin Kraus geboren. Nicht nur Haydn verehrte den »Mozart vom Odenwald«. Später wurden hier Teile der 50er-Jahre-Schmonzette »Das Wirtshaus im Spessart« gedreht. Wolfgang Neuss spielt darin den Räuber Knoll, mit dem hätte ich gern mal im alten *Riesen* gebechert.

Was den touristischen Stadtrundgang betrifft, habe ich die Orientierung inzwischen gänzlich verloren. Wie man zwischen Sehenswürdigkeit 13 und 15 die auf einem Felssporn über den Wolken gelegene Mildenburg erreicht, weiß nur der Himmel. Dafür lerne ich die Miltenberger Geschäftszeile kennen. Im hiesigen Schmuckladen bekommt man echte Meteoriten. Weiter hinten entlässt die Parfümerie-Chefin eine Kundin auf die Straße. Durch die geöffnete Tür wabert eine wohlriechende Schwade. Neben mir stoppt ein hochgepimpter Jungmännerwagen. Ich höre genau, dass aus seinen Boxen irgendein seifiger Synthie-Pop eitert. Aber dann fummelt er an seinen Armaturen und schaltet auf Trash Metal um. Während er auf ein Haus zugeht und die Klingel drückt, lässt er die Tür seiner Karosse offen stehen.

Noch immer suche ich zwischen all diesen Eiscafés, Restaurants und Vinotheken nach einer anständigen Kneipe. Im Türkenimbiss sitzen zwei Deutsche vor ihrem Döner und besingen die Wirtin: »Fatma, oh Fatma, ich liebe dich/ du bist die Schönste der Welt für mich.« Auf allen großen Plakatwänden wirbt eine Spielhalle um neue Kunden. Als ich sie passiere, stehen drei finster dreinblickende Proleten in Trainingsanzügen davor. Die spielen ihr Spielchen, ganz ohne Automaten, nicken cool, streichen sich über die Bartstoppeln und die Tattoos auf den unauffällig angespannten Oberarmen. An der viel befahrenen Uferstraße ist vom Miltenberger Mittelaltermärchenland nicht mehr viel übrig. Und genau deshalb werde ich hier wohl auch fündig. Das *Malibu* hat zwar noch geschlossen, gewährt aber Einblick. Da zieht sich eine richtige Theke durch den Raum, mit Hockern und Fußring. Ihr gegenüber stehen ein paar Tische, links an der Wand zwei, drei Spielautomaten. Der Glaskasten neben der Tür erzählt von einer Besitzerin namens Ina und verheißt elysische Öffnungszeiten: täglich von 17 bis 5 Uhr. Das sollte reichen.

Manchmal muss ich um Anschluss kämpfen, wenn ich nicht einen Abend ganz allein verbringen will. Meistens bereite ich mich schon im Hotel darauf vor, möglichst schnell anzugreifen. Denn wer erst einmal eine halbe Stunde nichts sagt, über den wird danach hinweggeredet. Der ist wahlweise unsichtbar oder ein Eisberg. Auch beim Kontaktmachen ist alles von der Tagesform abhängig, das heißt, die Sache kann unter Umständen schwer in die Hose gehen. Den richtigen Moment abzupassen und dann auch den richtigen Spruch zu bringen, ist eine Frage des Gefühls, des Stils und der Routine. Ein Hauch zu defensiv, und alle halten dich für eine graue Maus respektive arme Sau. Ein Touch too much, und du wirkst ranschmeißerisch. In beiden Fällen ist der Abend für dich gelaufen.

Manchmal hapert es auch einfach am Menschlichen. An den charakterlichen, biografischen, thematischen Überschneidungen – an der Chemie, wie man heutzutage gern sagt. Du siehst dein Gegenüber an und weißt im Grunde vom ersten Moment an, dass das nichts wird mit euch beiden. Wie zum Beispiel bei diesem streberhaft aussehenden Kellner in Berlin.

»Hier hängt ja echt viel netter Krempel rum«, sagte ich mit Blick auf all den netten Krempel um mich herum. Aber der Typ antwortete nur: »Krempel?«

Und dann sagte er bis zum Bezahlen gar nichts mehr.

Zugegeben, man kann eine angestrebte Freundschaft besser einleiten. Aber eine zweite Chance hätte er mir schon geben können.

Miltenberg ist nicht Berlin, im *Malibu* bin ich im Gespräch, bevor das erste Bier vor mir steht. Rechts von mir sitzen zwei mittelalte Jungs am Tresen. Nennen wir sie Thomas und Michael, das könnte hinkommen. Kaum hat Thomas erfahren, dass ich aus Köln bin, singt er mir schon ein Lied von den *Bläck Fööss* vor: das von »Kathrin«, der angebeteten Schnellimbissschönheit.

Ähnliches ist mir schon häufiger widerfahren. Würde man einen Hamburger mit einem Lied von Freddy Quinn oder den *Goldenen Zitronen* begrüßen? Sicher nicht. Aber den Kölner identifiziert man sofort mit seiner heimatlichen Musik. Gib der Knollennase was zu schunkeln, und sie versorgt dich mit Bier.

Über Julian Berg, den Lokalmatador aus dem Odenwald, landen wir bald bei Joy Fleming, deren Karl noch immer über die »Mannemer Brick« flieht. Menne geht in den Puff, sich amüsieren, »iwwer die Brick«, und wenn er Hunger hat, kommt er wieder »zrick«. Oder so ähnlich.

Auch die restliche Theke ist bald dicht belegt. Das *Malibu*, erklärt mir Michael, sei einzigartig in Miltenberg. Weil es hier praktisch keine anderen Kneipen gibt, fügt er an. Das war mir auch schon aufgefallen. Der Schlüssel zum Erfolg, sagt Michael, seien die Öffnungszeiten. »In Miltenberg weiß jeder: Wenn biermäßig gar nichts mehr geht – im *Malibu* kriegst du noch was.« Auf *CCR* folgt »Ballroom Blitz« von *Sweet*, dann »Far far away« von *Slade*, wir stecken tief in den 1970ern.

Vielleicht kenne ich Thomas und Michael aus einem früheren Leben. Jedenfalls kommt es mir im Moment so vor, als hätte ich mindestens die letzten 20 Jahre mit ihnen an dieser Theke verbracht. Außerdem wirkt im *Malibu* das Bier schneller als anderswo. Nach dem dritten Fläschchen startet Michael einen recht umständlichen Vortrag über Alkoholtests, Blutwerte und Versicherungssummen in Norwegen, von dem ich nur das Resümee verstehe: »Pils ist gut für die Leber, aber Export besser für die Nieren.«

Auch Thomas konnte seinem Kumpel nicht auf ganzer Linie folgen, anders ist seine Replik nicht zu erklären: »Dafür hatte ich einen Griechen auf Arbeit, dem war in der Sonne zu heiß und im Schatten zu kalt. Deshalb wird aus denen auch nix.«

Michael führt tagsüber einen Souvenirladen, möglicherweise mit einem Schwerpunkt auf skandinavischen Meteoriten. Thomas hat 24 Jahre lang einen Baumarkt geleitet, bevor er schwer krank wurde. Als er sich wieder fit genug fühlte, bestellte man ihn in die Zentrale, wo er einem 30-jährigen BWLer gegenübersaß. Der ihn feuerte.

Jenseits der Heimwerkerwelt ist er ein Fachmann für exotische Drinks, Thomas schwört auf Red Bull mit Mariacron. Das sei das beste Getränk überhaupt, da gehe nichts drüber. Ich leugne dies, weil mich schon der Geruch von Red Bull auf den nächsten Berg treibt. Aber bei diesem Thema bleibt Thomas hartnäckiger als in jedem Verkaufsgespräch. »Versprich mir, dass du das demnächst mal probierst!«

Ich verspreche es ihm, kreuze jedoch vorsichtshalber heimlich die Finger.

Inzwischen sind zwei restlos betrunkene Holländer und ein Schwung junger Russinnen eingetroffen. Die Holländer hauen sich in eine Ecke am Fenster, die Russinnen tanzen. »Robert de Niro's waiting«, singen *Bananarama*. Ein kleiner, runzeliger Italiener gesellt sich zu mir. Fiorenzo lebt seit unvordenklichen Zeiten in Miltenberg, spricht aber kaum besser Deutsch als sein Landsmann Trapattoni. Er besitzt über 4000 Musikkassetten, sagt er, die Sammlung sei alphabetisch geordnet.

»Wo sortierst du Mixtapes ein?«, frage ich, weil das ein Problem ist, das mich auch einst umtrieb.

»Am Ende«, sagt Fiorenzo, als sei das die selbstverständlichste Sache der Welt.

Fiorenzo hat als Koch gearbeitet, ist aber auch ausgebildeter Sommelier. Seine letzten Zähne wachsen mit jeweils sehr individuellem Winkel aus den Kiefern. Die flinken Augen korrelieren mit den ständig arbeitenden Händen. Er trinkt, redet und raucht, jeweils was das Zeug hält. Spricht er über Essenszubereitung, bekommt sein freundlich-faltiges Gesicht einen überaus ernsthaften Einschlag. Und wenn seine Finger beschreiben, wie dies oder jenes schmeckt, möchte man es sofort auf dem Teller haben.

»Besonders lecker sind seine Soßen«, sagt Ina.

Das *Malibu* trägt diesen Namen erst, seit sie den Laden vor einigen Jahren übernommen hat. Malibu steht als Drink im Regal – ein Rum-Zucker-Kokosnusslikör mit verheerender Wirkung. An die kalifornische Surfer- und Beachcity erinnert außerdem eine recht amateurhafte Wandmalerei, in der Sonne, Sand, Wellen und Palmen eine Rolle spielen. Wie eine hübsche, kaum 30-jährige Armenierin dazu kommt, ihr Glück mit einer Spelunke im unterfränkischen Miltenberg zu suchen, steht auf einem Blatt, das ich nicht kenne. Aber was Ina sich unter Glück vorstellt, erzählt sie gern: Malibu, sagt sie, ist ihr Traumziel. Da möchte sie irgendwann im Leben einmal hin.

Vorerst jedoch sitzt sie jeden Morgen bis fünf hinter der Theke ihrer Kneipe und trinkt parallel Cola und Kaffee. Im Akkord und literweise. Viel Zeit für Schlaf bleibt ihr ohnehin nicht, neben dem *Malibu* betreibt sie noch ein Ausflugslokal auf der anderen Mainseite. Fiorenzo hilft ihr dort in der Küche. Wenn sein Bier leer ist, stellt Ina ihm ein neues hin. »Isse alles keine Problem«, sagt Fiorenzo, als Ina sich einem neuen Gast zuwendet.

Und dann erzählt er mir von Malibu. Fiorenzo kennt dort jedes Haus und jeden prominenten Einwohner. Er weiß, wie die Berge hinter der lang gestreckten Ortschaft heißen und dass die Lage zwischen Wasser und Anhöhen ein wenig an Miltenberg erinnert. Detaillierter als er kann niemand die verschiedenen Wege beschreiben, auf denen man von Miltenberg nach Malibu gelangt (»Du musst immer zuerst nach Aschaffenburg, damit fängt alles an ...«).

Ob er Ina je von seinen Recherchen erzählt hat, erschließt sich mir nicht. Aber systematischer könnte man an die Sache kaum herangehen. Fiorenzo kennt die Flugzeiten und -preise zwischen Frankfurt und Los Angeles, er weiß, wie die Reise von dort aus weitergeht und wo man in Malibu wohnen kann. Wenn er mir erzählte, bei Old John am Cliffside Drive kostet der Liter Milch zwei Cent weniger als im Wal-Mart, würde ich ihm das sofort glauben. Im Grunde bräuchte Ina sich nur bei ihm einzuhaken, Fiorenzo würde das Kind schon schaukeln. Über Aschaffenburg nach Malibu.

Zwischendurch kommt mir der Gedanke, der kleine Kerl sauge sich das alles nur aus den Fingern. Aber das ist gemein, vielleicht spielt es sogar gar keine Rolle. Denn weitaus spannender ist es, diese seltsame, anrührende armenisch-italienische Symbiose zu beobachten, die sich da entwickelt hat.

»Fiorenzo«, sagt Ina, »morgen müssen wir eine neue Wochenkarte anlegen.«

»Ja«, sagt Fiorenzo und hebt die zur Tulpe geschlossenen Finger.

Ina reicht neues Bier über die Theke, die Deckel werden hier auf der Unterseite beschriftet. Dann füllt sie ihre Kaffeetasse nach und zieht Gläser aus der Spüle. In ihrem dichten Haar steckt eine übergroße Sonnenbrille mit weiß glänzendem Kunststoffrahmen. Sie hat einen Traum, ist aber keine Träumerin. Ihre Pappenheimer im *Malibu* hat sie fest im Griff. Eine natürliche Autorität geht von ihr aus, in der Charme und Distanz sich exakt die Waage halten. Bis in die frühe Neuzeit hinein waren Wirte traditionell weiblich. Sogar der allererste Kneipier der Literaturgeschichte war eine Frau. Im über 4000 Jahre alten Gilgamesch-Epos rät Gastronomin Siduri dem Protagonisten: »Fülle deinen Magen und erquicke dich (...), tanze und spiele bei Tag und bei Nacht (...). Nur das ist die Bestimmung des Menschen.«

Klingt zwar ein bisschen anstrengend, aber werbestrategisch hatte Siduri es offenbar faustdick hinter den Ohren. Wobei man sofort hinzufügen muss, dass Frauen wie Siduri und Ina noch einige andere Rollen ausfüllen, allen voran die der Ersatzmutter. Hinter von Bierdunst und Tabaksqualm verdunkelten Butzenscheiben fügen sich Männer dem Diktat ihrer Wirtsfrau und schütten ihr Herz aus. Jenseits der Kneipentür jedoch endet der soziale Einfluss der Wirtinnen, dort wurden sie einst gar an den Rand gedrängt. Freien Athenern etwa war es verboten, Wirtinnen zu heiraten.

Im *Malibu* schmeißt die Chefin eine Runde Obstler, die nicht ihre letzte bleiben wird. Fiorenzo redet wie ein Wasserfall auf mich ein, im Moment geht es wohl um historische Hi-Fi-Anlagen. Ich nicke, schüttele den Kopf, grinse und verziehe kritisch den Mund – offenbar immer an den richtigen Stellen. Drei sehr lebhafte Frauen drängeln sich zum Bestellen zwischen uns. Die Mädels von Miltenberg spachteln sich Kajal unter die Augen wie die Maurer Putz auf die Wand. Eine der drei balanciert zudem einen riesigen Dutt auf dem Kopf. »Bist du vom Mittelmeer?«, fragt sie. Jedenfalls verstehe ich sie so. Aus den Boxen schmalzt Lobo zum wiederholten Mal sein »I'd love you to want me«.

»Nein, aus Köln«, sage ich. »Bist du denn vom Mittelmeer?«

»Nein«, sagt sie, »aus Miltenberg.« – Hoch lebe die Vokalharmonie!

Längst ist die Sonne untergegangen, die Palmen und Dünen von Malibu wiegen sich im Geflacker der Deckenleuchten. Chris Norman singt von den »Wild Angels«: »And when you're bitten by the truth/ You blame it on your mis-spent youth.« Fiorenzo hat zwei Scheidungen hinter sich und es danach bleiben lassen mit den Frauen. Ina kredenzt ihm Bier, Fiorenzo zaubert Soßen. Und beide verlieren kein Wort darüber.

Gegen halb drei habe ich das sichere Gefühl, nach all dem Schnaps gegen sämtliche Krankheiten der Welt immun zu sein. Auf dem Weg zur Pension notiere ich mir einige hochphilosophische Gedanken. Der einzig leserliche ist am nächsten Morgen dieser hier: »Wer die Vorfreude aufs Bett steigern will, sollte sich auf einen kleinen Spaziergang begeben, gefolgt von ein paar Stunden in der Kneipe.«

*

Getreu meinem nächtlichen Notat mache ich mich gegen Mittag auf den Weg. Wie so oft geht es aus der Stadt heraus brutal bergauf, mein nächstes Sabbatical verbringe ich in Holland. Nach 25 Minuten stehe ich am Ottostein auf halber Höhe des Greinbergs. Eine Viertelstunde später begegnet mir der erste Mensch, ein verrückter Mountainbiker, der diese höllische Steigung auf Pedalen angeht. Gegen zwei schließlich stehe ich an der Fundstelle des Toutonensteins, so benannt nach einem Stamm, der »nichts mit den Teutonen« zu tun hat. Wo heute Waldesruh west, haben die Kelten einst zwei große Ringwälle aufgeschüttet, hinter denen unter anderem Steine geschlagen wurden. Die Archäologen sind sich einig, dass hier ein durchaus geschickter Steinbrecher agierte. Der Steinmetz jedoch, der nach ihm am Zug war, sei eine echte Pfeife gewesen. Bearbeitung und Formgefühl, so die Wissenschaftler, unterschritten jeden antiken Standard. Hinzu kommt, dass dieser talentfreie Kerl seine Arbeit nicht einmal abschloss. Fertiggestellt wurden lediglich die ersten beiden Worte sowie die Anfangsbuchstaben der vier weiteren Zeilen. Bis heute konnte niemand entschlüsseln, was hier einst geplant war:

INTER
TOVTONOS
C
A
H
I

Ich setze mich also eine Weile hin und denke nach. Aber auch mir will keine Lösung einfallen, zumal ich praktisch gar kein Latein kann. Aber es ist immer spannend zu spekulieren, warum solch ein Werk nicht vollendet wurde. Naheliegend ist die Überlegung, der Auftraggeber sei nicht zufrieden gewesen. Schlunzende Handwerker, das kennt man bis heute. Wer würde einen Grabstein akzeptieren, auf dem krumm und schief »oMah« steht?

Aber vielleicht wurde er auch getötet, der Steinmetz, und hat Hammer und Meißel gar nicht freiwillig aus der Hand gelegt. War gerade im Begriff, Christus Adelt Herrn Imgrund zu stemmen, da meuchelten ihn rücklings zwei toutonische Schurken, um sich mit seinen paar schäbigen Talern im *Malibu* einen auf die Lampe zu gießen.

Aber wahrscheinlich geht da meine Fantasie mit mir

durch, es kursieren auch weitaus schnödere Erklärungen. Manche Experten halten das Monument schlicht für eine Fälschung des 11. Jahrhunderts.

Der Abstieg vom Greinberg führt mich zum Grab der »Freiwilligen Sachsen«. Ich bin also von der Mildenburg (Nummer 14 des touristischen Stadtrundgangs) geradewegs bei Nummer 4 gelandet und verbuche das als Erfolg. Der Abbau des Miltenberger Buntsandsteins hat hier eine nackte Steilwand hinterlassen, in die eine Inschrift gemeißelt wurde. Sie erzählt von jenem ostdeutschen Korps, das im Frühjahr 1813 zur Verteidigung der Heimat gegen Napoleon eilte. Die 62 schwer bewaffneten Soldaten des Jägerregiments »Banner der freiwilligen Sachsen« überlasteten jedoch den Kahn, mit dem sie über den Main setzen wollten. Das Schiff kenterte, alle Krieger sowie die drei Miltenberger Fährleute ertranken. Mit dem kleinen Korsen war es auch ohne ihre Hilfe bald vorbei.

Zurück in der Stadt, studiere ich die Veranstaltungstipps. Miltenberg mit seinen kaum 10 000 Einwohnern offeriert Einheimischen und Fremden nicht nur eine Late-Night-Kneipe, sondern mit dem *Beavers* auch einen Live-Musik-Schuppen. Und heute Abend, so die Ankündigung, spielt dort ein Ire irische Lieder. Und das Beste von Neil Young, Johnny Cash, Bob Dylan und Co. Da muss ich natürlich hin, sosehr es mich auch ins *Malibu* zieht.

Leider ist dann mein erstes *Beavers*-Bier so warm wie fad. Auch hier wurde irgendwann die Zapfleitung gekappt, stattdessen füllt man die Gläser aus Flaschen auf. Um die komplette Palette von 0,3- über 0,4- bis zu Halblitergläsern zu bedienen, stehen immer mehrere geöffnete Pullen auf der Theke. Es wird umgefüllt und gepanscht. So generiert man zwar Schaum, aber das Bier ist so tot wie die tapferen Sachsen. Also bleibt mir nur, all meinen Mut zusammenzunehmen und mir ein Wasser zu bestellen.

Jenseits des Biers ist es sehr schön hier. Alle Wände sind bis zur Decke mit Plattencovern und Musikzeitschriften ausgeschlagen, eine Gnadenkapelle der Popkultur. Gary, der keltische Alleinunterhalter, beackert statt eines Weihesteins eine Gitarre. Den Soundcheck hat er in Rekordzeit absolviert. G-Dur, a-Moll, schön laut? – Passt! Danach setzt er sich an einen der hinteren Tische, bekommt ein großes Bier vorgesetzt und haut einen riesigen Teller Braten mit Kartoffelpüree weg. Nach diesem Menü bekäme ich keinen Ton mehr heraus, geschweige denn könnte ich ein letztlich fast vierstündiges Konzert durchstehen. Aber Iren haben offensichtlich weder empfindliche Mägen noch Nerven. Die Plautze prall gefüllt, entert Gary die Bühne und beginnt sein erstes Set mit dem »Irish Rover«.

Im Programmheft des Klubs lese ich, dass man den Gästen hier extrem weit entgegenkommt. Wem ein Konzert innerhalb der ersten drei Songs nicht gefällt, dem wird das Eintrittsgeld vollumfänglich erstattet. Der Servicegedanke leuchtet mir ein, aber andererseits: Wie fühlt man sich wohl als Künstler, wenn der Veranstalter irgendeinem Arsch da unten die Kohle zurückzahlt?

Gary wird in der Vorschau als »Stimmungsmacher« angepriesen. Luke hingegen, der hier nächste Woche am Start ist, »erwarb sich seinen Starstatus« als Gewinner des »Obernburger Nachwuchsfestivals 1995«. Ein bisschen fragt man sich da schon, was er wohl in der Zwischenzeit gemacht hat.

Zur Abwechslung stellt sich an diesem Tresen mal eine Frau neben mich. Gaby arbeitet in einer Bäckerei und wirkt ausgesprochen sympathisch. Gary singt von der »Dirty Old Town«, in der man seine Liebste an der Mauer vom Gaswerk trifft. Gaby war dreimal verheiratet und hatte immer Pech. Ihr erster Mann war ein Schläger, vor dem sie nur mithilfe einer Freundin flüchten konnte. Weil sie die Stadt verlassen musste, um wirklich unterzutauchen, verlor sie auch den Job. Aber Gaby richtete sich ein, begann von vorn und verliebte sich neu. Ihr zweiter Mann entpuppte sich als Trinker, der dritte war spielsüchtig. Als sie ihm sagte, dass sie ihn verlassen werde, rammte er sich vor den Augen der Kinder ein Brotmesser in den Bauch.

Die Zeit heilt alle Wunden, sagt man. Und mit Gaby kann man inzwischen Witze machen über ihre Männerkarriere. Meiner Meinung nach fehlt jetzt noch ein gestandener Bankräuber in ihrer Sammlung. Ganz abwegig findet sie das nicht, aber vorerst ist sie im Internet unterwegs. Zeitweise hat sie mit 40 Männern gleichzeitig gemailt, »da ist so viel Ausschuss bei, das glaubst du gar nicht«.

Doch, glaube ich.

Inzwischen habe ich so viel Wasser getrunken, dass mir zwischen den Fingern schon Schwimmhäute wachsen. Gary erklimmt die Bühne für seine geschätzt zehnte Zugabe. Wahrscheinlich hat er inzwischen wieder Hunger, denn er betont, das sei nun wirklich sein letzter Song. Gaby hat vor zwei Wochen einen Mann getroffen, mit dem sie am selben Abend ins Bett gegangen ist. Sei »klasse« gewesen, sagt sie, sie hätten das seitdem schon zwei Mal wiederholt. Genau so. Hat Ronald Biggs eigentlich Nachwuchs?

Kaum habe ich meinen Stammhocker im *Malibu* erklommen, lerne ich Tommy kennen. Auch er war dreimal verheiratet und hat, wie er sagt, »nichts daraus gelernt«. Seine aktuelle Gattin kennt er erst seit ein paar Monaten, und ihr Anruf gerade hinterlässt ihn ein wenig ratlos: »Fängt die jetzt auch schon an, Stress zu machen?«

Um über den Nackenschlag hinwegzukommen, besteht er darauf, mich zu einem »Tee« einzuladen. Aus den Boxen dröhnen *Foreigner*, dann *Toto*. Ab *Chicagos* »If you leave me now« singen Tommy und ich jeden Refrain mit. Was Tommy »Tee« getauft hat, ist ein fürchterliches Getränk, bestehend aus einem etwa dreifachen Asbach mit einem tödlichen Schuss Cola. Das Zeug schmeckt wie der letzte Alcopop vor dem Highway to hell, aber ich trinke tapfer mit. Auch den nächsten und übernächsten.

»Das ist 'ne Mucke, wa!«, ruft Tommy.

Passend zur Musik trägt er einen Burt-Reynolds-Schnäuzer aus den Seventies, der an den Mundwinkeln bis zum Kinn herabrinnt. Auf seinem T-Shirt steht »Take the wild road«, und so geht er das Leben wohl auch an. Er zahlt jede Menge Unterhalt, er hat Schulden, aber auch eine erwachsene Tochter und zwei Söhne, auf die er mächtig stolz ist.

Ina steckt heute eine andere, ganz schwarze, aber ebenso auffällige Sonnenbrille im Haar. Sie besitze mehrere Dutzend, sagt Fiorenzo. Und dass ihre Garderobe von einer Zimmerwand zur anderen reiche. Vorhin hat er ihr ein paar Tüten über den Tresen geschoben, die sie im Kühlschrank verstaute. Einen Teller Spinat könnte ich nach dem ganzen Weinbrand jetzt auch vertragen, ob mit Muskatnuss oder ohne.

In einer neuen Kneipe folgt auf den Entdeckerstolz und das erste Staunen oft schon am zweiten Tag die Entzauberung, die Ernüchterung. Im *Malibu* jedoch habe ich das sichere Gefühl, genau am richtigen Ort zu sein. Tommy, zwei junge Spunde und ein alter Kerl namens Wilfried hocken über einem Würfelbrett und schocken. Mit jedem General, mit jedem über den Rand springenden Würfel beginnt das uralte, immer gleiche Gefrotzel von Neuem, das das

Feuer am Lodern hält. Die *Eagles* begrüßen uns im »Hotel California«, ich hätte im Moment nichts dagegen, hier nie mehr herauszukommen. Fiorenzo schwärmt von Antinori-Wein aus der Toskana, die Discokugel projiziert wandernde Lichttattoos auf die Wände. Tommy gewinnt eine Runde nach der nächsten und spendiert trotzdem weiter rundum Schnäpse: »Du weißt doch, Bernd: Glück im Spiel, Pech in der Liebe. Ich hatte noch nie 'nen Igel in der Tasche.«

Knarzend öffnet sich die Tür vom Männerklo, ein Typ mit gelbem Hemd und schwarz gerahmter Brille nähert sich mir. »Ich bin nicht schwul, aber darf ich mich zu dir setzen? Dann können wir was quatschen.«

Dass er mit Schwulen nichts am Hut habe, wird er mir in der nächsten halben Stunde noch mehrmals erzählen. Erst Tommy vertreibt ihn, zwei große Schwenker »Tee« in den Händen. »Hier lief mal eine unheimlich hübsche Armenierin herum, eine Freundin von Ina. Keiner wollte mir glauben, dass ich die rumkriege. Aber nach zwei Monaten waren wir ein Paar. Leider ist sie dann – ich weiß nicht warum, aber nicht wegen mir – zurück in ihre Heimat gezogen. So enden solche Geschichten bei mir. Weißt du was? Wenn du das nächste Mal nach Miltenberg kommst, dann koche ich für dich.«

Tommy erzählt mir von einem Gericht, das auf geschmolzenem Harzer Roller basiert, die Sache klingt recht sättigend. Er wirkt nun müde, würfeln geht an die Substanz. Er möchte, sagt er, dass ich Miltenberg, das *Malibu* und seine Menschen in guter Erinnerung behalte. Man muss kein Soziologe sein, um herauszufinden, dass es – jedenfalls Männern – beim gemeinsamen Trinken nicht ums Durstlöschen geht. Das Glasheben, das Zuprosten und Anstoßen sind soziale Akte, die sich um Freundschaft und eine gemeinsame

Kultur drehen. In diesen wenigen Stunden sind Tommy und ich echte Kumpels geworden, Kumpels, die sich wahrscheinlich nie mehr sehen werden im Leben. Bevor er geht, gibt er mir noch einen echten Tommy-Tipp. Oder eigentlich zwei: »Wenn dich einer anmacht, ruf mich an. Wenn dich eine anmacht, nimm sie mit.«

*

Im *Riesen* ist um diese Uhrzeit längst die letzte cremefarben moussierende Bierkreation über die Theke gegangen. Unten am Fluss, im *Malibu*, stellt Ina zwei Williams-Birnen auf den Tresen. Der kein bisschen schwule Papagei ist an einen der Spielautomaten gewechselt. Gestikulierend erklärt er irgendwem in seinem Kopf, welcher Knopf wann zu drücken sei, wie der Automat heute gelaunt ist und die Welt im Allgemeinen tickt. Seit Tommy fort ist, fühle ich mich ein wenig einsam, vielleicht auch, weil der seit Stunden gehegte Asbachpegel nun sinkt. Die Discokugel schmerzt in den Augen, und die Nacht, die bisher draußen vor die Tür gebannt war, dringt plötzlich ein und macht mich frösteln.

Fiorenzo sieht mich an und schweigt, eine ganz neue Erfahrung. Auch er arbeitet inzwischen eher unmotiviert an seiner Pulle. Als Ina ihm eine frische Flasche öffnen will, winkt er ab. Eine gute Stunde noch wird sie hier die Stellung halten, ausschenken, zuhören, mahnen. Aber manchmal, zwischen ihrem Kaffee, ihrer Cola und dem Kühlschrank, wirkt sie ein bisschen verloren, fast abwesend. Wirtinnen werden heutzutage nicht mehr sozial ausgegrenzt, aber geheuer sind sie ihren Gästen offenbar noch immer nicht. Männer, glaubt Ina, haben Angst vor ihr. Sie wünscht sich einen Freund.

»Ohne Träume kein Leben«, singt Fiorenzo, den Flaschenhals als Mikrofon nutzend.

Für einen Augenblick schießt wieder Saft in den kleinen Italiener. Wer weiß, vielleicht wird er gleich vor dem Einschlafen noch recherchieren, wo es in der Santa Monica Bay hübsche Sonnenbrillen gibt. Denn Balladen enden zwar normalerweise tragisch. Aber diese hier, da bin ich mir sicher, endet in Malibu.

Eselschweiß und Schwarzbier

Eisenach

Von Miltenberg aus habe ich mich auf einen weiten Süd-Südwest-Bogen begeben. In Heidelberg saß ich im *Weinloch*, einer Kaschemme vor dem Herrn. Die düster verquarzte Tapete, die aus einer Sparkasse transferierte Resopaltheke und eine gewisse Anzahl Weinschorlen ließen in mir die Erkenntnis reifen, dass die wahre Heidelbergromantik nicht oben im überfüllten Schloss, sondern dort unten auf der Straße liegt. In Wiesbaden besuchte ich den *Eimer*, eine kleine, ebenso düstere wie sympathische Jazzkneipe. Der Name bezieht sich auf den improvisierten Abort des Eröffnungstages, und schon bald darauf soll der junge Paul Kuhn hier seine ersten Auftritte gehabt haben. Gießens Traditionshaus *Zum Löwen* hingegen ist eine Enttäuschung. »Goethe war hier«, na klar. Aber wo atmet sein Geist zwischen diesen ganzen malvenfarbenen Pizzeriapolstern?

In Fulda schließlich flog ich zum ersten Mal auf dieser 100-Tage-Odyssee, zum ersten Mal überhaupt in meinem Leben, aus einer Kneipe hinaus. Frohen Mutes noch war ich die Johannes-Dyba-Straße bis zu Waffen-Leitsch gelatscht, der direkt neben Brille-Neusehland liegt. Der erzkonservative Erzbischof und das »Laser-Power-Gewehr« für 499 Euro, die Brillen aus »Neusehland« – ich war entzückt von Fulda. Und so gab ich mich dann auch bar jedes Argwohns im *Stadtwächter* beim Eintritt als Journalist zu erkennen, der sich für alte Wirtshäuser interessiere. Der Kellner reagierte darauf ausgesprochen panisch. »Von mir erfahren Sie nichts«, sagte er mit einem Tremolo in der Stimme, als hielte ich ihm die glühenden Zangen der Inquisition vor die nackte Brust, »Sie verlassen jetzt auf der Stelle dieses Lokal!«

Kein Problem, Mann, ich bin ja nur 270 Kilometer von zu Hause entfernt, um mir hier deinen Kackladen anzusehen.

Aus Protest beschloss ich, sofort nach Eisenach weiterzureisen.

*

Meine Pension liegt ein paar Meter außerhalb des Zentrums. Quer durch ganz Eisenach werben Plakate für einen musikalischen Abend, der »100% deutsch« zu werden verspricht. Ganz ähnlich hält es auch die Speisekarte meiner Herbergsgaststätte. Hier bekommt man gegen den kleinen Hunger neben einer Portion »Würzfleisch« etwa einen speziellen Toast mit Ölsardinen und Zwiebelringen. Damit die Fischchen auch wirklich nicht mehr schwimmen, wird der Appetithappen zum Schluss noch mit Käse überbacken. Klingt gewöhnungsbedürftig, die Thüringer Küche, aber andererseits: Jeder kennt diese Tage, an denen so ein Snack dein Leben rettet.

Ich bestelle mir ein Bier und betrachte die Wände. Hinter dem Stammtisch hängt eine Reminiszenz an vergangene DDR-Tage: »Vorbildliche Wohngebietsgaststätte«, besagt das Schild. Ausgestorbene Verwaltungssprache des Sozialismus – Feierabendbrigade, Intershop, Sättigungsbeilage.

»Das haben unsere Gäste meinem Mann zum 50. Geburtstag geschenkt«, erklärt mir die Wirtin freundlich. Als ich jedoch nach WLAN frage, verschwindet das Lächeln. Offenbar ist es ihr unangenehm, mir das Codewort zu verraten. »Irgendwer hat das mal irgendwann eingerichtet«, stottert sie. Und ehrlich gesagt würde ich mich auch ein wenig schämen, wenn ich zu meinem Gast »Arschloch« sagen müsste. Warum tauscht sie das nicht einfach aus? Gegen »Dumme Sau« zum Beispiel.

Dass man hier im »Villenviertel« von Eisenach wohnt, wie es auf der Website der Pension heißt, ist nicht übertrieben. Vier- bis sechsstöckige Jugendstilhäuser vom Anfang des 20. Jahrhunderts säumen die Straße, alle individuell gestaltet mit viel Bundsandstein, mit Fachwerkaufsätzen und aufwendig gezimmerten Balkonen. Dabei fallen die Grundstücke so steil ab, dass man bei der Bewältigung des Alltags zu besonderen Maßnahmen greifen muss. Gartenbänke erhalten hangabwärts verlängerte Beine, Kinderrutschen werden aufgebockt, Fangzäune schützen vor dem freien Fall aufs gepflasterte Trottoir. Auf meinem Weg in die Innenstadt halte ich Ausschau nach einem Lokal für den Abend. Erster Blickfang: eine Souterrainkneipe namens *Flotte Kugel*. Der gefliese Boden samt den hellen Funktionsmöbeln macht ganz den Eindruck eines selbst gedengelten Partykellers von 1973 (West), und Dienstag ist Schnitzeltag.

Da muss ich wohl unbedingt mal reingehen, aber vorher gilt es, die Stadt zu erkunden. Am versteckten Rathausparkplatz sitzen ein paar stille Säufer auf hindrapierten Findlingssteinen. Dort werden sie wohl auch hocken, wenn im Restaurant »Michelangelo« die »Italienische Nacht« steigt, die von einem »Franco Branca« bestritten wird. Jetzt, so kurz nach fünf, warten in jedem zweiten

Hauseingang Menschen auf ihre Mitnehmgerichte. »Papi's Imbissoase« wirbt zunächst einmal für den englischen Genitivapostroph. Aber Papi hat auch einen eigenen Slogan, den man nicht unterschlagen darf: »Hast du Hunger und keine Zeit? Dann komm zu Papi reingeschneit.« Später in Helmstedt werde ich lesen: »Schuh kaputt, du bist in Eile/ Easy Service macht ihn heile.« In Eisenach hingegen, bei »Tussi deluxe«, hat der Totalausverkauf begonnen. Sogar die Plateauschühchen mit den Pfauenaugenfransen kosten nur noch zehn Euro. Für die könnte man andernorts mindestens 11,99 verlangen.

Laut Stadtplan nähere ich mich unaufhörlich dem Bach-Haus, der Komponist wurde hier in Eisenach 1685 geboren. Vor seinem Ganzkörperdenkmal stehen zwei schwäbische Frauen.

»Kuck mal«, sagt die eine, »das Haus da ist das Bach-Haus.«

»Ach«, sagt die andere »das ist ja interessant.«

Dann gehen sie weiter, Knackwaden, Dreiviertelhosen, Thermoskannen im Backpack.

Schon Bachs Vater war Musiker, darüber hinaus übten im Haus die Stadtpfeifer auf ihren Trompeten, Posaunen und Krummhörnern. Musisch begabt auch die späteren Ehefrauen Johann Sebastians: Beide arbeiteten ursprünglich als Sängerinnen, mussten aber offenbar der traditionellen Rollenverteilung und ihrer Fruchtbarkeit Tribut zollen. Maria Barbara gebar dem Komponisten sieben, ihre Nachfolgerin Anna Magdalena gar 13 Kinder. Als sie wieder Zeit gehabt hätte zu singen, war es offenbar zu spät für eine Wiederaufnahme der Karriere. Anna Magdalena starb mit 59 Jahren als »Almosenfrau«.

In Bachs Eisenacher Museum spielt eine junge Studentin das c-Moll-Präludium. Der Meister hat dieses kleine

Musikstück für die Laute komponiert, das historische Cembalo verfügt über einen Lautenzug zur Erzeugung des spezifischen Sounds. Mein Vordermann erhebt sich und fährt den Raum mit seiner Kamera ab, wie er es im Nachtprogramm von »Arte« gelernt hat. Sein Display wackelt allerdings im Takt seines rasselnden Atems so stark auf und ab, dass er dieses Video nicht einmal »RTL II« wird andrehen können.

Eigentlich bin ich nach Eisenach gekommen, um droben auf der Wartburg ein Bier zu trinken. Aber dafür ist es heute zu spät. Die Alternative heißt *Schorschl* und liegt nur 100 Meter vom Markt entfernt. Hinter der Fassade eines hübsch renovierten Eckhauses verbirgt sich ein angenehmes Ensemble aus Holz, selbst gedrehten Kerzenständern und ausgelegten Zeitschriften. Gott sei Dank verfügt das *Schorschl* sogar über eine Theke, an die ich mich sofort mit Inbrunst werfe.

In der Hauszeitung findet der Gast außer der Getränkeliste so manch besinnliche Geschichte. »Wo ließe sich Immaterielles so schön teilen wie im *Schorschl*?«, endet beispielsweise ein rührender Artikel über Raffgier und Opferbereitschaft. Die letzte Seite hingegen ist zur Hälfte leer: »Hier kannst du deiner Kreativität freien Lauf lassen. Kennst du noch dieses Spiel, bei dem jeder einen Satz schreibt, das Blatt umknickt und den Zettel weiterreicht? Genau so! Nur ohne umknicken.«

Nun finde ich zwar, dass der Reiz dieses schönen Spiels ohne Umknicken beträchtlich gemindert wird, aber sei's drum. Das *Schorschl* und sein philanthropischer Wirt gefallen mir. Sein Bier ist kalt, und die Höhe der Hocker harmoniert perfekt mit der des Tresens und meiner eigenen. Am Fuße des ersten Humpens hauen sich zwei Typen neben mich. Beide sind nicht mehr ganz nüchtern, vor allem der Wortführer hält sich für unwiderstehlich. Er steht nicht, sondern posiert, er redet nicht, sondern deklamiert.

»Nichts geht über ein englisches Schwarzbier«, begrüßt er das Newcastle Brown Ale, das seine Farbe nicht umsonst im Namen trägt. Anschließend mokiert er sich über die seiner Meinung nach zu hohe Krone und bläst sie zu Boden. In alten Zeiten tat man das, um die Macht der im Schaum wohnenden Hexen zu bannen. Wer sich nicht daran hielt, war dazu verdammt, stattdessen besonders viel zu trinken. Denn der Rausch führt ins Dionysische, und dort endet die Hexenkunst. Mein Aufschneider scheint jedoch auf dem Weg dorthin mindestens ein Schild übersehen zu haben. Eine vorbeigleitende Bekannte umarmt er unter Ausrufen wie »meine Süße«, »mein Täubchen« und fragt sie schleimig, ob der »Göttergatte« auch mit dabei sei. Als sie verneint, hat er sie auch schon wieder am Wickel: »Magst du ein Höckerchen haben?«

Aber wie gesagt, sie wollte ja nur mal kurz auf die Toilette. Um seine Enttäuschung zu verbergen, fixiert er nun die junge Kellnerin. Sei es, dass er eine Kunstpause inszeniert oder dass es ihm für einen langen Augenblick die Sprache verschlägt: Er schweigt, und dabei hätte er es wohl besser auch belassen. »Du bist zu hübsch für diesen Laden« ist das Einzige, was ihm schließlich einfällt.

Du nicht, wäre eine gute Antwort.

Ich blättere in einer Zeitschrift und studiere die Ergebnisse der bayrischen Meisterschaften im Fingerhakeln. Bald darauf sitzt Joe neben mir, ein Mann wie ein Berg. Joe stammt aus Magdeburg und hat 1989 direkt nach der Maueröffnung »rübergemacht«. »Mit zwei Kumpels, wir hatten zusammen 600 Westmark.«

»Und wofür habt ihr die ausgegeben?«

»Na, das kannst du dir ja denken. Zuerst waren wir in

'ner Peepshow und dann im Pornokino. Und danach haben wir uns einen BMW gemietet und sind mit 160 Sachen über irgend 'ne Autobahn. Wir haben alles verbraten, in einer Nacht. Und nix bereut, das kannst du mir aber glauben.«

Joe ist Mitte 40 und der einzige seiner Kumpels, der letztlich im Westen blieb.

»Die anderen sind nach und nach alle zurückgegangen, irgendwie haben die's drüben nicht geschafft. Heutzutage hab ich mit keinem von den alten Jungs mehr was zu tun. Leider.«

Stattdessen ist er in seinem neuen Heimatdorf schwer engagiert. Als Präsident des örtlichen Fußballvereins hat er diverse repräsentative und bürokratische Pflichten. Außerdem begleitet er seinen kleinen Sohn zu jedem Spiel der E-Jugend und ist selbst bei den alten Herren der Ü40 aktiv. Weil er darüber hinaus auch noch im Kreisrat sitzt und geschätzte 60 Stunden pro Woche arbeitet, bekommt er von seiner Frau manchmal gewisse Zeichen: dass er's übertreibt, dass sie das so nicht gutheißt.

»Das muss man dann aussitzen, weißt du. Dann geh ich halt 'ne Stunde ins Klubheim zu den Jungs. Das ist sowieso immer meine erste Anlaufstelle, wenn ich nach Hause komme.«

Denn direkt in den Neubau zurückkehren, das gebe nur Ärger. Zwei, drei Fläschchen Bier mit den Kumpels vom Fußballverein bringen ihn runter. »Die Welt kann die Frauen nicht entbehren, selbst wenn die Männer allein die Kinder bekämen«, hat Martin Luther einst gesagt. Ein etwas kryptischer Satz, der sich mir im Gespräch mit Joe endlich erschließt: Es ist immer schön, wenn zu Hause jemand auf einen wartet.

Mein neuer Freund arbeitet im kaufmännischen Bereich einer Elektronikfirma. Was die genau produziert, verstehe ich nicht, aber man benötigt es für Flugzeuge, Waschmaschinen und Toaster. Polen sind fleißiger als Portugiesen, lerne ich, vor allem, weil Portugiesen nicht deutsch denken können. Wie in Bezug auf Frauen, hat Joe auch in dieser Hinsicht klare Ansichten: »Deutsch bedeutet, dass ein Ja ein Ja ist«, erklärt er mir. »Und bei Portugiesen heißt Ja maximal ›Vielleicht‹. Oft auch ›Eher nicht‹ oder ›Vergiss es, Alter‹. Und so baust du eben keine Toaster, geschweige denn einen Airbus.«

Ich verbiete mir jeden Widerspruch und beschließe stattdessen insgeheim, demnächst mal wieder zum Portugiesen zu gehen und dort einen polnischen Wodka als Digestif zu trinken. So bleibt unser Gespräch flüssig, das Bier fließt und der Abend dahin. Der Großkotz mit dem Newcastle Brown Ale hat längst die Segel gestrichen, nur an den Tischen sitzen noch vereinzelte Gruppen. Ein Lesbenpärchen leert die letzte Whiskey-Cola und verabschiedet sich in die Eisenacher Nacht. Die Kellnerin streicht sich mit spülnassen Händen die Haare aus dem Gesicht und putzt die Theke. Irgendwann dreht sie die Musik leiser und das Licht ein bisschen auf. Nur einen ganz kleinen Tick, der aber alle Verbliebenen kurz frösteln lässt, ohne dass sie wüssten wieso.

Joe und ich haben denselben Heimweg, ein Zufall, der uns beide ein wenig unter Druck setzt. Ich sehe ihm an, dass er dasselbe denkt wie ich. Lernen sich hier kennen, die beiden Typen, saufen zusammen und gehen gemeinsam nach Hause. Das hat ein Geschmäckle, ob da wohl noch was läuft?

Also unterhalten wir uns auf dem Rückweg betont sachlich über Stadtmarketing und Wirtschaftspolitik. Und vor seinem Hotel geben wir uns herb-männlich die Hand und sagen:

»Tschüss Joe, mach's gut.«
»Tschüss Bernd, mach's besser.«

*

Mein geplanter Martin-Luther-Tag beginnt mit Erinnerungslücken.

»Wer war eigentlich so unverschämt laut heute Nacht?«, fragt eine Frau beim Frühstück in ihre Viererrunde.

»Hast du das auch gehört?«, erwidert die Frau des anderen Pärchens.

Meinen die etwa mich? Ihr vorwurfsvoller Seitenblick scheint das anzudeuten. Aber wie kann das sein, war ich etwa noch in der *Flotten Kugel*? Schemenhaft entsinne ich mich der gestrigen Heimkehr. Mit ziemlicher Sicherheit habe ich zumindest die erste der drei Türen relativ geräuschlos passiert. Für die zweite Pforte vom Treppenhaus in die Etage würde ich schon keine Garantie mehr abgeben. Zumal dieses Teil schief in den Angeln hängt und immer mit lautem Knall zufällt, wenn man nicht gegensteuert. Oder nicht mehr gegensteuern kann. »Ein Fresser und Säufer«, sagt Luther, »ist weder zum Glauben noch zum Überwinden geschickt.« Und auch nicht zum Rekonstruieren, könnte man hinzufügen.

Anstatt weiter mein geplagtes Hirn zu martern, vertiefe ich mich in die »Thüringer Allgemeine«. Auf der Draisinenstrecke in Lengenfeld häufen sich die Unfälle wegen Trunkenheit am Lenker. Es wird über ein Alkoholverbot nachgedacht. Aber wer will schon nüchtern Draisine fahren?

In irgendeinem Dorf in der Nähe haben sich zwei Freundinnen aus Kindestagen entzweit und vor Gericht gezerrt, weil die eine der anderen die Kloschüssel aus der Wand gerissen hatte. Sie war in deren Bad ausgerutscht und hatte versucht, sich an dem Sanitärmöbel festzuhalten. Möglicherweise spielte auch eine Rolle, dass sie um die 100 Kilo wiegt. Die Klage der Gastgeberin auf Erstattung der Unkosten wurde jedenfalls abgewiesen.

Wo man auch hinsieht, überall lauert Ärger.

»Ich hatte mal so ein niedliches buntes Handtäschchen«, sagt eine der Frauen im Frühstücksraum.

»Das sah scheiße aus«, antwortet ihr Mann.

»Sag mal, was hast du für eine Marmelade genommen?«

»Keine Ahnung. Das soll Erdbeer sein.«

»Ich glaube, die Mamsell hier ist arabisch.«

»Na denn, danke.«

Wer durch Eisenach spaziert, stellt fest, dass die Stadt ihrem Luther viel zu verdanken hat. Vor allem eine relativ intakte Infrastruktur samt renovierten Häusern und solventen Touristen. Ob der historische Star so richtig sympathisch war, wird auf diesem Hintergrund zur Nebensache. Was sollten da erst die Braunauer sagen?!

In der nach dem Reformator benannten Straße schiebt ein Vater seinen kleinen Sohn vor sich her. »Weißt du denn auch, wie der Luther mit Vornamen hieß?«

»Nein«, antwortet der Kleine in einem Ton, als sei ihm nichts auf der Welt gleichgültiger.

»Doch, das weißt du doch!«

»Nein.«

»Das solltest du aber wissen, der hat hier die Bibel übersetzt, das war ganz wichtig.«

»Das war gar nicht wichtig.«

Der Vater wirkt verzweifelt. Er schielt zu mir herüber und lächelt dann gequält.

Kurz darauf stehe ich vor dem Luther-Haus, in dem der

junge Martin von seinem 15. bis 18. Lebensjahr wohnte. Sein Taschengeld verdiente er singend in den Straßen, erfährt man hier. Wie ich ihn einschätze, war er dabei weniger talentiert als der alte Bach und obendrein stets stocknüchtern. Seine abfälligen Sprüche über den Alkohol sind Legende – obwohl seine Frau eine nebenerwerbliche Bierbrauerin war. Und wenn er seinen Schäfchen eine Fabel schrieb, setzte er die Moral der Geschicht immer sofort hintendran. So sind sie, die Protestanten: Gönnen einem nix, trauen einem nicht und erst recht nix zu.

Der spannendste Teil der Ausstellung widmet sich Luthers Übersetzungsarbeit. Der Mann betrieb auf der Wartburg echte Philologenkunst. Chronologisch aufeinanderfolgende Textentwürfe verdeutlichen, dass so eine Übersetzung aus dem Altgriechischen und -hebräischen ein komplizierter Transformations- und Abschleifungsprozess ist. Von der ersten, wortwörtlichen Übertragung gelangte er über mehrere Stufen zu jener Endfassung der Lutherbibel mit ihrem wunderbar fließenden, kraftvollen Deutsch.

Um mich für den Marsch auf die Wartburg zu rüsten, verschwinde ich kurz in einem Schnellrestaurant in der Einkaufspassage. »Wenn ich schwere Gedanken habe«, gibt Luther immerhin zu, »trinke ich einen starken Trunk Bier.« Und wer vom starken Trunk einen dicken Kopf hat, sollte ein Jägerschnitzel mit Bratkartoffeln essen. Der Imbiss ist eingerichtet wie ein amerikanisches Diner, inklusive der roten, hochgewölbten, stark federnden Kunstlederbänkchen. Als Appetitanreger hängt das Poster einer nackten Frau über mir, die in einem Riesenteller Spaghetti badet. Im Fernseher unter der Decke läuft ein Beitrag über unterirdische Vulkane. Es blitzt und brennt, brodelt und blubbert. Leider hat dem Kind hinter mir jemand eingeredet, ein ebenso lautstarkes wie lang gezogenes »Aaalter« sei ein jeder Situation angemessener Ausdruck des Erstaunens. Also setzt dieser folgsame Bub darauf, beinahe ohne Unterlass. Aber immerhin lernt er nebenher noch etwas über Tektonik.

Mit dem Aufstieg zur Burg beginnt der übliche Kampf gegen die Schwerkraft. An der Eselstation besteigt ein viel zu dicker Junge einen viel zu kleinen Esel. »Hilfe, Opa!«, ruft er nach den ersten schwankenden Schritten des Grautiers. Auf halber Höhe kämpfen sich zwei betagte Jungs vorwärts. Sie schnaufen vernehmlich, ohne das hölzerne Geländer lägen sie längst im Gebüsch. Zwei Jugendliche mit Sonnenbrillen und kurzen Sporthosen ziehen an den Alten vorbei, lachen über irgendetwas und scheinen den Anstieg in keiner Weise zu spüren. Die Opas pausieren gedemütigt, sehen ihnen pikiert nach, aber ich unterschätze ihren Hass, der deutlich vitaler arbeitet als ihre Beine. »Wart's ab«, sagt der mit dem Pepitahütchen, »der stirbt mit 30 an Krebs.«

Als der Wald sich kurz einmal lichtet, beobachte ich die Sonne, das Firmament erklimmend. Frühe Vögel fangen ihren Wurm, Wind rauscht durch die Blätter der Eichen. Auf der Wartburg übersetzte Luther die Bibel, und hier tobte 1206 der Sängerwettstreit zwischen Walther von der Vogelweide, Heinrich von Ofterdingen und den anderen Mittelalterbarden. Bald darauf lebte und wirkte die heilige Elisabeth von Thüringen hinter diesen Mauern, die dann 1817 zum Schauplatz des nationaldemokratischen Wartburgfestes wurden. Kaum ein anderer deutscher Ort ist historisch so aufgeladen. Und wie manch spätere Geschichte, so mutierte schon die Gründung der Feste zum Mythos. Als Graf Ludwig der Springer im Jahr 1067 diesen repräsentativen, strategisch günstigen Felssporn des Thüringer Waldes entdeckte, soll er spontan ausgerufen haben: »Wart, Berg, du sollst mir eine Burg werden!« Das Problem, dass ihm dies Land nicht gehörte, löste er ausgesprochen pfiffig: Ludwig ließ heimische Scholle herankarren und verstreute sie auf dem zukünftigen Burgberg. So konnte er guten Gewissens behaupten, auf eigener Erde gebaut zu haben.

»Wir Deutschen sind ein wildes, rohes und tobendes Volk, mit dem nicht leicht etwas anzufangen ist, es treibe denn die höchste Not«, hat Luther einmal gesagt. Und auch mein Schorschlfreund Joe weiß ja offenbar genau, was es mit den Deutschen so auf sich hat. Mir hingegen erscheint diese Spezies, je länger ich unterwegs bin, umso seltsamer. Wo immer ihre Selbsteinschätzung herkommen mag, sie stimmt nicht mit ihrem Auftreten überein. Vor allem finde ich die Deutschen viel komischer als sie sich selbst: oft unfreiwillig und im Vollumfang des Wortes, das ja neben »lustig« auch »seltsam« und »verschroben« meint. Joe irrt: Der Deutsche tut längst nicht alles, was er sagt. Er sagt das, was er zu tun gedenkt, allerdings sehr entschieden. Manchmal.

In der Luft liegt der Geruch schwitzender Esel, als ich mich an die letzte Biegung mache. Eine Frau im Hochzeitskleid schreitet durchs Torhaus, ihr Vater trägt ihr die Schleppe beim Gehen. Im Bogen zur Hauptburg bleiben sie stehen, wirken vor dem Hintergrund aus wolkigem Himmel und waldigen Hügeln wie Statuen. Das Museum öffnet normalerweise erst im Anschluss an die erste Führung des Morgens. Als Journalist werde ich zwar außer der Reihe eingelassen, bereue dies jedoch ziemlich schnell. Denn durch diese Hallen macht man keinen unbewachten Schritt, ab sofort bilden die Wärterin und ich ein unfreiwilliges Paar.

Das Mädchen ist Studentin der Kunstgeschichte und wirkt noch befangener als ich. Weil sie eisern schweigt, beginne ich ein Gespräch über ihre Berufsaussichten, über das Leben auf einer Burg und Luthers griesgrämig dreinblickende Eltern. Aber genauso gut hätte ich über Tischtennis im Rhein-Erft-Kreis oder die Funktion des Hirnholzhobels im Schreinerhandwerk reden können.

Also vielleicht erst mal kurz in die *Burgschenke*. Ursprünglich standen hier, im zweiten Hof, die Pferde der Rittersleut. Der Fachwerkbau, der heute die Schenke beherbergt, diente nach seiner Errichtung 1874 zunächst als »Gadem«, als Gästehaus. Der gastronomische Hintergrund blieb folglich konstant. Damals wie heute blickt man nach hinten heraus auf den 700 Jahre alten Südturm und den noch älteren Thüringer Wald mit dem Rennsteig als Kamm. Dieses wunderschöne Panorama vor Augen, freue ich mich auf ein kontemplatives Frühbier. Aber da schmeißt die Kellnerin auch schon »Antenne Thüringen« an.

»Während ich hier sitze und mein Wittenbergisch Bier trinke, läuft das Evangelium durchs Land«, sagte Luther einst.

Und während ich in der Wartburgschenke sitze, läuft Eros Ramazzotti.

Mit dem Pils in der Hand beobachte ich den seltsamen Rentner, der als zweiter Gast eintritt. Fahrig erzählt er, er sei den ganzen Weg vom Bahnhof zu Fuß gelaufen. Und jetzt will er erst einmal seinen Puls messen, bevor er etwas bestellt. Die Kellnerin ist einverstanden. Der alte Mann redet wirr vor sich hin und stößt schrille Seufzer aus, die Eros choral unterstützen.

Das Bier ist so kalt, dass es mich und die Wartburg, den ganzen Rennsteig unter einer dicken Eisschicht begräbt. Alle Restschmerzen werden schockgefroren und sterben ab, da bestellt man sich am besten gleich noch eins. Im Innenhof hält ein Pärchen Händchen, die freien Finger bespielen das Smartphone. Es ist voll geworden dort unten, die Führungen laufen im Akkord. Deutsche Seniorinnen haben die Dauerwelle gegen eine blondierte Betonhaube eingetauscht, von hinten errät man ihr Alter nur noch am Schmuck. Der kleine Rausch zur Unzeit sensibilisiert meine Sinne. Ich sehe Mücken um die Asche ihrer Urmütter kreisen, die zur Nachtzeit Luther stachen. Die buschigweißen Pfautauben im Schlag an seiner Schreibstube stehen mit Bischof Dyba zu Fulda im Bunde. Und im brackigen Wasser der Burgzisterne schwimmt der aufgedunsene Kadaver eines Esels.

Inzwischen ist mir mehr nach Bett als nach Bildung. Aber als ich die Augen wieder öffne, steht meine Gruppe bereits vor dem Eingang. Gestern Abend hatte mir Joe von einem Spaßvogel erzählt, der seine Wartburg-Führungen als Comedybühne nutzt. Und nach den ersten Sätzen bin ich mir sicher, das Pikass gezogen zu haben. Der Mann jagt durch seinen Pointengarten wie ein Wildschwein durchs Unterholz. Martin Luther dürfe man nicht mit dem gleichnamigen King verwechseln, sagt er. Und Papst Gregor wurde 100, weil er nie heiratete.

Nicht jeder Schuss landet genau im Zwerchfell, zugegeben. Aber ich habe schon müdere Führungen erlebt, und wir lernen eine Menge in dieser knappen Stunde. Ritter waren nicht durchweg klein und Kemenaten nicht nur für Frauen da: Das Wort ist mit »Kamin« verwandt und bezeichnet jedwedes beheizte Zimmer. Elisabeth von Thüringen kehrte dem Hofleben früh den Rücken, ließ Krankenhäuser bauen und starb mit 24 Jahren an Entkräftung. August Bebel und Wilhelm Liebknecht gründeten in Eisenach 1869 den SPD-Vorläufer SAPD. Und 800 Jahre nach dem mittelalterlichen Grand Prix sind auch die Medien zurück in Eisenach: Hier wird eine Fernsehserie namens »Familie Dr. Kleist« gedreht, die man – ohne jemandem zu nahe treten zu wollen – vermutlich nicht unbedingt gesehen haben muss.

Mit einem Blick in das spätromantische Ritterbad verabschiede ich mich von der Wartburg. Gut acht Stunden bin ich nun in diesen Mauern lustgewandelt. Allein fünf Mal stand ich in Luthers Schreibstube, um Details wie den grünen Kachelofen, den hölzernen Drehstuhl und das seltsame Fabelwesen unter der Decke zu studieren. Krönender Abschluss meines Luthertages soll nun ein Menü im Eisenacher Hof und seinem Restaurant *Lutherstube* werden. Vom Lutherhaus zum Lutherschmaus sozusagen, denn hier serviert man Luthers Lieblingsgerichte, und das auch noch im Ambiente der Reformationszeit. Ich träume bereits von Gläsern und Knochen, die ich achtlos hinter mich werfe. Tatsächlich rieselt dann auch beim Eintritt mittelalterliche Lautenmusik durch den Raum, und es begrüßt mich ein thüringisches Trachtenkind mit züchtigem Häubchen. Leider jedoch teilt es mir mit, dass sämtliche Tische reserviert seien.

Aber gut, eigentlich verstößt dieses als »Hotel, Restaurant, Café, Bar« annoncierte Lokal ohnehin gegen gleich zwei meiner eisernen Reiseregeln:

Stets verdächtig sind Namensschilder mit Unterschriften wie »Bar – Bistro – Kneipe – Café – Restaurant«. Denn ein Laden, der von allem etwas sein will, ist vor allem nichts.

Geh schnell weiter, wenn du historisch verkleidete Kellner(innen) siehst. Ausnahme: bayrische Dirndl.

Und wo wir gerade einmal dabei sind, auch noch diese beiden hier:

> Mach einen Bogen um Lokale, die sich »Oma Meier« oder »Tante Gretel« nennen. Denn als die Kneipe so getauft wurde, war das Tantchen längst gestorben. Und der Laden suhlt sich im ranzig gewordenen Fett ihrer legendären Frikadellen.

> Ignoriere Selbstbeschreibungen wie »Traditionslokal in modernem Gewand«, »500 Jahre Geschichte und dennoch ganz von heute« und Ähnliches. Frage dich stattdessen: Wovor haben die eigentlich Angst?

Außerdem war Luthers Speiseplan in Eisenach alles andere als abwechslungsreich und nahrhaft. Luther litt lebenslang unter Verdauungsproblemen, viele seiner besten Ideen, so liest man, seien ihm auf dem Lokus gekommen. Im Asyl auf der Wartburg verschlimmerten sich seine Beschwerden sogar noch. Der tagtägliche Genuss fetten Pökelfleisches führte zu bösen Verstopfungen, außerdem hatte er Hämorrhoiden.

Ich muss hier zwar nicht die Bibel übersetzen, aber derartige Beschwerden würden mein Sabbatical wohl ruinieren.

Weil ich keinen Hunger auf Chinesisch, Türkisch oder Italienisch habe, marschiere ich in Eisenachs »völlig verrücktes Kartoffelhaus«, wo man so verrückte Gerichte wie den »Frauenschwarm«, die »Karre Mist« und die »Ungarische Sauerei« bekommt. Auch hier scheint ein literarisch ambitionierter Mensch am Werk zu sein. Offenbar brät man in Thüringen nicht nur exzellente Würste, sondern backt ebensolche Scherzkekse. Und alle hängen am langen Arm des sprachbegabten Reformators.

Auch bei den Drinks hat man sich nicht lumpen lassen und jeden mit einem flotten Spruch versehen:
Linie Aquavit (Haltestelle nicht verpassen!)
Metaxa (nur beim Kriechen trinken)
Chivas (was ist daas?).
Dass man dem Remy Martin keine Luther-Anspielung gönnt, sondern es bei einem schlappen »Martin my love« belässt, wirkt geradezu verschenkt. Dafür entschädigt dann auch nicht der hippe Hinweis zum Ouzo, man solle sich den »vom Gyroskonto abbuchen lassen«.

Dass man sich hier in der ehemaligen DDR befindet, macht das Kartoffelhaus durch seine Einrichtung hinreichend deutlich. Hunderte Ossi-Reliquien schmücken Wände und Decken, direkt neben meinem Tisch steht eine schmucke Simson Schwalbe aus den 1960ern. Die Liste von Alkoholfreiem wiederum wird angeführt von realsozialistischen Klassikern wie der Vita-Cola, der Roten Fassbrause (»auch in Grün«) und Sternquell's Bierbrause, merke: »Sternquell's Bierbrause macht fit, da trinken selbst die Damen mit.«

Ein Glas jedes Getränks hilft mir dabei, meine Fleischpfanne namens »Dauerbrenner« herunterzuspülen. Danach kann ich mich kaum entscheiden, ob ich bis zur nächsten DDR-Brause oder -Cola mehr Zeit verstreichen lasse. Um den eigenwilligen Geschmack loszuwerden, trinke ich ein schnelles Bier am Markt. Danach wird es auch schon Zeit, zur *Alten Malzfabrik* aufzubrechen. Gestern Nachmittag habe ich mir eine Konzertkarte besorgt.

Das *Schorschl* dämmert noch vor sich hin, in einem Schaufenster in der Nähe werden kartonweise Groschenromane feilgeboten. Einer kostet 0,25 Euro, fünf gibt's für einen und zehn für 1,50 Euro. Das ist mal ein echter Mengenrabatt. Jenseits der Bahntrasse komme ich noch einmal am Automuseum vorbei, das die Geschichte der Eisenacher Automobilwerke erzählt. Gegen neun Uhr schließlich, es dunkelt bereits, überquere ich die Hörsel und erreiche das alte Fabrikgebäude, in dem einst Biermalz produziert wurde. Die oberen Etagen beherbergen heute das Fritz-Rau-Archiv, der legendäre Konzertveranstalter ist vor nicht allzu langer Zeit gestorben. Und unten im Keller warten wir nun auf eine andere, eine Blueslegende.

Bob Margolin ist als junger Gitarrist acht Jahre mit Muddy Waters getourt. Jetzt hier in diesem Gewölbe zu sitzen, ein kühles Bier auf dem Oberschenkel und den alten Haudegen mit seiner Telecaster vor Augen, macht mich glücklich. Etwa zehn Meter rechts von mir entdecke ich ein bekanntes Gesicht. Es ist der Mann vom Automuseum, ich erkenne ihn an seiner senfgelben Schlauchhose.

Bevor es losgeht, nehme ich mir Zeit für eine Zuschauerstudie.

Deutsche Jazz- und Bluesfans erkennt man am grauen Zopf und der Plautze mit den mindestens 50 Jahresringen. Was beim Blueser noch dazukommt, ist die Sonnenbrille und nicht selten das bunte, locker über der Hose getragene XXL-Hemd samt Lederweste. Routinierte Jazzanhänger hingegen glänzen stattdessen gerne mit Breitcordhosen und Pullundern. Man könnte in diesem Zusammenhang natürlich auch noch über Hornbrillen, wildlederne Ärmelschoner, Ballantines on the rocks und Dannemann-Zigarillos reden. Aber das würde vielleicht zu weit führen.

Wie es sich gehört, trägt auch der alte Bob eine Sonnenbrille. Mit so einem Ding auf der Nase wäre ich hier blind wie ein Maulwurf, aber gut: Bob muss für einen a-Moll-Akkord wahrscheinlich nicht mehr auf seinen Gitarrenhals schielen. Während die deutsche Begleitband für ihn vorheizt, leert er seine Holunder-Bionade und geht noch mal in Ruhe pinkeln. Als er dann loslegt, fegt er über das Publikum wie ein alttestamentarischer Orkan. Wenn der Harpspieler sein Instrument durch seitliche Hiebe zum Schwingen bringt, taucht Bob in eine imaginäre Deckung ab. Wenn er die Hassliebe zu seinem Instrument, seinem »Baby«, besingt, wankt er sterbenskrank durchs Publikum. Alte Tricks, alte Kicks, Breitcordknie wippen im Ballantinestakt, und »ich, Martin Luther, habe im Aufruhr alle Bauern erschlagen, denn ich habe geheißen, sie totzuschlagen. All ihr Blut ist auf meinem Hals.« Bob bleckt die Beißer, Hornbrillen schliddern über schweißnasse Nasenrücken. Der Hoochie-Coochie-Man setzt die Segel, und die Malzfabrik versinkt in den schlammigen Wassern des Blues. Oder anders gesagt: »Mein Baby ist fort, Barkeeper, also gib mir irgendeinen braunen Fusel aus 'nem dreckigen Glas. Und irgendwann geh ich nach Kansas City, weil's da viele schöne Frauen gibt. Wart's ab, ich angle mir eine von denen. Aber bis dahin, Barkeeper, gib mir ...«

Wenn die Oma mit dem Rollmops baden geht

Altenburg

In Altenburg steht das Skatfest an. Alljährlicher Höhepunkt: das große Turnier im Festzelt. Ich liebe dieses Spiel, und ich trinke gerne mal ein Bier, das passt also. Außerdem war es von Eisenach aus nur ein Katzensprung hierhin.

Um mich zu akklimatisieren, bin ich einen Tag vor Turnierbeginn angereist. Immerhin stehen 600 Euro Preisgeld in Aussicht, ein Kartenprofi darf nichts dem Zufall überlassen. Genau aus diesem Grund mache ich mich auch sofort zum Altenburger Schloss auf. Dort oben liegt das altehrwürdige Spielkartenmuseum der Stadt, von dem ich mir einen spirituellen Segen erhoffe.

Andernorts führen Schlosswege normalerweise stetig aufwärts. In Altenburg jedoch existieren weder ebene noch stetige Straßen. Hier geht es permanent steil hoch und runter. So können aus 500 Metern auf dem Stadtplan schnell mal 1000 werden – je nachdem, wie konvex oder konkav die Piste verläuft. Eine dieser Bergstraßen ist die Spiegelgasse, die gerade zwei Rastahippies mit BMX-Rädern hinunterjagen. Einer balanciert dabei ganz lässig ein Tablett mit Coffee-to-go-Bechern, der andere hält einen Hund an der Leine. Ein Opa eiert herzergreifend übers sehr unebene Pflaster. Für diese Stadt müsste man Enduro-Rollatoren mit extralangen Federbeinen erfinden, denke ich gerade. Aber da steuert der fußkranke Greis tatsächlich einen Wagen an, Typ sportlicher Zweisitzer. Was dann folgt, nannte man früher, als das Auto noch Automobil hieß, einen Kavaliersstart.

Röhrende Zylinder im Ohr und den Geruch von Reifenabrieb in der Nase, beobachte ich eine junge Frau auf einer Leiter. Wie sie da oben in ihrem Baum hängt, ein Bein abgespreizt auf einem Ast und den Kopf in den Pflaumen: ein schönes Bild. Aber ich reiße mich los und strebe dem Großen Teich zu. Ein handgeschriebenes Schild lehrt mich ein neues Wort, indem es vor »Wildentenbotulismus« warnt. Das hiesige Geflügel sollte man wohl weder füttern noch futtern. Aus einem Fenster dort am Wasser dringt Frauengeschrei. Es geht um die Position des Bettes und ein falsch parkendes Auto. Auch in Altenburg liest man an beinahe jeder Einfahrt die Drohung, widerrechtlich parkende Fahrzeuge würden abgeschleppt. Aber hier wirkt es komisch, weil kaum jemand parkt. Denn Altenburg ist ausgestorben.

All die bunten Fähnchen und als Spielkartenfiguren verkleideten Animateure können nicht darüber hinwegtäuschen, dass diese Stadt einmal bessere Zeiten erlebt hat. Nach der Wiedervereinigung sank die Einwohnerzahl von 56 000 auf 33 000, und man geht davon aus, dass es noch einmal 5000 weniger werden. Die Folge: In Altenburg kostet ein kompletter Tag im Parkhaus nur 2 Euro 50. Jedes zweite Haus steht leer, jedes dritte wirkt bereits so verfallen, dass kaum noch etwas zu retten ist. Wo man es doch versucht, waltet der Wahnsinn. In manche Renovierung werden Hunderttausende Euro an Steuermitteln gesteckt, bevor man das Objekt für einen Apfel und ein Ei an einen privaten Investor verschenkt. Der dankt es dann den Bürokraten, indem er im Parterre einen Ein-Euro-Laden installiert.

Altenburg hat den Blues, und so war das wohl auch 1976 anlässlich der 1000-Jahr-Feier der Stadt. Unter den 500 000 Ostbürgern, die hier damals zusammenkamen, waren rund 2500 sogenannte »Gammler« aus dem langhaarigen Rock- und Blues-Underground der DDR. Ihr »abstoßendes Verhalten« und »dekadentes Aussehen« inklusive dem Tragen von Westsymbolen (USA-Flaggen allerorten) rief die Stasi auf den Plan. An den nächsten Tagen floss der Alkohol in Strömen (und manches andere), Vopos wurden gehänselt und angepöbelt. Die »Kunden«, wie sie sich auch nannten, schliefen in Parks und auf öffentlichen Plätzen, nicht nur die Staatsorgane waren entsetzt. Altenburgs anständige Bürger beschimpften die Besucher als »Affengruppen« und »Asoziale«, die ins »Arbeitslager« gehörten. 103 Jugendliche wurden während der Festivaltage verhaftet, die Stadt befand sich im Ausnahmezustand.

Passend zum Thema schläft auf der Wiese des Schlossparks ein Mann. Halb sitzt er, halb hängt er, seine Haare sind lang und grau. Auch das Schloss scheint in einen Dornröschenschlaf verfallen. Ein Torhaus, mehrere Türme, ein Zwinger, die Schlosskirche, das Prinzenpalais und die große Pferdeschwemme: Überall wird ein bisschen renoviert, aber das schmutzige Braun der späten DDR schimmert aus jeder Pore. Man ahnt, dass hier einst ein bedeutendes Geschlecht regierte. 1813 stand der Herzog August von Sachsen-Gotha-Altenburg aufseiten Napoleons. Am 5. Mai des Jahres lieferte er dem Korsen unter anderem einen Eimer Branntwein – nach damaligen Maßstäben immerhin 68 Liter. Die Truppen werden's ihm gedankt haben.

August, so liest man, soll ein schräger Vogel gewesen sein. Mehr ein Ästhet als ein Politiker, mehr Dandy als Herrscher. Vor seine Gäste trat er gern in Frauenkleidern und zog sie mit rhetorischen Spielchen auf. Man wusste nie, wen er sich heute herauspicken würde, schrieb Goethe. Eingeladen war er hier häufig, aber gern hingegangen ist er nicht. Hätte sich der damals 64-jährige Dichter statt auf dem Schloss unten in den Kneipen der Stadt herumgetrieben, wäre ihm möglicherweise ein neues Kartenspiel aufgefallen. Denn ebenfalls 1813 wurde in Altenburg aus verschiedenen Vorläuferspielen der Skat entwickelt. Daran beteiligt waren unter anderem ein Notar, ein Medizinalrat, ein Lexikonverleger und der Ratskopist.

Das seit 1923 im Schloss untergebrachte Spielkartenmuseum geht noch viel weiter zurück. Hier findet man etwa ein Stuttgarter Blatt, das zwar aus dem 15. Jahrhundert stammt, aber auch schon auf vier Farben basiert. Dem Zeitgeist entsprechend waren das Enten, Falken, Hunde und Hirsche. Gemälde aus jener Zeit, die das Kartenspiel zum Thema machen, arbeiten sich an archetypischen Motiven ab: sich balgende, betrunkene, betrogene und betrügende Spieler. Nur die buhlenden Kellnerinnen trifft man heutzutage nicht mehr so häufig an. Zumindest nicht beim Skat.

»Kuck mal, Alfred, die hatten sogar in Indien Karten«, ruft eine Frau durch die hohen Hallen, das Parkett mit ihren Skistöcken traktierend. Während die polnischen Eltern die Kartenmacherwerkstatt aus dem 18. Jahrhundert studieren, drücken sich ihre pubertierenden Kinder in die hinterste Nische und checken ihre Smartphones. Ein Sonderraum, die sogenannte »Skatheimat«, wurde ausgemalt von Otto Pech, genannt Pix. Wie dieses Museum das weltweit erste für Karten war, so gilt Pix als weltweit einziger

Skatmaler. Auf dem Weg zurück in die Stadt passiere ich nicht nur sein ehemaliges Wohnhaus, sondern auch den Skatbrunnen – selbstverständlich der einzige auf der ganzen Welt. Auf seiner Krone purzeln die hier Wenzel genannten Bauern wie betrunkene Wichtelmänner übereinander, einer scheint dem anderen gar in die Hand zu beißen. Unten hingegen fließt friedlich Wasser aus einem Schweinekopf, der in alten Zeiten das Schellen-Ass zierte. Sein neues Kartenspiel mit diesem Wasser zu benetzen, soll angeblich Glück bescheren. Ich wasche meine Hände darin und bekreuzige mich im Stil eines südamerikanischen Fußballers.

Als ich mich wieder dem Markt nähere, ist das Skatfest bereits in vollem Gange. Läden und Stände offerieren Skatschnaps, -wein und -kaffee, Skatsocken, -briefmarken, -bücherschlüsselanhängerundkugelschreiber. Auch die Altenburger Speisekarten wurden auf das große Ereignis getrimmt. Im *Ratskeller* bekommt man das »Skat-Gericht« mit vier Filetfleischmedaillons. Der Fischimbiss um die Ecke hingegen hat sich einen »Grand mit Dreien« ausgedacht. Auf meinem Teller landet dann jedoch ein Stück Zander mit Brokkoli, überbackenem Käse, Kartoffelpüree und einem Schlag Krautsalat. Da sollte man sich fürderhin um ein bisschen mehr Kartenspielanalogie bemühen, finde ich.

Auf der Bühne heizt eine Blasmusikkapelle die Stimmung mit »Rosamunde« an. Biertische für mindestens 2000 Menschen werden gesäumt von Trink- und Futterbuden aller Art. Sämtliche Thüringer Rostbratwürste hintereinandergelegt ergäben eine Schlange bis hoch zum Schloss und dreimal drum herum. Ein bärtiger Grillmeister mit grimmigem Blick hat rund 60 Stück zugleich aufgelegt, die nun anzubrennen drohen. Wie ein Florettfechter wedelt er mit seiner Grillzange, um die Würste zu wenden. Sein Nachbar verkauft Altenburger Bier, so eine Thüringer hole ich mir dann vielleicht später. Während ich trinke, zwängt sich eine Frau in High Heels an mir vorbei. Sie ist dennoch so klein, dass ihr Busen meine Hüfte streift. »Unverschämtheit«, keift sie im Umdrehen und wirft mir einen tödlichen Blick zu. Gleich kommt sicher einer der sieben Zwerge und rammt mir einen Meißel ins Knie. Die jungen Mädels auf den Bierbänken, aber auch viele erwachsene Frauen übertreffen sich darin, ihre Haarfarbe zu manipulieren. Junge Männer tragen lieber Tattoos und Bekennershirts, eine fünfminütige Bestandsaufnahme ergibt folgende Liste: Krawallbrüder, Hate Crew, Todesstrafe für Kinderschänder, Thor Steinar, W. G. Tarier, Lonsdale und Sa, So, Scheißtag ... Sa, So. Die Blaskapelle lässt auf den »Treuen Husar« die »Biene Maja« folgen und ich auf das erste Bier ein zweites. Als ich mich kurz auf eine fast völlig leere Bierbank setzen will, hackt mir ein puterroter Rentner seinen grindigen Ellbogen in die Seite: »Da sitzt meine Frau, verschwinden Sie hier.«

In der Antike konnten sowohl das lateinische »hostis« als auch das griechische »xenos« je nach Zusammenhang »Kriegsfeind« oder »Gast/Fremder« bedeuten. Die Begrüßungsformel eines Stamms aus Neuguinea lautet »Ich esse dich« – eine recht zwielichtige Form der »Aufnahme«. Und auch im grimmschen Wörterbuch heißt es, Gast komme von »ghas«, das im Sanskrit für »essen« steht. Der Gast wird also nicht ge-, sondern verspeist, den Göttern zuliebe. Und genau so kommt man sich manchmal auch vor: angefressen und ausgespuckt. Aus irgendeinem Grund ist seit meinem Spaziergang zum Schloss alles schiefgegangen mit mir und Altenburg. Da passt es gut, dass auch der Fassanstich durch den Oberbürgermeister zum Desaster wird. Ungezählte Liter schäumenden Bieres pladdern auf den Bühnenboden, es ist ein Jammer. Die Zuschauer schweigen betreten, schütteln die Köpfe, irgendwann kommt vereinzeltes Gekicher auf. »Der Gummi saß nicht«, moderiert der Moderator. »Das Loch war nicht gut vorbereitet.«

Als es schließlich doch noch Freibier gibt, schreiten ausschließlich Männer zur Bühne. Gemessenen Schrittes die einen, gierig die anderen. Es geht um die Eroberung eines Humpens – und wohl auch darum, dem Kapitalismus ein Schnippchen zu schlagen. Bald darauf entert das »Lebendige Skatblatt« die Bühne, 32 als Karten verkleidete Hobbyschauspieler führen ein ambitioniertes Skatstück auf. Man glaubt gar nicht, welche Funken sich aus so einem Spiel schlagen lassen. Es geht um den Kampf der Buben, Damen und Könige, ums Reizen, Stechen und Strecken – das gesamte Register der blumigen Skatsprache von Jungfrauen, Luschen und Maurern bis zu Omas, Schneidern und Rollmöpsen wird abgerufen. Frauen ziehen Männer am Ohr vom Kartentisch weg, und die Herz Dame verliebt sich in den Kreuz Buben, na logisch.

»Wir hier in Thüringen sprechen nicht Sächsisch, sondern Deutsch«, kalauerte mein Eisenacher Wartburgführer. Altenburg allerdings liegt der sächsischen Grenze so nah, dass sich auch der Dialekt nach Osten orientiert. Die beiden alten Damen zu meiner Linken sagen nicht »Skat«, sondern »Schkot« – mit offenem, langem o. Und die pinke Mutter, die ihre Josy sucht, ruft nach »Tschösie«. Ich leere mein Glas und streune herum. Auf dem Topfmarkt haben die Gaukler ihre Buden aufgebaut. Der härteste ist ein kleiner Dickwanst mit rotem Rauschebart und Zipfelmütze. An seinem Stand verkauft er Edelsteine und demonstriert deren Gewinnung mit einem von einem Mühlrad angetriebenen Steinbrecher. Wie Hufe auf Asphalt fallen die Brechstangen auf die Steine, ein Sklaventakt, den man niemandem über Stunden zumuten kann. Wer seinen Stand neben diesem Schrat hat, kann eigentlich nur Gewitter oder Erdbeben verkaufen. Das gnadenlose Gedonner erinnert mich daran, dass ich mit meiner Kondition haushalten sollte. Schließlich will ich mir morgen die Skatkrone aufsetzen lassen. In Gedanken sehe ich, wie man mich, in edelste Wenzelwolle gekleidet, im Triumphzug zum Skatbrunnen trägt. In der Wirklichkeit jedoch komme ich auf dem Weg zum Hotel noch einmal an der Bühne vorbei. Dort wird gerade der alte Gassenhauer »La Bamba« als Arrangement für 14 Akkordeons gegeben – das höre ich mir auf jeden Fall noch an. Als der Song dann nahtlos in »If I had a hammer« übergeht, verschwinde ich in eine kurze Sportschaupause.

*

Im Internet hat jemand bei der Bewertung meines Hotels geschrieben: »Die Frühstückseier waren hart.« Lieber harte Eier als eine weiche Waffel, sage ich mir, das *Engel* ist ein schönes Hotel. Und mein Frühstücksei tanzt sogar genau auf jener magischen Grenze zwischen weich und hart, die nur Großmütter und Sterneköche treffen. Dennoch befällt mich schon jetzt eine fiebrige Empfindlichkeit, die das große Turnier vorausschickt. Die Schuhe schnüre ich erst zu fest, dann zu locker. Am Buffet will der Käse nicht auf die Gabel, und die Technik der verdammten Thermoskanne erschließt sich mir erst nach dem vierten Orangensaft. Ich bin schlecht beisammen, gar keine Frage. Aber das Leben ist bekanntlich kein Minigolfplatz. Sondern ein Skattisch.

Bereits eine halbe Stunde vor Meldebeginn streichen Männer um das Turnierzelt. Manche in größerem Radius, manche direkt vor den Tischen, an denen später das Komitee Platz nehmen wird. Ihre Blicke wirken verkniffen, die meisten haben die Hände in den Taschen. Wer zu zweit unterwegs ist, stellt eine gewisse Ausgelassenheit zur Schau, auch Fachsimpelei schützt vor Lampenfieber. Eine Vierergruppe vergleichsweise junger Teilnehmer versucht sich gar an frühen Späßchen. Auf der Bühne bestreiten die Sächsischen Fahnenschwinger das Vormittagsprogramm. Patriotische Banner fliegen durch die Luft, harmlos im Vergleich zu dieser schamlosen Stimmungsband von gestern Abend. Irgendwo auf dem Weg von DJ Ötzi zu Andrea Berg hatten die Musikanten ihre bayrischen Rautenhemden plötzlich gegen schwarze Shirts der *Böhsen Onkelz* getauscht und ein Lied von denen gesungen. Aber wer sich zu heftig ranschmeißt, kann ja auch direkt in den nächstbesten Arsch kriechen, das ist nur konsequent. Als ich dann an einem Klingelschild statt »Hinter-« »Hitlereingang« las, war es Zeit, ins Bett zu gehen.

Die Herren Ausrichter erscheinen fünf Minuten zu spät, aber dafür in Anzug und Krawatte. Es ist zugig im Zelt, mehrfach fliegen Anmeldeformulare und Spielbögen durch die Luft. Als wir uns anstellen, alle brav hintereinander, hört man es geradezu knistern zwischen den Teilnehmern. Man ist freundlich zueinander, man duzt sich – »Nein, stell dich ruhig vor mich!«. Aber diese Freundlichkeit wirkt eiskalt und scharf wie ein Kartenmesser.

Das Turnier ist auf zwei Runden à 48 Spiele angesetzt. Da jeweils vier Leute eine Runde bilden und der Geber aussetzt, stehen also jedem Skater zweimal 36 Spiele bevor. Zeit genug, ein paar Omas durchzuziehen, ein paar Arbeitssiege zu feiern und fleißig Punkte zu sammeln. Zeit genug aber auch für eine ausgedehnte Pechsträhne. Ich bekomme die Nummer 109 zugeteilt. Die erste Runde werde ich an Tisch 9, die zweite an Tisch 13 bestreiten. Fragt sich nur, wann. Die Schlange vor der Turnierleitung will nicht kleiner werden. Neue Biertische werden herangekarrt, man bedient sich einfach auf dem noch fast leeren Festplatz. Am Ende drängen sich 240 Menschen in das aus allen Nähten platzende Zelt, rund ein Zehntel von ihnen ist weiblich.

Als ich tapsigen Schritts zu meinem Tisch gehe, überfällt mich eine Panikattacke: Was, wenn die hier mit ihrem Deutschen Blatt spielen? Schelle und Eichel statt Karo und Kreuz? Ober und Unter statt Dame und Bube? Mit diesen Symbolen gewänne ich keinen Grand mit Vieren, da könnte ich genauso gut zu einer chinesischen Lyriklesung gehen. Aber der Skatverband hat vorgesorgt, schon seit 1990 existiert ein Kompromissblatt: französische Bilder, deutsche Farben, sprich: Pik ist grün, Karo orange. Damit kann ich leben.

Längst ist die Aufforderung ergangen, nun endlich die Plätze einzunehmen. 239 Skater drängen sich jeweils zu acht an einen Biertisch, nur in unserer Runde fehlt noch jemand. Wir schütteln Hände, tauschen unsere Vornamen aus und reißen das Zellophan vom uns zugeteilten 32er-Packen. Es hat mich zu einem etwa 40-jährigen Würzburger und einem wenig älteren Berliner verschlagen. Der Würzburger nestelt nervös an seiner Brille herum, der Berliner trinkt Cola. Schon wollen wir die Turnierleitung über das Ausbleiben unseres vierten Mannes informieren, da schiebt sich der Vorhang doch noch beiseite.

Ein unendlich klappriges Männlein betritt das Zelt und wackelt mit kleinen Schritten auf Tisch 9 zu. Seine Füße stecken in Lederschlappen, sein Körper in einer pludrigen, grauen Jogginghose und einem fleckigen, viel zu großen Anorak. In beiden Händen trägt er offenbar recht schwere Stofftaschen mit der Aufschrift »Schlecker«. Bevor er uns begrüßt, verstreichen einige Minuten, in denen der Alte sich sortiert. Seine Brille verbirgt sich in einer Metalldose, die von einem Einmachgummi zusammengehalten wird. Noch im Stehen reinigt er die Gläser und schlägt den Gummi erneut um die Dose. Umständlich, wie in Zeitlupe, hebt er ein Bein, übersteigt die Bierbank und sackt schwer atmend, eine Hand auf meiner Schulter, in seine Lücke. Er verschnauft für einen Moment, justiert die Brille, dann nimmt er Haltung an. Sein Kreuz ist durchgestreckt und der rechte Zeigefinger erhoben, als er sagt: »Damit eins klar ist: Wir spielen hier scharf. Wer gegen Regeln verstößt, kriegt die Miesen.«

Alles Weitere verstehe ich kaum. Der Alte nuschelt stark, kommt aus dem Erzgebirge und einer Zeit, in der man noch kompromisslos Dialekt sprach. Mit einer tausendfach geübten Systematik mischt er die noch jungfräulich sortierten Karten, bildet vier Haufen, mischt und streut erneut, bevor er sie dem Würzburger zuschiebt. Ich bin dermaßen eingeschüchtert von dieser Demonstration, dass ich darauf verzichte, die Kellnerin um ein Bier zu bitten. Das Turnier beginnt!

Trotz aller Aufregung lässt es sich gut an für mich. Das erste Spiel gewinne ich als kleinen Pik, die 22 Punkte kann mir keiner mehr nehmen. Der Würzburger antwortet mit einem dreifach besetzten Grand, einer unverlierbaren Oma. In der Folge wird ihm ein ganzes Altersheim auf die Hand kommen und sein Grinsen immer breiter werden. Unerträglich, solche Glückspilze, zumal dieser hier offensichtlich besser beim Mau-Mau geblieben wäre. Nicht dass er falsch bediente oder sonst wie die Regeln bräche.

Aber wenn ihn nicht gerade Fortuna küsst, zieht er aus seinen Blättern zuverlässig die falschen Schlüsse und verdirbt jedem Mitspieler die Laune.

Um nicht den Anschluss zu verlieren, riskiere ich einen Kreuz ohne zwei mit gleich vier Fehlkarten. Grober Unfug, der mich 72 Punkte kostet und meinen Kontostand in die Miesen fallen lässt. Der Berliner mit dem Seehundschnäuzer gewinnt zwei einfache Farbenspiele und bald danach einen dicken Grand. Wenn seine wechselnden Mitspieler Fehler machen, fasst er sich an die Stirn und schüttelt den Kopf. Als Einziger in der Runde hat er den Block nur mit seinem Nachnamen gezeichnet, wahrscheinlich heißt er Adolf. Will er eine neue Cola, zitiert er die asiatische Kellnerin mit einem »Hallo Frühlingsrolle« an unseren Tisch. Genau genommen ersetzt er sogar die r's durch l's, was die Sache nicht sympathischer macht.

Völlig zurückgehalten hat sich hingegen bisher der alte Fuchs. Wie bei jedem routinierten Turnierskater gilt all seine Aufmerksamkeit der Vermeidung von Miesen. »Wenn du ein Spiel verlierst, musst du dafür drei andere gewinnen«, erklärt er mir später. Sein »Passe« nach Aufnahme der zehnten Karte kommt jedes Mal wie aus der Pistole geschossen.

Im 14. Spiel verliere ich einen Kreuz mit sieben Trümpfen, den ich in jeder Fünfminutenpause meines Lebens blind nach Hause gebracht hätte. Meine Hände zittern, mein Mund ist trocken wie der Wüstensand, ich will nach Hause. Gerade, beim zehnten Stich, glaube ich aus dem Augenwinkel bemerkt zu haben, wie der Berliner über mich gegrinst hat. Aus dummem Trotz heraus kündige ich direkt danach einen Grand an, den ich ohne drei Schneider verliere. Nach dem ersten Drittel unserer Rallye stehe ich hoffnungslos abgeschlagen auf dem letzten Platz der Runde.

Das wirklich Unangenehme am Skat ist nicht, dass man verlieren kann. Sondern dass dieses Spiel mit Intelligenz zu tun hat. Natürlich ist die Kartenverteilung zunächst einmal reine Glückssache. Aber danach musst du dich auf deinen Kopf verlassen: Trümpfe und Farben nachhalten, das Abschmeißverhalten der Mitspieler analysieren und die Punkte der beiden Parteien mitzählen. Je besser du dies beherrscht, desto wahrscheinlicher ist es, dass du am Ende als Sieger vom Tisch gehst. Und umgekehrt gilt, jedenfalls auf die lange Distanz: Verlierer sind doof.

Wer nie Skat gelernt hat, wird wahrscheinlich nicht alles verstehen, was ich über dieses Turnier schreibe. Aber auch jeder Mau-Mau-Spieler oder Fußballer kennt das erhebende Gefühl nach einem gewonnenen Match. Der Selbstwert steigt, und wer sich mag, verfügt über eine positivere Ausstrahlung als der zerknirschte Loser von nebenan. Die Autoerotik befördert in der Folge die Leichtigkeit und Souveränität des Vortrags, man spielt erfolgreicher. Dass die Strähne je reißen könnte, dass man irgendwann wieder in ein furchtbar tiefes Loch fallen und sich an die einstige Größe nicht einmal mehr wird erinnern können, steht noch in den Sternen. Aber die Zeit wird kommen, so unweigerlich wie das berühmte Amen in der Kirche.

Der Würzburger und ich sind mittlerweile beide von unserem Alten ermahnt worden, weil wir nach Verkündung des Spiels noch einmal in den Stock gelinst haben. »Beim nächsten Mal«, sagt er, »schmeiße ich.« Aber das wird er auch beim übernächsten Mal nicht tun, denn eigentlich ist er ein gutmütiger Kerl. Dass er vielleicht doch nicht mit dem Skatgott im Bund steht, deutet sich im 19. Spiel an. Die Karten gegen seinen kleinen Kreuz standen allerdings auch dermaßen ungünstig, dass wir 61 Punkte sammeln konnten, bevor er überhaupt zum ersten Stich kam. Kurz darauf kiebitze ich ihm als Geber ins Blatt und beobachte, wie er gierig ein Ass schmiert, mit dem er später den entscheidenden Siegstich hätte machen können. Das Monument bröckelt.

Ein paar Kleinsterfolge lassen meinen Kontostand nach dem 39. Spiel auf −162 steigen, und mit dem todsicheren Null ouvert im 43. verlasse ich zum ersten Mal seit zwei Stunden den Minusbereich. So langsam könnte ich mir vorstellen, statt dem elenden Wasser doch mal ein Bier zu trinken. Wer weiß, mit ein bisschen Glück in der zweiten Halbzeit rutsche ich vielleicht noch in die Preisränge. Altenburg, leg mir dein Zepter zu Füßen!

Aber es hilft alles nichts. Am Ende belege ich einen beschämenden 186. Platz. Irgendein Wahnsinniger hingegen hat praktisch alle Spiele allein bestritten und sie ausnahmslos gewonnen. Sein Punktestand ist derart astronomisch hoch, dass ihn nur ein Herzinfarkt hätte stoppen können.

Ich betrachte mir den Kerl genauer: Er ist unrasiert und um die 60. Wie er sich da an seinem Plastikbecherbier festklammert, wirkt er wie ein Mensch, der sich ohne Karten nackt fühlt. Der hat die ganze Zeit gesoffen, halsbrecherisch gezockt und dabei keine Miene verzogen. Ein echter Cowboy, und das alles ohne Ass im Ärmel. Zum zweiten Mal beschleicht mich der Wunsch, einfach abzuhauen. Aber mein Name steht im Computer, und Skatspieler schießen scharf, habe ich gelernt.

*

Nach fast sechs Stunden in diesem Zelt erschlägt mich die Helligkeit auf dem Marktplatz. Als die Anspannung abfällt, steht mir sogleich eine große Frage vor Augen: Warum habe ich das eigentlich gemacht? Elf Euro Startgeld bezahlt, eine beinahe komplette Arbeitsschicht auf einer unbequemen Holzbank verbracht und mit bitterem Ernst über roten 7en und schwarzen 8en gebrütet? Der teilnahmslose Kerl mit dem Zehntagebart steckt den 600-Euro-Scheck ein wie eine Busfahrkarte. Den Pokal kann er kaum halten. Als er sich am Mikrofon kurz zu seinem Sieg äußern soll, winkt er ab und wankt zum Bühnenabgang. Kurz danach ist bereits der ganze wimmelnde Marktplatz in Auflösung begriffen, denn mit der Siegerehrung des Skatturniers endet auch das Altstadtfest.

Noch immer liegt mir mein Desaster schwer im Magen. Auf dem Weg zur letzten offenen Bierbude treffe ich den Würzburger wieder. Was er sagt, versetzt mir einen weiteren Stich: Unser kleiner Alter von Tisch 9 sei in der zweiten Halbzeit regelrecht eingemacht worden. In dessen »Oberstübchen« sei wohl »gar nichts mehr zusammengelaufen«, erzählt er grinsend.

Ich halte Ausschau nach dem alten Knaben, aber während ich noch den Hals recke, tippt er mir schon an den Rücken. »Wie ist es noch gelaufen bei dir?«, will er wissen.

Ich erzähle ihm von ein paar gelungenen Spielen und frage retour. Aber der Alte winkt wortlos ab. Umständlich deponiert er seine Brille in der Blechdose und wickelt sich die Träger der Schleckertaschen ums Handgelenk. Unterm fleckigen Anorak schlabbert die graue Hose, der Alte verschwindet im Gewühl. Als ich ihn das letzte Mal erspähe, biegt er in eine Seitenstraße des Marktes ab. Und Ralph McTell singt sein Lied von den »Streets of Altenburg«.

Die Bollen-Juste

Berlin-Mahlsdorf

Die Bollen-Juste trug ihren Namen, weil sie ihrem untreuen Freund die Hoden, vulgo: Bollen, abschnitt. Eines Abends, als sie wegen ausbleibender Kundschaft früher als gewöhnlich vom Strich zurückkehrte, überraschte sie Max mit einer Buhlschaft. Wobei, wirklich erschrecken konnte der Kerl gar nicht, lag er doch »besoffen, nackend uff'n Rücken«, neben sich eine »rotköppiche Fohse mit uffjesperrte Schnauze un' die Klaue an sein Maxe«. Juste war keine Frau, die lange fackelt, also »nahm ich det Messer aus'n Korb un' schneide dem Schweinehund den Sack bis an die Arschbacken jlatt ab«.

Die harsche Geschichte wurde der Nachwelt durch den Zeichner Heinrich Zille überliefert. Wie viel daran wahr ist, bleibt sein Geheimnis. Aber dass er sich mit dem beschriebenen Milieu auskannte, ist unbestritten. Schon als junger, unbekannter Zeichner hatte es ihn eher in die dunklen Gassen des Berliner Scheunenviertels als auf den Kurfürstendamm gezogen. Wie Döblins Franz Biberkopf lungerte er stundenlang in schummrigen Bouillonkneipen und Budiken herum – Kellerlochkaschemmen für Hausierer, Kutscher und Kohlenschlepper, in denen man zwar eine heiße Brühe bekam, aber mangels Lizenz oftmals keinen Alkohol. Wenn Zille hier den Skizzenblock zückte und einen der expressiven Charakterköpfe aufs Korn nahm, bekam er nicht selten Ärger. Diesen Leuten ging es weniger um das »Recht am eigenen Bild«, wie man in unseren Zeiten sagt. Die wollten nur nicht auch noch angestarrt werden in all ihrem Elend. Die verbaten sich, dass ihnen irgendein hergelaufener Künstlerfatzke die Seele nach außen kehrte. Und wenn er's doch versuchte, gab's was auf die Mütze.

Der junge Zille zog daraus zunächst die Lehre, noch schneller, noch unauffälliger zu zeichnen. Auf vielen seiner Skizzen sieht man deshalb die später Porträtierten nur von hinten. Als er schließlich zu etwas Geld gekommen war, ging er dazu über, seine Modelle zu bezahlen. Eine im Elend lebende Familie entlohnte er mit einem warmen Essen, während die Juste, die Gurken-Jule, Titten-Erni, Sporen-Jette, Kosaken-Mimi, Kerzen-Traute, Pinsel-Frieda und wie sie alle hießen wohl eher auf bare Marie bestanden. Was sie ihm erzählen, kommt ungeschminkt und zuweilen brutal daher, sexuell aufreizend ist es in den wenigsten Fällen. Es sei denn, man delektiert sich etwa am Broterwerb der »Lutsch-Liese«. Die verdiente ihre elenden Kröten auf dem Boden besagter Budiken. Unter dem Tisch hockend, besorgte sie es der Kundschaft mit dem Mund – man möchte sich gar nicht ausmalen, was sie dort zwischen die Zähne bekam. Das Geld hatten die Freier im Wissen um die Frau zu ihren Füßen bereits in der Manteltasche deponiert, so dass die Liese nach getaner Arbeit wort- und blicklos weiterkrauchen konnte.

Das heute zu Berlin-Mitte gehörende Scheunenviertel wurde früher – der Name ist sprechend – landwirtschaftlich genutzt. Ende des 18. Jahrhunderts entstanden die ersten Wohngebäude, der neue Stadtteil entwickelte sich zu einem Armenquartier mit engen Häusern und verwinkelten Gassen. 100 Jahre später bevölkerten Arbeiter, Elendskinder, Trödler, Huren und Ganoven die Straßen und Kaschemmen zwischen dem Hackeschen Markt und dem heutigen Rosa-Luxemburg-Platz. Schon dem deutschen Kaiser war diese Brutstätte des Verbrechens ein Dorn im Auge. Er wollte das komplette Viertel abreißen lassen. Aber das verbrach dann erst, viele Jahrzehnte später, die DDR.

In der *Schnurrbartdiele*, einer typischen Souterrainkneipe, hatte sich 1890 der erste sogenannte Ringverein gegründet. Um den Sport ging es den Mitgliedern von Anfang an kaum und bald immer weniger. Stattdessen schlossen sich hier Panzerknacker, Schutzgeldeintreiber, Zuhälter und Trickdiebe aller Art zu einer Lobby zusammen, die immer mächtiger werden sollte. Bis 1933 entstanden 70 Ringvereine mit rund 1600 Mitgliedern. Wer Aufnahme finden wollte, hatte zwei »ehrenwerte«, also vorbestrafte Zeugen zu benennen. Wer einsaß, dessen Familie wurde aus der Vereinskasse versorgt. Und den frisch aus dem Knast Entlassenen erwartete vor dem Tor der Chor seiner Vereinsbrüder, bevor es im Wagenkorso zur Stammkneipe ging. »Brüder, wir haben gesessen, weil wir gestanden haben. Jetzt wollen wir uns erheben!«, lautete ein beliebter Trinkspruch.

»Im Scheunenviertel kriegte man immer schon schneller eins aufs Maul als im übrigen Berlin«, formulierte es Charlotte von Mahlsdorf in ihrer Autobiografie »Ich bin meine eigene Frau«. Und genau diesem Transvestiten, dieser Kunst- und Kneipensammlerin, verdanke ich, dass ich nun in der letzten Kaschemme des historischen Scheunenviertels sitze: der *Mulackritze*.

Monika Schulz-Pusch, seit Charlotte von Mahlsdorfs Tod 2002 Leiterin des Gründerzeitmuseums in Berlin-

Mahlsdorf, hat mich außerhalb der Öffnungszeiten eingelassen. Normalerweise besichtigt man das alte Gutshaus samt der ins Museum gezogenen Kneipe nur im Rahmen von Führungen. Bevor sie mich allein lässt, versorgt sie mich mit Kaffee, den ich bitter nötig habe. Auf den Tischen liegen verwaiste Plätzchen der Hochzeit, die hier gestern gefeiert wurde – auch Museen müssen Geld verdienen.

Um den Raum langsam zu erobern, hocke ich mich zunächst an sein zentrales Möbelstück, den Tresen. Hier hat Zille angeblich die »Hurengespräche« geschrieben und an den begleitenden Skizzen gearbeitet. Zilles Tochter, so erzählte sie später, kühlte an heißen Tagen ihre Stirn am Thekenblech. Vielleicht wurde sie dort auch einst von der 2,32 Meter großen Riesin Sofie auf den Arm genommen, die ansonsten Geld für gemeinsame Fotos nahm. Und wenn sie sich umsah, mag sie zwischen den Säufern und Kriminellen auch so manchen Star ihrer Zeit entdeckt haben. Bühne und Unterwelt bildeten zu allen Zeiten eine dynamische Allianz, nicht wenigen war die Unterwelt Bühne und umgekehrt. In diesem »dollen Laden« tranken Henny Porten, Fritzi Massary und Claire Waldoff genauso ihre Molle wie Bertolt Brecht, Hubert von Meyerinck und Gustav Gründgens. Und das junge Pummelchen, das später am berühmtesten von allen werden sollte, hieß Marlene Dietrich.

Das ursprüngliche Gebäude wurde 1770 errichtet und diente von Beginn an als Kneipe. Ihren Namen verdankt die *Mulackritze* der gleichnamigen Straße und der Tatsache, dass der Berliner eine enge Gasse auch als »Ritze« bezeichnet. Wer also schon hier etwas Anzügliches heraushört, hat sich geirrt.

Dieser Tresen ist niedrig, wer sich hier abstützt, muss sich verbeugen. Der »Hungerturm«, ein Glasaufsatz, offerierte einst neben Buletten, Soleiern und Rollmöpsen auch Süßes wie Spritzkuchen und »Kameruner«. Und im Thekenschrank stehen sogar noch Pullen des letzten Öffnungstages: Dreifingerflaschen. Einst enthielten sie »Zeige's bittere Tropfen«.

Wer die allgegenwärtigen, meist handgekrakelten Verbotsschilder an den Wänden studiert, mag zunächst an einen besonders pingeligen Wirt denken. »Glücksspiele verboten«, »Klammern verboten«, »Handel und Tausch im Lokal polizeilich verboten«, liest man da. Aber was den Hausherren betrifft, täuscht der erste Anschein. Denn Fritz Brandt, der hier ab 1922 hinterm Zapfhahn stand, war findig!

Indem er ein »Tanzen verboten«-Schild aufhing, umging er die Tanzsteuer, ohne seinen Gästen rhythmische Bewegungen zur Musik tatsächlich zu untersagen. Und indem er »Protistuierten« vermeintlich den Zutritt verwehrte, ließ er sie zugleich ein und protestierte auch noch mit dem kleinen Buchstabendreher gegen die bigotte Polizeiverordnung. Ganz im Sinne jener anderen Wandtafel, die da verkündet:

Lass nie durch andere Menschen
dich aus der Ruhe bringen
Denk immer an den Kernspruch
des Götz von Berlichingen.

Ich tauche einen Keks in meine Tasse, lutsche den aufgelösten Spekulatius und lausche dem Pendel der alten Wanduhr. Drei kreisrunde, stark nachgedunkelte Bilder stellen Hirsche und schießende Jäger aus. Ein anderes zeigt Helgoland, wo meine Reise begann, noch ohne bunte Hummerbuden. Und Mittelland gab es auch noch nicht. Auf dem Hochtisch hinter mir steht ein Wimpel, der einst dem Verein »Vorwärts 1907« Glück bringen sollte. Man glaubt beinahe, in der Luft liege noch der Geruch von abgestandenem Bier und aufgeweichter Deckelpappe. Dabei war die *Mulackritze* 1963, als sie ins Museum wanderte, schon längst die »trockenste Kneipe« Berlins.

Drei Jahre zuvor war von Mahlsdorf erstmals hier vorstellig geworden. Minna Mahlich, die letzte Wirtin, erzählte ihr von der Geschichte des Hauses. Von der »Dienstagsgesellschaft« zum Beispiel, wo sich Frauen in Männerkleidung trafen, während donnerstags die Männer im Fummel an der Reihe waren. Immer wieder war auch vom Nationalsozialismus die Rede. Im Scheunenviertel schimmerte beständig das Rotlicht, hier wohnten organisierte Verbrecher, und hier hatten sich viele Ostjuden angesiedelt – samt und sonders Gruppen, die den völkischen Vorstellungen der Nazis widersprachen. Aber in der *Mulackritze* wusste man sich zu helfen. Betraten Nazis oder Verdächtige das Lokal, wurde flugs eine Platte der braunen Bewegung abgespielt – und sofort wussten die Stammgäste, was Sache war.

Die rührendste Geschichte ist sicherlich die von Minna Mahlich selbst. Weil sie Jüdin war, hatte ihr Mann eines Tages zum Rapport bei der Gestapo zu erscheinen. Man legte ihm nahe, diese Person zu verlassen, aber Alfred blieb standhaft: »Ich habe meiner Frau am Altar die Treue geschworen, und die werde ich halten«, soll er den Nazischergen erwidert haben. Minna überlebte den Krieg.

Unmittelbar mit der *Mulackritze* hängt auch die Geburt einer der größten und verlogensten Mythen der Nazis zusammen. Im Februar 1930 nahm ein abgebrochener Jurastudent, mediokrer Gelegenheitsdichter, SA-Schläger und kleiner Zuhälter die Hure Erna Jaenichen bei sich auf. Er weigerte sich jedoch, der Zimmerwirtin die geforderte Mieterhöhung zuzubilligen. Diese bat daraufhin den Ringverein Immertreu aus der *Mulackritze* um Hilfe. Albrecht »Ali« Höhler, Mitglied der Organisation, war zugleich der Ex»freund« jenes Strichmädchens. In der Folge macht sich ein schnell zusammengestelltes Rollkommando zu dem dreisten Stenz auf, um ihm eine Abreibung zu verpassen. Es kommt zu einem Handgemenge. Auf beiden Seiten werden Waffen gezogen, aber Höhler zielt genauer. Der 22-jährige Mann, der auf der anderen Seite des Pistolenlaufs stirbt, heißt Horst Wessel.

Der Zuhälter wird zum Märtyrer der braunen Bewegung. Nach der Machtergreifung 1933 erhebt Propagandaminister Goebbels ein vertontes Gedicht des Toten als »Horst-Wessel-Lied« zu einer Art zweiter Nationalhymne. Ali Höhler, Kommunist, landet im Gefängnis. Bald darauf wird er »bei einem Fluchtversuch« erschossen.

Wie durch ein Wunder überstand die *Mulackritze* das »Dritte Reich« – und was von ihrer schrägen Kundschaft übrig geblieben war, kam wieder. Weil sie die »Nutten, Lesben und Schwulen« nicht gemäß Order rausschmiss, strichen die ostdeutschen Behörden Minna Mahlich zunächst ihre Rente als Opfer des Faschismus. Mehrmals entzog man ihr die Schankerlaubnis, allein 1951 wurden im Scheunenviertel 31 Kneipen für immer geschlossen. Ein Jahr später war dann auch für die *Mulackritze* alles vorbei. Die fast 200 Jahre alte Kneipe mutierte zunächst zum Kohlenlager und wanderte dann ins Museum. Als man das Haus 1963 schließlich abriss, fiel Minnas Entschädigung erbärmlich aus. Sie erhielt ganze 7700 Mark. Ost!

Ich wechsele von der Theke in den hinteren Raum, die sogenannte Hurenstube. Einst lag sie genau über dem Lokal, für das zeitweise acht Mädels anschafften. Die *Mulackritze* war in dieser Hinsicht ein Ort der kurzen Wege – unten wurde »angebahnt«, oben vollzogen. Und das im Akkord, die Hurenstube war »immer in Betrieb«, wie Minna Charlotte erzählte.

Auf dem Lotterbett liegt heute historische Unterwäsche ausgebreitet, knielang und mit Spitzen. Von der Größe her könnte das die Bollen-Juste hier vergessen haben. Über der Matratze: der obligatorische Puffspiegel zur Selbstbeschau. Die Frauen wie die Freier muss man sich wohl als recht hartgesotten vorstellen, verfügte dieses winzige Zimmerchen doch ursprünglich über gleich drei Verrichtungsboxen. Zwei kleine Betten, zwischen denen immerhin ein Wandschirm stand, wurden von einer kopfseitigen Chaiselongue ergänzt. Von der aus hatte man, falls gewünscht, beide Seiten im Blick – und hinten durch zudem den »Hurenbock«. Wer einmal genauer über dieses Wort nachdenkt, dem wird auffallen, dass die zweite Silbe doppeldeutig ist. Der Bock: Das kann das brünftig-stinkige Ziegenmännchen sein, aber auch das Holzgestell. Da beugte man sich drüber, um die Hosen runter- und sich den Hintern versohlen zu lassen. Noch heute liegt in der Hurenstube der längliche Koffer, aus dem sich die Dominas bedienten: ein angsteinflößendes Sammelsurium von hölzernen Stöcken, Weidenruten, Peitschen aus Leder oder drahtigem Rosshaar und verschiedenen Klatschen mit ausgestanzten Löchern, die dann wohl ein entsprechendes Muster hinterließen.

»Wenn die Knie zittern, dann trink ein Bittern«, empfiehlt eine der im Raum verteilten Zille-Zeichnungen. Ich studiere die letzten Wandgemälde der *Mulackritze*. Alles vorbei, alles Geschichte, genau wie die Ringvereine. Der »Gemütliche Carl«, Wirt der gleichnamigen Kneipe, hatte beim Kartenspiel immer ein Messer neben sich liegen. Als Heinrich Zille wissen wollte, wie oft er denn damit zugestochen habe, antwortete Carl: zwei Mal, jeweils durch die Hand von Leuten, die ihr verlorenes Geld zusammenraffen wollten.

Ihre dicksten Schlagzeilen machten die Ringvereine im Dezember 1928. Die »Schlacht am Schlesischen Bahnhof« ging in die Berliner Geschichte ein als die »größte Schlägerei, die die Stadt je gesehen hat«. Mehrere Tage bekriegten sich damals die Ringvereine mit rund 40 Hamburger Zimmerleuten, die für den Bau der U-Bahn in die Stadt geholt worden waren. Im Zentrum des Geschehens: Adolf Leib, genannt Muskel-Adolf, seines Zeichens Chef der Immertreuen. An wechselnden Schauplätzen schlugen die Kontrahenten mit allem aufeinander ein, dessen sie habhaft werden konnten – Stuhlbeine, Billardqueues, Messer, Beile und Hämmer. Auf dem Höhepunkt der Auseinandersetzung sind 200 Personen an der Keilerei in einer Kneipe beteiligt. »Reinstürmen und zusammenschlagen« – so lautet Muskel-Adolfs taktische Anweisung. Aber darüber hinaus fallen auch 60 Schüsse. Die Bilanz am Abend jenes 30. Dezember 1928: Ein Ringbruder und ein Zimmermann sind tot, mehrere andere Kämpfer schwer verletzt.

Die folgenden Prozesse belegen noch einmal den Einfluss der Vereine. Man engagierte Staranwälte und schüchterte Zeugen ein, die daraufhin reihenweise umkippten. Niemand wollte mehr irgendetwas gesehen haben. Es hagelte Freisprüche, selbst der Muskel-Adolf kam mit läppischen zehn Monaten auf Bewährung davon. Wenige Jahre später jedoch nahte das Ende der Bruderschaften. Die Nazis waren am Ruder, in den Ringvereinen ging die Angst um. Wer mehr als zwölf Monate Mitglied gewesen war, galt als Krimineller und wurde ohne Umschweife ins Gefängnis gesteckt. Viele andere Brüder wechselten freiwillig zur neuen starken Macht, der SA. Adolf Leib, einst bedeutendster Mann der Berliner Unterwelt, erging es wie seinem Kameraden Albrecht »Ali« Höhler. Er verschwand im KZ und kam bald darauf um – unter ungeklärten Umständen.

*

In der *Mulackritze* kommt ein großer Batzen deutscher Geschichte zusammen. Und es ist ein ganz besonderes Gefühl, einen kompletten Tag allein in diesem historischen Kneipenambiente zu sitzen. Man geht und agiert danach ausladender, existenzieller, wie nach einem bewegenden Kinofilm. Aber es gibt noch einen weiteren Grund dafür, Berlin-Mahlsdorf aufzusuchen. Um noch tiefer in die Vergangenheit zu wandern, an die Ursprünge der heutigen Hauptstadt, durchquere ich den großen Park des Museums. Wo die Bäume und Büsche enden, lande ich jäh auf dem »Berliner Balkon«, einem sanft abfallenden Hügel. Zwar befindet man sich hier lediglich 15 Meter über dem Normalniveau, aber die haben es in sich. Denn dies hier ist das stadtweit einzige unbebaute, uneingeebnete Relikt des Berliner Urstromtals. Wo heute die Spree fließt, verlief sich vor Jahrtausenden das Schmelzwasser der letzten Eiszeit. Weil Urstromtäler schwer zu durchqueren waren, suchten unsere Vorfahren nach möglichst engen Furten, um dort Handelswege und merkantile Knotenpunkte anzulegen. Die schmalste Stelle fanden sie bei 52° 31' nördlicher Breite und 13° 24' östlicher Länge. Seit geraumer Zeit nennt man sie »Berlin«.

Vom Berliner Balkon führt ein Weg hinunter zu den Kaulsdorfer Seen. Irgendwo hinten im Westen steht das neue Scheunenviertel, das heute zu Berlin-Mitte gehört. Genauso belebt, deutlich beliebter jedoch als früher. Mahlsdorf hingegen macht eher den Eindruck eines Aschenputtelkiezes und erinnert mich an jene Reiseregel, die ich vor Monaten aufgestellt habe:

Meide Orte, deren Restaurant-Rankings vom China Saloon, dem Döner King und dem Mäckes an der Autobahn angeführt werden. Oder aber: Fahr genau deswegen hin!

Die Probleme für ausgehwillige Besucher fangen bereits damit an, dass Mahlsdorf über kein echtes Zentrum verfügt. Wer danach fragt, bekommt zur Antwort: »Versuch's mal 100 Meter rechts und links vom S-Bahnhof.« Unter anderem findet man dort einen Griechen, der auf seiner Speisekarte ein »Gyros Herkules« führt. Das Gericht zeichnet sich dadurch aus, dass roher Knoblauch über die Fleischschnitzel gestreut wird. Dem ersten Eindruck nach hat der Koch über meinem Teller rund 15 Knollen durch die Presse gedrückt. Einerseits erschreckt mich das kurz, aber andererseits erwarte ich ja heute keinen Kundenkontakt mehr. Mit großer Entschlossenheit mache ich mich auch über den Ouzo her, den der rasende Kellner mir zur Begrüßung reicht. Ein wenig erstaunt trinke ich danach den zweiten, den er mir im Vorübergehen eingeschüttet hat. Man will ja nicht unhöflich sein, sage ich mir ebenso beim dritten und vierten Hellenenschnaps. Danach jedoch meldet sich der Selbsterhaltungstrieb, ich lasse das fünfte Glas für eine Weile unangetastet.

Am Nebentisch kämpft ein Mann Mitte 40 mit seinem Handy. Offenbar hat er aus Versehen die Lautsprecherfunktion aktiviert. Wie ein glitschiges Seifenstück rutscht ihm das Gerät durch die Finger, während er panisch auf sämtliche Knöpfe einsticht. Blechern hört man die Stimme einer Frau, die anscheinend die seine ist: »Jenny hat sich übel den Fuß gestoßen.«

»Sei mal gerade still«, presst der Mann zwischen den Lippen hervor.

»Was? Bist du auf'm Klo?«

»Jetzt wart doch mal kurz, ich …«

»Jens? Jähäns!«

Der Mann ist nun kurz davor, das Gerät zu zerschmettern. Mit der geballten Faust schlägt er auf die antiquierte Tastatur ein. In seinem Blick kämpfen Verzweiflung, Scham und unbändige Wut um die Vorherrschaft. Irgendwann hat er Erfolg, das Telefon ist tot. Aber vielleicht hat seine Frau auch einfach aufgelegt, weil sie sich um Jennys Fuß kümmern muss. Wer weiß das schon.

Als ich mich wieder meinem Tisch zuwende, steht vor mir ein neues Gläschen Ouzo. Offenbar habe ich im Eifer des beobachteten Gefechts auch selbst schon wieder zugeschlagen. Hat man seinen Zehn-Euro-Teller eigentlich umsonst gegessen, wenn man parallel fünf Zwei-Euro-Ouzo spendiert bekommen hat? Die Antwort auf diese Frage liegt wahrscheinlich eher auf philosophischem oder trophologischem als auf mathematischem Gebiet. Aber wenn man sie fürs Erste einfach mal mit einem »Ja« beantwortet, kann man danach zehn Euro vertrinken, ohne sie wirklich zu verlieren. Diesen erfrischenden Gedanken im Kopf, betrete ich eine Cocktailbar, das einzige kneipenähnliche Etablissement in meinem Teil Mahlsdorfs. Draußen gießen ÖPNV-Mitarbeiter Bitumen in die Furchen entlang der Straßenbahngleise. Drinnen am langen Tresen sitzen Otto, Johannes und eine junge Frau, die sich mir als Nadja vorstellt.

Prallvolle Obstschalen erinnern an die Mixgetränke, die man hier bekommen könnte. Im Moment jedoch wird ausschließlich Bier getrunken. Nadja wartet auf eine Freundin und hat jahrelang für Begleitagenturen gearbeitet. Weil sie bei ihren Beschreibungen ziemlich ins Detail geht, entsteht bei mir schnell eine Verbindung zum Oberstübchen der *Mulackritze*. Schlagen und schlagen lassen, das war wohl auch Nadjas Motto. Gutes Geld hat sie damit verdient, und sich selber gut gehalten dabei. Tolle Frau, wache Augen, und kein Wort über mein »Gyros Herkules«. Als ihre Freundin irgendwann eintrudelt und die beiden weiterziehen, bleibe ich nicht lange allein. Otto hat totalverweigert, genau wie ich. Er allerdings in der DDR. Während ich mit sechs Monaten auf Bewährung davonkam, ging er zwei Jahre ins Arbeitslager.

»Ich bin ein Querulant, das kannst du ruhig so sagen. Aber 100-pro. Da hat schon mein Vater für gesorgt, dass ich mir nichts gefallen lasse. Im Arbeitslager kam der Aufseher an und meinte, ich soll marschieren wie die anderen. In Reih und Glied. Aber bin ich dafür eingefahren oder was? Ich hab dem Heini nur 'nen Vogel gezeigt, und der hat dann auch nichts mehr gesagt.«

In meinem Kopf fahren fünf Gläser Ouzo Karussell, während sich Johannes mit dem türkischen Wirt über Ananassaft austauscht. Die beiden sind sich einig, dass der vom Großmarkt besser schmeckt als die Hausmarke vom Rewe. Uneinig dürften sie sich jedoch bei der Beurteilung von Migranten sein, denn Johannes kommt, wie er sagt, »von rechts«: »Meinetwegen können die Ausländer und die Ausländerfreunde alle bei den Pennern im Reichstag einziehen.«

Otto wiegt den Kopf bei dieser Aussage, betont jedoch,

dass auch totale Wehrdienstverweigerer in der DDR alles andere als »links« waren.

»Ich mag keine Nazis«, sage ich.

»Was weißt du denn schon vom Osten, Kölner!«

»Und wie erklärst du das deinem Wirt hier?«

Meine Frage veranlasst Johannes, einen Aschenbecher vor sich auf die Theke zu stellen und auf beiden Seiten zwei Gläser zu postieren. Aus irgendeinem Grund verwechselt er dann rechts und links, ist sich jedoch sicher, im Zentrum des Aschenbechers zu stehen. »Hier bin ich, mein Lieber, genau hier. Genau in der Mitte unserer Gesellschaft.«

Johannes tippt vehement in die Asche und wischt sich den verschmutzten Finger danach an seiner Jacke ab. Der Wirt stellt grinsend ein neues Bier vor ihn hin: »Was habt ihr eigentlich für Probleme, ihr bescheuerten Deutschen? Meinetwegen könnt ihr hier mit 'nem Hitler auf 'm T-Shirt reinkommen, mir scheißegal. Hauptsache, ihr benehmt euch und zahlt euer Bier.«

Ich hätte gern noch Nadjas Meinung eingeholt, aber wahrscheinlich sitzt sie jetzt gerade ein paar Meter weiter über ihrem Gyrosteller. Als ich bezahlt habe, schüttelt Johannes meine Hand und schlägt mir mit der Linken freundschaftlich auf die Schulter: »Bleib wie du bist, mein Junge. Bleib wie du bist.«

Und obwohl es überhaupt keinen Sinn ergibt, bin ich fest davon überzeugt, dass er das wirklich ernst meint.

*

Max, der untreue Liebhaber der Bollen-Juste, überlebte die rabiate Strafaktion. Ebenso jene Dame, die sturztrunken neben ihm lag. Obwohl auch ihr übel mitgespielt wurde: »Det Mensch spuckte ich in die Schnauze«, zitiert Zille die Juste, »zerrte ihr an die Haare nach'n Korridor, joss ihr mein rosa'n Nachttopf, den se volljeludert, übern Schädel un' verdreschte ihr den stänkrichen Maarsche mit de Reibekeile.«

Wieder genesen, wurde der Maxe »reich un' mächtig fett«, ein »gemachter Mann«. Der zog nämlich fortan mit einem Zirkus durch die Lande und machte sein fehlendes Skrotum zu Geld – als »Ali Osmann Mohammed, Leibeunuche der Sultanin«.

Chinesische Vasen

Helmstedt

Die Cocktailbar hat noch geschlossen, als ich am nächsten Morgen am Mahlsdorfer Bahnhof auflaufe. Beim Griechen wird die Terrasse gefegt, eine frühe Sonne bringt das frisch gegossene Bitumen zum Glänzen. Oben auf dem S-Bahnsteig unterhalten sich zwei Schüler über plötzlichen Erstickungstod als Folge übermäßigen Chipskonsums. Der kleine, dunkelhaarige Kerl namens Denis weiß, was in solch einem Fall zu tun ist: »Schmeiß ihn ins Meer, da kommt doch unser ganzer Sauerstoff her.«

Sein schlaksiger Freund schüttelt den Lockenkopf: »Quatsch, unser Sauerstoff kommt aus'm Wald.«

»Nee, echt nicht. Aus'm Wald kommt nur ganz wenig. Unseren Sauerstoff machen die Korallen, glaub mir das.«

Ich schlendere zum ausgehängten Fahrplan, wo zwei junge Frauen mit ihren Kinderwagen warten. Mindestens eine von ihnen lebt getrennt vom Kindsvater und sucht im Internet nach einem neuen Partner: »Der dritte Vorschlag, du glaubst es nicht, war mein Ex. Ich hab mich direkt wieder abgemeldet bei denen.«

Noch immer liiert hingegen: die beiden Pärchen neben mir im Waggon. Man siezt sich, möglicherweise hat man sich soeben erst miteinander bekannt gemacht. Aber der Sommer lockert die Zungen und befördert die Urlaubsträume.

»Also, Kroatien kann ich Ihnen nur ans Herz legen«, sagt der Mann mit dem Schnäuzer.

»Bliebe allerdings das Sprachproblem«, pariert der Dicke mit der Glatze.

»Na ja, letztes Jahr waren wir in Indien«, kontert die Schnäuzer-Frau, »da konnten wir auch kein Indisch.«

Nach der halben Woche im östlichen Osten von Berlin habe ich mich für einen Sprung an die ehemalige Grenze entschieden. Bei Helmstedt befand sich der bedeutendste Autobahnübergang zwischen BRD und DDR.

Vielleicht lerne ich dort, wo die Mitte im Aschenbecher liegt.

Außerdem ergab die Suchanfrage »Helmstedt + Kneipe« eine dermaßen vielversprechende Reihe von Antworten, dass mir dieses Städtchen schon unbesehen ans Herz gewachsen ist. Im Einzelnen: *Zur Guten Quelle*, *Bierstübchen*, *Gauß-Keller*, *Bines Quelle*, *Funkes Braustübel*, *Umme Ecke*, *Bären-Eck* und *Zum Anker*. Mal sehen, wo der schönste Tresen steht.

Der ehemalige Grenzübergang Helmstedt/Marienborn liegt heutzutage abseits der A2, für die Autofahrer versteckt hinter einer Sichtblende und dem LKW-Parkplatz der dortigen Raststätte. Die weit verstreuten Gebäude führen ein Dornröschendasein – monumental und gespenstisch allerdings statt duftend und süß. Eine vergessene Gefahrenzone, in der die Geister der Vopos Spreewaldgurken lutschend auf den Klassenfeind warten.

Bis 1990 jedoch sah es hier ganz anders aus. Bis zu 1000 Grenzer fertigten jährlich rund drei Millionen Autos ab. Allein der Stromverbrauch der Anlagen entsprach dem einer 20 000-Einwohner-Stadt – kein Wunder, wenn man mit allen technischen und kriminologischen Mitteln bestrebt ist, jedes Westernheftchen, jedes Kofferradio und jedes geschmuggelte Menschenkind ausfindig zu machen. Am nachdrücklichsten bleiben von der Gedenkstätte die Fotos der versteckten, hier aufgeflogenen Flüchtlinge in Erinnerung: eingeklemmt zwischen Radkappe und Rückbank, zwischen Armaturen und Motor oder in einem verblendeten, käfigartigen Teil des Kofferraums. Weil die Grenzer verpflichtet waren, jeden Fluchtversuch akribisch zu dokumentieren, blieben diese Aufnahmen der Nachwelt erhalten. Genauso wie die irrwitzigen Vorschriften zur Leibesvisitation: »Eine körperliche Durchsuchung erstreckt sich auf die Inaugenscheinnahme des unbekleideten Körpers mit seinen natürlichen Versteckmöglichkeiten in Achselhöhlen (...), zwischen den Fingern und Zehen, Gesäßbacken und Schamgegend.« Und sogar die Toten ließ man in Marienborn nicht ruhen. Jeder Sarg eines in den Westen rücküberführten Verstorbenen hatte geöffnet und auf unerlaubte Güter untersucht zu werden. Zwei pubertierende Jungs imitieren in der Totenhalle eine solche Examination.

»Haben Sie etwas zu verzollen?«, fragt der Stehende in schneidendem Ton.

Und der auf tot machende Liegende antwortet: »Ja, kommunistisches Zahngold.«

»Das gab's doch gar nicht, du Schwachkopf.«

»Na ja, Hauptsache, die trugen Nasenklammern bei dem Job.«

Was sie ganz bestimmt mit sich trugen, waren Kenntnisse in »Operativer Psychologie«. So nannte man die Taktik der Grenzer, um Reisende gezielt zu verunsichern. Machte sich jemand verdächtig, wurde er in eine spezielle Garage beordert, wo man seinen Wagen notfalls komplett auseinandernahm. Als ich dort eintrete, läuft gerade eine Führung. Ein junger Historiker demonstriert die Unterbodenspiegelung. Im Prinzip handelte es sich bei den verwendeten Geräten um schlichte Sackkarren, deren Plattform aus Spiegelglas bestand. Eine Gruppe junger Bundeswehrsoldaten lauscht der Geschichte von Escamillo Grünheid, der samt schwangerer Frau und zwei Kindern von neun und drei Jahren im Stauraum eines Mercedes entdeckt wurde. 1978 war das, die Kinder kamen ins Heim, der Vater in den Knast. Um seine Familie vor noch weiter gehenden Repressionen zu schützen, verdingte sich Escamillo bei der Stasi und bespitzelte seine Mitgefangenen. »Diese Flucht hat uns allen das Leben kaputt gemacht«, wird Tochter Sabine später sagen.

Die Soldaten bleiben relativ ernst während des Berichts, nur einer macht abfällige Handbewegungen in Hosenlatzhöhe. Als sie die Halle verlassen, hänge ich mich noch eine Weile an sie. Ihr militärischer Look, die Ausgehuniformen und Bürstenhaarschnitte, intensiviert die Wirkung des Areals. Irgendwann realisiert man, wie hochneurotisch und feige dieser Staat namens DDR war. Wie tragikomisch auch. »Marienborn, du gottverlassenes Nest, du bist die Grenze zwischen Ost und West«, reimten die Zöllner.

Und überflüssig wie die Pest, möchte man hinzufügen.

Die Helmstedter Altstadt ist so überschaubar, dass man sie in einer knappen Stunde umwandert hat – auf dem Kleinen, Langen, Schützen- und Batteriewall zum Beispiel. Über den Lutherweg steige ich hinab ins Zentrum, zur Neumärker Straße. Vor einem der Cafés sitzen drei alte Damen, deren eine einen Lachsack mitgebracht hat. Reihum drücken sie darauf und giggeln sich kringelig. Erst als die Kellnerin mit dem Tablett kommt, verstecken sie das Teil wie ertappt in einer Handtasche.

»Getrunken wurde viel dort oben, sage ich Ihnen offen und ehrlich«, hat einer der Grenzer zu Protokoll gegeben, als man aus Marienborn eine Gedenkstätte machte. Und auch hier im Städtchen wird offenbar gern und zeitig gebechert. An einigen der vorrecherchierten Kneipen bin ich vorbeigekommen. Sie waren geschlossen, entweder noch oder für immer. Der *Gauß-Keller* jedoch steht offen, die Stimme der Kellnerin weht ins Tiefe Tal, wie dieses malerische Gässchen heißt. Und sie sagt: »Der Erwin ist knüppelvoll.«

Was sie damit meint, wird mir klar, als im nächsten Moment ein schwer angeknockter Mann ins Freie wankt. Wie ein hinterrücks Erschossener fällt er in die Arme der bereitstehenden Taxifahrerin und lallt: »Hassu auch so 'n schön'n Arsch wie die Kellnerin?«

Statt einer Antwort bugsiert sie ihn geschickt auf die Rückbank, wo er sofort einschläft. Meine Uhr zeigt eine Minute nach vier, alles bestens.

Carl Friedrich Gauß ist mir schon in Marbach begegnet – als Lobredner auf seinen Kollegen Tobias Mayer. Die beiden trennt ein halbes Jahrhundert. Gauß wurde 1777 in Braunschweig geboren, hat aber in Helmstedt studiert. Anekdoten besagen, er habe das Summieren vor dem Sprechen gelernt und seinen Vater schon als Dreijähriger bei der Lohnabrechnung korrigiert. Seine ersten mathematischen Meriten verdiente er sich mit 19, als er die Konstruierbarkeit eines regelmäßigen Siebzehnecks bewies. Bis ins hohe Alter war er in der Lage, selbst komplizierteste Rechnungen im Kopf durchzuführen. Der Deckel meines Thekennachbarn mit seinen acht Strichen und vier Kreuzen wäre also sicherlich kein Problem für Gauß gewesen. Ob das auch für Heiner gilt, ist allerdings fraglich. Wer so krumm sitzt, rechnet nur noch mit den Fingern. Aber reden kann er.

»Ossis erkennt man an ihren Klamotten«, erklärt er mir, »auch heute noch. Die Weiber tragen Dauerwellen und Feinstrumpfhosen mit Naht, die Männer Cordhosen und Frotteesocken.« Für die »Feinstrumpfhosen« hat er dreimal Anlauf genommen.

»Na ja«, sage ich, »besser als umgekehrt.«

Vom Fenster her meldet sich eine Frau zu Wort, vor der ein giftig schimmerndes Gläschen Wodka-Waldmeister steht. Ihrer Aussprache nach ist es nicht das erste heute. »Was glaubst du, Heiner: Kommst du mal in den Himmel oder in die Hölle?«

Heiner weiß es nicht, die Frage scheint ihn zu überfordern. Aber wen auch nicht.

»Ich glaube, wir kommen alle in die Hölle«, antwortet sich die Frau stattdessen selbst.

»Die Karin war ja letztens auch ganz schön ..., also, wie die's wohl noch nach Hause geschafft hat«, sagt Heiner.

»Ja, dabei hatte die nur drei Wodka-Waldmeister und zwei straighte«, steigt die Kellnerin ein. Panja ist eine imposante Erscheinung von Ende 40, die mir sofort gefällt. Das zur Mähne geföhnte Haar, die eingefärbte Tolle und diese halsbrecherisch designten Kunstfingernägel wecken in mir ein Gefühl der Geborgenheit. Ein Mensch, der Wert auf sein Äußeres legt, zapft auch ein gutes Bier.

Meine Sympathie für Panja steigt in den Himmel, als sie sich als Fan des 1. FC Köln outet. 1978, erzählt sie, habe sie sich unsterblich in Pierre Littbarski verliebt und hänge seitdem am Geißbock. Wie ich ist sie sogar Mitglied des zukünftigen Champions-League-Siegers vom Rhein. Ihr Mann, sagt Panja, ist Wolfsburg-Fan. Aber zu Hause hat er ihr, das muss wohl Liebe sein, ein eigenes Litti-Zimmer eingerichtet.

Zum Feierabend füllt sich der *Gauß-Keller*. Ich lerne

Titus kennen, den Wirt, der auch an seinen freien Tagen gern auf seinem Bänkchen hinter der Theke sitzt. Heiner wird mit jedem Korn immer kleiner, irgendwann wird er verschwunden sein. Panja zapft, was das Zeug hält, ihre fliegenden Finger hinterlassen psychedelische Schlieren in der Luft. Direkt hinter der Tür zur Männertoilette hängt ein mit einem Lichtsensor ausgestatteter Papierspender. Die ersten drei Male erschrecke ich mich zu Tode, wenn er beim Eintreten unvermittelt anspringt. Beim vierten Gang bin ich vorbereitet und umgehe das Problem mit einem eleganten Hüftschwung. Ich bin also angekommen im *Gauß-Keller*, hier kann ich jederzeit wieder hin. Mich überfällt ein Glücksgefühl, dem ich mit einem kumpelhaften Schlag auf Heiners gekrümmten Tresenrücken Ausdruck verleihe.

»Alfred, alter Schlawiner«, lallt er in meine Richtung, keine Ahnung, wer Alfred ist. Stattdessen taucht Carl Friedrich vor mir auf, das Mathematik-Genie. Er animiert mich zu dem Versuch, 0,3-Liter-Einheiten in 0,2, 0,4 und 0,5 umzurechnen. Ich scheitere kläglich, wahrscheinlich wäre es vernünftiger, langsam nach Hause zu gehen.

Auf der Straße merke ich, dass ich inzwischen nicht nur schwer von Begriff bin, sondern auch eine leichte Schlagseite habe. In den *Kochlöffel* kippe ich so abrupt wie andere in den Sexshop. Aber die Burger stärken mich, und *Bines Quelle* lockt. »Kann man gut mal hingehen«, hat Heiner erzählt, er sei da auch schon zweimal gewesen. In 50 Jahren Helmstedt, nun ja. Aber von all den herrlichen Kneipennamen der Stadt schien mir dieser von Beginn an am attraktivsten. Quellen stehen immerhin für einen Ursprung, für den Mythos Natur, für Reinheit und Erquickung. Und dann fragt sich natürlich darüber hinaus ein jeder: Wer ist Bine?

Vom Tiefen Tal in die Friedrichstraße ist es kein Katzensprung. Ich marschiere über den Gröpern zum Großen Katthagen und biege in die Beireisstraße ab. Kurz hinterm Asylbewerberheim stehe ich plötzlich vor einem Kiosk. Sollte das etwa alles gewesen sein? Eine ruhrgebietsartige Trinkhalle, in der man seine Pulle zwischen Weingummi, Chipstüten und Konservendosen schlörkt? Ich will mich schon enttäuscht abwenden, als die Tür aufgeht und von irgendwoher Gelächter an mein Ohr dringt. Also beschließe ich, der Sache auf den Grund zu gehen.

Die Glastheke mit den Lakritzschnecken, Sauerstäbchen und Marshmallows ist verwaist. Aber am Ende, wo normalerweise der Privat- oder Lagerbereich der Büdchenbesitzer beginnt, sehe ich einen Durchgang. Ich folge dem Gemurmel, *Bines Quelle* entpuppt sich als Kiosk mit angeschlossenem Biervertilgungsraum. Ein paar hell laminierte Möbelstücke umrunden eine kleine Theke, an der an diesem Sonntagabend nicht ganz zehn Leutchen sitzen. Über ihren Köpfen schwebt ein abgehangenes Flaschenregal, das offenbar von einer Fliegenplage heimgesucht wird. Vielleicht ist da mal ein Likör ausgelaufen, der die Tiere anzieht. Die Kneipengäste hingegen laben sich an Salzstangen und Erdnüssen, die es dank dem Büdchenbetrieb umsonst gibt.

Direkt vor dem Zapfhahn finde ich einen freien Hocker und lande neben einem feucht gescheitelten Mann in Arbeitsklamotten, der trotz seiner jungen Jahre Egon heißt. Zu meiner Rechten: eine ältere Frau, die gerade aus einem Jazzkonzert kommt. »Ich war gerade in einem Jazzkonzert«, sagt sie. Hin und wieder. Mehrmals. Verdammt oft.

»Letztens mussten wir hier einen rausschmeißen«, erzählt Egon. »Das ist aber die Ausnahme, Schlägereien gibt es eigentlich nur im *Bären-Eck*.«

»Da dafür jeden Tag«, ergänzt Friedhelm, der auf einem Bänkchen an der Tresenkurve sitzt. Und um mir klarzumachen, dass ich hier nicht irgendwo bin, schiebt er nach: »Bei Bine verkehren auch Geschäftsleute. Und Ärzte.«

Im *Bären-Eck* muss ich unbedingt einmal vorbeischauen, so viel steht fest. Auch bei Bine geht es zunächst um den Ost-West-Gegensatz. Irgendwie hat es dieser Ort einst geschafft, ein paar 100 Meter westlich der alten innerdeutschen Grenze zu landen. Aber was früher als Glück angesehen wurde, wird heute offenbar zur Last. Helmstedt, da sind sich alle einig, ist seit der Wiedervereinigung ausgeblutet. »Auf der Neumärker schlurfen nur noch Wattefüße rum«, sagt Friedhelm, »da fühlt man sich wie im Altenheim.«

»Und die Ossis führen sich hier auf wie die Könige, dabei leben die doch von unserem Geld«, empört sich Egon. Ossis, so lerne ich, haben dicke Autos, in denen sie mit 140 Sachen und grundsätzlich besoffen durch die Heide rasen, ohne je bestraft zu werden. Außerdem sind sie alle arbeitslos und wollen das auch nicht anders. Vermutlich haben sie zudem die deutlich größeren Penisse, können besser tanzen und nehmen den Wessis die Frauen weg.

In meiner Pension habe ich Ähnliches gehört. »Die Ostdeutschen«, sagte meine Wirtin, »haben uns ausgesaugt wie die Vampire. Wobei, ich habe nichts gegen die. Mein Bruder ist sogar letztens nach drüben gezogen. Aber wie geht das, dass die sich alle 'nen riesigen Pool in den Garten setzen? Ich kenn' sogar einen, der hat 'nen Tresor im Keller, stellen Sie sich das mal vor!«

Ich stelle mir einen Tresor vor, versteckt hinter einem Ölgemälde mit saufenden Pfaffen von Leonardo da Vinci, das allein schon 500 Milliarden Ostmark wert ist. In dem Tresor wiederum lagern die eingeschrumpelten Augäpfel von Margot Honecker, ausgerichtet auf den Grenzübergang Helmstedt/Marienborn. Das muss das Hasseröder sein, vielleicht vertreibt ein Schnäpschen den Horror.

»Ist alles ganz schön schittikowski heutzutage«, sagt die Jazzfrau, ohne dass sich ein logischer Zusammenhang erkennen ließe. »Kennt ihr das Wort schittikowski?«

Boney M. besingen die »Rivers of Babylon«, während sich über meinem Kopf eine Fliegenarmada formiert. Friedhelm und die anderen haben das Thema gewechselt: »Zwei Krakauer für vier Euro, da kannst du nicht meckern«, höre ich ihn sagen.

»Da würd ich direkt drei nehmen«, erwidert Egon und dreht sich eine neue Fluppe von seinem Billigtabak. »Der ist genauso stark wie Schwarzer Krauser. Und ein Päckchen geht bei mir jeden Tag in die Luft«, erklärt er mir grinsend.

»Hartes Kraut«, sage ich. »Dann kennst du bestimmt diesen markanten Husten, der einem hin und wieder zu schaffen macht.«

»Das kannst du glauben, mein Lieber. Ich huste jeden Morgen überm Klo, wenn du verstehst, was ich meine.«

Ich verstehe das, vermeide jedoch, es mir auszumalen. Vorn klingelt die Ladentür, ein Typ mit Zopf und Unterhemd tritt ein. Er brauche vier Flaschen Bier, ruft er aus dem Büdchenbereich nach hinten. Gleich beginne der »Polizeiruf 110«. Karla, die heute Bine ersetzt, gleitet von ihrem Hocker und macht sich auf den Weg nach vorn. Eine groß gewachsene, tapfere Frau, die dem Leben jederzeit ein Auge auskratzen würde, wenn es ihr krummkäme. Solange es einigermaßen läuft, lebt sie von Minijobs und hält die Kraken vom Arbeitsamt auf Distanz.

»Der Staat ist dein Feind geworden«, sagt Friedhelm, prägnanter kann man das kaum formulieren.

»Und gestern ist meine vorletzte Katze gestorben«, ergänzt Karla. »Erst sind ihr büschelweise die Haare ausgefallen, dann war sie tot.« Sie sei sehr traurig heute. Am liebsten würde sie nach den ganzen Kneipenjobs und der Zeit im Altersheim wieder in der Landwirtschaft arbeiten. So wie als Kind.

Während ich die letzten Nüsschen aus dem Unterteller einwerfe, werde ich melancholisch. Das Schicksal von Karlas Katze geht mir ans Herz. Obwohl wir uns erst seit ein paar Stunden kennen, scheint Egon meine Gefühle zu erahnen: »Ich sag dir eins, Alter«, sagt er, »morgen ist hier die Bine persönlich am Start. Da musst du auf jeden Fall vorbeikommen.«

Und damit schenkt er mir ein Stückchen Zukunft.

*

Dass in meiner Pension die Raucherzimmer überwiegen, stört mich beim Aufwachen deutlich mehr als gestern Abend. Der Nikotingeruch im Flur wird mit einem sehr intensiven, an Rasierwasser der unmittelbaren Nachkriegszeit erinnernden Spray bekämpft. Uwe Seeler würde sich sofort die Pausbäckchen patschen, aber mir reißt dieses Bukett die Nasenflügel aus. Normalerweise verteidige ich Raucher, wo immer sie Hilfe brauchen. Aber nach einem Abend in *Bines Quelle*, der auf einen Nachmittag im *Gauß-Keller* folgte, benötigen die Sinne einfach ein wenig Erholung.

Die »Helmstedter Nachrichten« informieren über eine Frau, die sich für ihre Hochzeit schminken ließ, ins Brautkleid schlüpfte, zum Fotografen fuhr und währenddessen an einem Radioquiz teilnahm. Sie gewann einen Luxuskühlschrank. Dieses viel beschworene weibliche Multitasking beherrscht leider auch meine Wirtin, indem sie beim Eierkochen eine Kippe nach der anderen durchzieht. Goldfield-Wolken wehen über die Weckchen, aber die weit offene Küchentür zu schließen, wage ich nicht. Außerdem müsste ich dafür aufstehen, und das verbietet mir mein Gleichgewichtsorgan.

»Die Leute klauen alles, das glaubt man gar nicht«, sagt die Wirtin. Ihre Kippe hat sie auf einem Aschenbecher zwischen Marmelade und Mettwurst abgelegt. »Die klauen die Batterien aus der Fernbedienung und die Häkeldeckchen unter der Nachttischlampe.«

Ich erinnere mich an das grüne Deckchen mit den zarten Fransen neben meinem Bett. Wer steckt denn so was ein?

»Die klauen die großen Badehandtücher, die schrauben die Duschköpfe ab, ich kaufe jeden Monat Kleiderbügel nach, und einmal war sogar das Telefon weg. Eigentlich lege ich die Seifenstückchen nur deshalb aus, damit die Leute was zu klauen haben. Es gibt Menschen, das glaubt man gar nicht.«

Stimmt, zum Beispiel das spanische Pärchen am Fenstertisch. Offenbar haben die beiden noch nie ein deutsches Brötchen gesehen, geschweige denn aufgeschnitten. Sie studieren ihre Semmeln wie zwei 100-Jährige, die zum ersten Mal ein Smartphone in der Hand haben. Vor allem die Technik des Mannes – das Messer wie einen Kuli und das Brötchen weit von sich gestreckt haltend – wirkt recht kraftraubend und dem Ergebnis – einer total zerfledderten Wecke – nicht würdig. Die Frau hingegen pult, pflückt und kratzt derweil schon hoch konzentriert den Teig von der Kruste und grundiert die Mulde sodann mit reichlich Butter. Bevor sie das Brötchen in ihre Tasse mit heißer Milch dippt, füllt sie den Rumpf mit einem obszönen Haufen Zucker auf. Einem normalen Menschen würden angesichts dessen die Zähne weglaufen, aber diese Frau handelt wohl in purer Notwehr. Mein bescheidenes Spanisch reicht immerhin aus, um zu verstehen, dass die beiden Iberer deutsche Frühstücksbuffets arg gewöhnungsbedürftig, um nicht zu sagen: ganz schön »mierda« finden.

Die ihr Brötchen sezierende Frau erinnert mich an einen Schaufilm im Paläon, dem hypermodernen Urzeitmuseum im nahen Schöningen. Der architektonisch gewagte Koloss verdankt sich dem Fund gleich mehrerer rund 300 000 Jahre alter Speere in einem Braunkohlentagebau. Unsere Vorfahren jagten dort vor allem Przewalski-Pferde, von denen man Dutzende Gerippe freilegte. Um zu demonstrieren, wie die Ur-Menschen Fleisch gewannen, zeigt der Film die Häutung und Aufbrechung eines Pferdes mittels historischen Steinwerkzeugs. Experimentalarchäologie nennt sich diese Fachrichtung, und spätestens anlässlich dieses Auftrags würde ich das Fach wohl wechseln.

Der riesige totrote Leib, dieses schmatzende Geschabe und Gezerre – das könnte meine Frühstücksspanierin besser.

Selten empfand ich frische Luft als so wohltuend wie heute beim Verlassen der Pension. Ruhe, Helligkeit, ein neuer Tag in der darbenden Stadt. In Helmstedt gab es einst eine Universität, sie wurde 1810 aufgelöst. Die Menschen strömten ins Kurtheater von »Bad« Helmstedt, aber Ende des 19. Jahrhunderts war das Bäderwesen am Ende. Der letzte Braunkohlentagebau stellte 2002 seinen Betrieb ein. Aber wenigstens ist das Gefängnis in der Stobenstraße seit 1843 ununterbrochen belegt.

»Fast nur schleimer und verräter werden dort gehortet

Essen unter aller würde«, behauptet ein Insasse auf einer Knastplattform im Internet. Ein paar Häuser weiter stehen drei Männer vor einer Arztpraxis und drehen sich Zigaretten. Ich versuche Egon auszumachen, aber der hängt wahrscheinlich noch Bröckchen hustend über seiner Kloschüssel. Im Juleum, der ehemaligen Hochschule, hat gestern ein gregorianischer Chor gastiert, um 18 Uhr. Da saß ich im *Gauß-Keller*, schade.

Ich ziehe weiter, auf der Suche nach Wasser und dem Sinn des Lebens. Nachdem ich endlich die Neumärker erreicht und mich mit einer Flasche Selters eingedeckt habe, starte ich meinen heutigen Ausflug. In und um Helmstedt existieren drei Grenzdenkmäler, ich will jeden Tag eines besichtigen. Nach Marienborn ist heute Hötensleben an der Reihe. Das Dörfchen lag dermaßen dicht an der Grenze zum Westen, dass die sozialistischen Bürger hier eines besonderen Schutzes bedurften. Also legte man westlich des Weilers über die normalen Grenzanlagen hinaus gleich zwei Mauergürtel an. Der sechs Meter breite Kontrollstreifen K6 diente dabei der »Spurensicherung«. Dieser erbarmungswürdige Erdstreifen hatte alle Zeit völlig entlaubt zu sein, um selbst das Pfötchen eines jeden Eichhörnchens offenzulegen. Neben regelmäßiger Behandlung mit Pestiziden wurde die Erde zudem mehrmals täglich geeggt – hier wird klar, warum in der DDR Vollbeschäftigung herrschte. Wer dennoch versuchte, die Republik via Hötensleben zu verlassen, scheiterte womöglich an den Höckern im KFZ-Sperrgraben. Die nämlich standen im Abstand von knapp unter Trabantbreite nebeneinander, mithin: Da musste man sich schon richtig dünne machen. Und dahinter wartete, als letzte und schwerste Prüfung, die mit Splitterbomben versehene Selbstschussanlage, die einen Flüchtling binnen Sekunden zerfetzen konnte.

Da geht so manchem die Verhältnismäßigkeit flöten, anders kann ich mir den folgenden Dialog nicht erklären.

»Mama, Mama, warum ist das denn alles noch hier?«, fragt das kleine, vielleicht achtjährige Mädchen auf dem Weg zum hangaufwärts gelegenen Wachturm des Grenzabschnitts.

»Damit so etwas Schlimmes nicht noch mal passiert«, antwortet die Mutter. »Und wenn du größer bist, zeigen wir dir was noch Brutaleres.«

»Was denn?«

»Dann fahren wir mit dir nach Bergen-Belsen.«

Au ja, da komme ich mit.

Der Westen reagierte auf die Hötenslebener Verriegelung mit der Anlage eines Schaupodestes. Wie Hitler und Mussolini im berühmten Sesselduell bei Charlie Chaplin schaukelten sich Ost und West immer höher: Wuchs die Mauer, wuchs auch das Podest. Und Weihnachten sangen dort Chöre gen Osten.

»Mama, Mama, krieg ich gleich eine Pommes?«

»Jetzt gucken wir uns erst mal noch den Wassergraben und die Trasse für die Spürhunde an. Und dann sehen wir weiter.«

Wie es für mich weitergeht, habe ich von langer Hand geplant. Gestern war ich zuerst im *Gauß-Keller* und danach bei *Bine*. Heute will ich es andersherum machen. Und vorher noch mal zum *Kochlöffel*.

Der Imbiss ist voller als gestern, die Bedienung dieselbe: »Großmittelklein? Welchesgetränkcolafantasprite? Kommtwasaufdiepommesihrepostleitzahlbitte?«

Während ich mich für ein Cola-Pommes-Menü mit zwei Burgern entscheide, setzt das Damentrio neben mir auf die große Mischtüte Chicken Wings, Frühlingsrollen und

Hähnchencrossies. Auch nicht schlecht, hätte ich mir vielleicht ebenfalls bestellen sollen. Zumal ich mir einbilde, dass die Burger heute nicht so gut schmecken wie gestern.

Für Kochlöffelfrikadellen gilt womöglich dasselbe wie für Bifis: Die erste schmeckt herrlich, die zweite bedenklich, die dritte ist tödlich. Jedenfalls spüre ich dieses Mal viel stärker die gummibärchenartige Konsistenz, aus der Kochlöffelburger gemeinhin bestehen. Aber vielleicht ist es auch nur so, dass diese Bratlinge jeden Tag ein bisschen intensiver wirken. Wer weiß, morgen schmecke ich wahrscheinlich sogar heraus, wie viele rote und Goldbären in meinen Burger Eingang fanden.

Die Frauen kauen noch an ihren Knöchelchen, als ich zu meiner Spätschicht aufbreche. Über Helmstedt scheint die Sonne, die örtliche Rockerbande fährt ihre Maschinen spazieren. »Helmstedt ist eine Abteilung des offenen Vollzuges. Bei den hier untergebrachten Gefangenen besteht weder Flucht- noch Missbrauchsgefahr«, betont die JVA-Website. Eine Viertelstunde später stehe ich Bine gegenüber.

Wie Panja setzt auch sie auf künstlich-kunstvolle Fingernägel von erstaunlicher Länge. Mit ihrer zarten Ornamentik und der länglichen Bogenform erinnern sie an chinesische Vasen. Wie man allerdings mit chinesischen Vasen an den Fingern Bier zapfen kann, ist mir ein Rätsel. Leichter ist es wahrscheinlich, mit diesen Teilen die Colafläschchen und Speckmäuse aus den kleinen Plastikboxen zu spießen.

»Bei mir hat jeder zwei Deckel«, erklärt Bine mir zum ersten Bier, »einen fürs Glas und einen für die Striche.« Denn sie mag es nicht, wenn diese Dokumente nass werden.

Ich bin heute drei Stunden später als gestern, und seriöse Trinker haben ihre festen Zeiten. Deshalb erkenne ich von den Tresenhockern nur Agnes wieder. Sie sitzt wie gestern hinten in der Fensterecke und jagt Fliegen, ihre einzige Beschäftigung neben dem Alsterglas. Reden scheint ihr nicht zu liegen, es gibt jedenfalls geselligere Gesellschaft als Agnes.

Bewegung kommt eigentlich nur in die knochige Gestalt, wenn sie auf den Fußring ihres Hockers steigt und im Flaschenregal nach toten Insekten sucht. Die kehrt sie dann mit der Fliegenpatsche in den daruntergehaltenen Aschenbecher. Ein zuweilen waghalsig anmutender Stunt, denn festhalten kann sie sich nicht dabei.

Neben mir sitzt heute Wolfgang, der einzige Ossi der Runde. Er hat früher als Fernfahrer gearbeitet und träumt von einem Lebensabend in Lissabon. Seine weiße, nach hinten geföhnte Mähne erinnert mich an Tai Lung, den bösen Tiger aus »Kung Fu Panda«. Aber Wolfgang sucht nicht den Kampf, sondern eine fähige Friseuse. »Zu meinem 65. will ich mir 65 Rastazöpfe flechten lassen«, erklärt er, »und die dann für fünf Euro das Stück verkaufen.«

Auch Agnes trägt Locken, wenn auch keine echten. Der alte Walter behauptet, sie habe 75 Euro für diese Frisur bezahlt, ein unerhörter Preis. »Ich erkenne jede unechte Frisur sofort!«, sagt er. Und begründet dies damit, dass er in den 1980ern, lange vor seiner heutigen Strähnenglatze, mal einen Minipli getragen habe.

Bevor sich seine Ereiferung über Agnes, falsche Frisuren und horrende Preise zu einem Infarkt verstärkt, biegt Bine um eine andere Kurve: »Ich bin naturrot, dass das mal klar ist.« Und dann wirft sie einen Rothaarigenwitz in die Runde, der selbst dem Cuxhavener Aale Peter die Schamesröte ins gegerbte Antlitz treiben würde.

Bine und die anderen zählen ihre Friseusen auf, aber das

Problem, wie man genau 65 Zöpfe gleichmäßig um einen Kopf verteilt, bleibt ungelöst.

»Als Jugendlicher hatte ich auch schon mal Rastalocken«, sagt Wolfgang, aber das sei in einer mittleren Katastrophe geendet. Das Flechten habe erstmals nach Jahren die unter der Matte versteckten Ohren freigelegt, die dadurch der glühenden Sonne jener Tage ausgesetzt waren. Sie verbrannten so extrem, dass die Haut Blasen schlug. »Das waren Ohrringe, die sich keiner wünscht.«

Walter hat nicht viel verstanden von unserer Unterhaltung. Aber wie es in Kneipen so ist, dockt er dort an, wo es ihm am besten passt: »Bei mir im Hochhaus hat es auch mal gebrannt«, sagt er. »Da durfte ich acht Tage im Hotel wohnen.«

Ich verlasse die beiden kurz für einen Gang zum Klo, das Bine ihre »Keramikabteilung« nennt. Im Radio läuft ein Lied vom »singenden Friseur«. Für eine Sekunde meldet sich ein Heimatgefühl, weil dieser Superstar aus der Nähe von Köln kommt. Aber dann verabschiedet es sich auch schon wieder. Da kokettiert einer allzu hemmungslos mit seiner Unfähigkeit, als dass ich Gemeinsamkeiten herstellen wollte. Dann doch lieber eine Neuauflage des Ost-West-Konflikts, für den Bine heute einen originellen Fokus findet.

»Auf unseren Kellerpartys gab's immer Strohrum«, erzählt sie. »80 Umdrehungen hatte der. Und den haben wir dann mit einem Schuss Eierlikör oder Tri Top veredelt.«

Die Sirupmarke sagt Wolfgang nichts, Tri Top ist ein Westprodukt. Aber mit Hochprozentigem kennt er sich aus: »Dafür hatten wir im Osten Prima Sprit, fast reiner Alkohol, 92 Prozent. Der kam aus dem Erzgebirge und war eigentlich für Aufgesetzten gedacht.« In der DDR, so Wolfgang, bekam man Prima Sprit an jeder Ecke, flaschenweise, ganz legal und auch als Kind. »Sagen wir so: Mit dem Zeug konnte man eine Bowle ansetzen, klar. Aber man konnte sich auch damit umbringen.«

Bine hat die Lichter angedreht. Wann habe ich zuletzt in einer Kneipe mit bodentiefen weißen Gardinen gesessen? Oder sind das gar keine Gardinen? Wolfgang schwört, am Fuße seines Bieres nach Hause zu gehen. Ich habe das Gefühl, jemand streicht mir durchs Haar. Die Jazz-Frau, aber heute kommt sie aus einem Marilyn-Manson-Konzert. Rechts in der Ecke schlägt Agnes weiter auf die Fliegen ein. Längst hält sie den Aschenbecher nicht mehr unter die Patsche, früher oder später wird sie Chitin trinken.

»War Eule schon da?«, fragt jeder neu Eintretende. Leider werde ich Eule nie kennenlernen, ich muss weg. Zeit für den *Gauß-Keller*.

Das Tiefe Tal liegt da wie ausgestorben, nur aus dem Souterrain des *Gauß-Kellers* fällt fahles Licht auf die Gasse. Am Tresen erzählt ein Mann mit jugendlichem Gesicht, einer grauen Matte und locker 60 Jahren auf dem Buckel von einem Unfall, den er als Junge hatte.

»Neunzehn-Neunundsechzig war das. Ich saß hintendrauf, und dann hat der Enno diese Kurve nicht gekriegt. Ich bin wie 'n Torpedo vom Motorrad runter und ins Schaufenster von 'nem Klamottenladen geknallt. Komplett durch die Scheibe durch, und dann stand ich auch schon wieder draußen und hab gesagt: ›Keine Bullen. Ich bin fit, Enno, lass uns abhauen.‹

Was alle anderen sahen, war, dass mir das Blut aus'm Kopf lief wie aus 'ner Gießkanne. Ich hab insgesamt drei Liter verloren, Alter, drei Liter. Die haben mir dann also die Zunge wieder angenäht, und dann bin ich mit den

Jungs direkt los. 'n Hähnchen essen. Das war das Größte: Zunge zurück und erst mal 'n Hähnchen. Und danach sind wir einen saufen gegangen, kannste dir ja denken.«

Der Tresen bebt nach dieser Geschichte, obwohl das sicherlich keine Premiere war. Und Titus scheint sich zu freuen, als er mir ein Glas Bier hinstellt. Netter Kerl, mit seinen Stammgästen trinkt er gern mal einen Schnaps. Aber so weit werden wir erst morgen sein. Immerhin hat er Spaß an meinem Vorschlag, ein großes Helmstedter Thekenmannschaftsturnier auszurichten. *FC Umme Ecke* gegen den *TSV Bierstübchen*, *Bines Quelle e. V.* gegen *Eintracht Bären-Eck* oder *Braustübel 09* gegen den *VfL Anker* – alles prima. Nur gegen mein *Vorwärts Gauß-Keller* verwehren sich die Gäste. Das klinge zu ostdeutsch.

»In der Nachbarschaft«, erzählt Titus, »wohnt so eine verdammte Lampe. Die hat früher immer die Polizei gerufen, wenn hier Konzerte waren. Dann ist mal einer rüber und hat ihr 'nen Zettel gezeigt. Selbst getippt, da stand so was drauf wie: ›Titus hat die Genehmigung, Konzerte zu machen in seiner Kneipe, gezeichnet: Die Bundeskanzlerin.‹ Und das hat die geschluckt, die Lampe, seitdem ist Ruhe.«

Draußen stakst ein Rocker vorbei, Headset statt Helm auf dem Kopf. Er drückt das Mikro an die Lippen und flüstert gewichtig hinein. Sein Klub unterhält hier ein Vereinsheim und eine eigene Kneipe. Vielleicht kombiniere ich die morgen mal mit dem *Bären-Eck*. Hinter mir spricht jemand über Menschen, die ihm unangenehm sind. Um sie zu beschreiben, benutzt er einen interessanten Vergleich, er sagt: »Diese Typen sind so stumpf wie alte Radiergummis, die man nach Jahren im Schulmäppchen auf dem Speicher wiedergefunden hat.«

Auch mit mir könnte man inzwischen kein einziges

Fragezeichen mehr ausradieren. Die Stimmen der anderen klingen, als blubberten sie in einen Wasserbecher. »In Helmstedt«, notiere ich mir auf dem Heimweg, »ist selbst der zentralste Parkplatz nachts nur zu einem Drittel gefüllt. Irgendetwas stimmt hier nicht.«

*

Das sehe ich am nächsten Tag natürlich wieder ganz anders. Die Wirtin raucht, die Spanier foltern ihre Brötchen – alles wie gehabt. Gleich wird ein Murmeltier durchs Fenster winken.

Inzwischen habe ich jeden hintersten Winkel von Helmstedt gesehen. Ich finde vom Juleum blind zum Türkentor, erkenne alle Kneipen am Geruch und habe mit der Thekenkraft vom *Kochlöffel* drei Kinder. Um meinen Trott vollends zu ritualisieren, sitze ich Punkt vier Uhr wieder am Tresen des *Gauß-Kellers*.

Panja sortiert Gläser ins Regal, Titus sitzt mit den »Helmstedter Nachrichten« auf seiner Bank. In Meinkot haben sie am Wochenende Schützenfest gefeiert, steht im Regionalteil. Am Fenster hockt ein seltsamer Schrat, der bald aufbricht. Am meisten erfährt man über einen Menschen bekanntlich nicht im persönlichen Gespräch, sondern wenn er gerade gegangen ist. So auch hier. Der komme immer morgens um 10 Uhr und bezahle das einzige Bier, das er in sechs Stunden trinkt, grundsätzlich mit 1- und 2-Centstücken, die seit 10 Uhr 5 fertig gestapelt vor ihm auf dem Tisch liegen.

Gruselige Vorstellung, verquere Type.

Und auch der junge Kerl mit den kaum verheilten Löchern im Kopf hat's nicht leicht. »Die haben mir ein Blutgerinnsel rausoperiert, weißt du. Das ist eigentlich ganz praktisch: Wenn ich Kopfschmerzen hab, zieh ich einfach den Stöpsel und lass die Luft ab.«

»Jaja, und auf der anderen Seite schiebst du Speisequark hinterher«, ergänzt Titus.

In unser Lachen hinein sagt der Operierte: »Also echt, das ist das pralle Leben hier. Wusste ich schon immer.«

Der Rocker von gestern durchquert das Tiefe Tal, diesmal von der anderen Seite her. Irgendwer hat eine DVD von *Huey Lewis & the News* in Titus' Player eingelegt. Für die »Power of Love« reißt der Wirt die Regler hoch, aber vor der Lampe schützt ihn ja die Bundeskanzlerin. Beim zweiten Bier gerate ich an einen selbst ernannten Currywurstfachmann namens Jan, der mich in ein leidenschaftliches Gespräch über Soßen zieht. Es geht um Farbtöne, Geschmack und den Grad der Sämigkeit. Ein Schuss zerreißt die Luft, Huey Lewis ist gegen eine Kopie von »Django Unchained« ausgetauscht worden. Ein Dutzend Männer und eine Handvoll Frauen lauschen den gedrechselten Sprüchen von Christoph Waltz. Heute Abend spielen die »Radkappen«, wie man hier den VfL Wolfsburg nennt. Bis dahin sei der Film hoffentlich durch, sagt mein Nachbar. Gegen sechs fragt mich Titus, ob ich einen Schnaps mit ihm trinke, ein guter Klarer aus dem Norden. Das ist der Anfang. Vom Ende.

Schon des Nachmittags zu trinken, den dritten Tag hintereinander, ist immer ein Wagnis. Man kommt aus der Spur, körperlich und geistig, um irgendwann in einer dionysischen Parallelwelt zu landen. Ich will nicht dem Alkoholismus das Wort reden, man muss stets fähig bleiben, diese Welt wieder zu verlassen. Aber solange man dort lebt, ist man sehr weich gebettet, im Rausch geben sich Leben und Tod, Realität und Mythologie die Hand und verschmelzen zu Brüdern. »Betrinkt euch tüchtig und feiert einen schönen Tag, wie die Götter es euch befohlen haben«, lautete ein frommer Feiertagswunsch im alten Ägypten. Bier für die Göttin Hathor zu brauen, war eine beliebte Ausrede, um nicht zur Arbeit zu gehen. Denn diese Heroine wollte einst das Menschengeschlecht vernichten und konnte nur besänftigt werden, indem man sie mit blutrotem Bier betrunken machte. Und danach für alle Zeiten auf Pegel hielt.

Die Ägypter gaben ihren Toten Bier mit ins Grab und opferten es ihren Göttern. Auch an Odins Tafel in Walhalla bekam der gefallene Held erst einmal einen Humpen Bier oder Met vorgesetzt – und die ewige Zecherei konnte beginnen. Ungemütlich wurden erst die Urchristen, in der Bibel wird Bier nirgends erwähnt. Um sich vom in ihren Augen dekadenten Rom abzugrenzen, predigten sie Enthaltsamkeit. Der irische Heilige Columban, der im 6. Jahrhundert Germanien missionierte, fühlte sich bei einer Predigt im Rheinland durch den Krach eines heidnischen Bierfestes gestört. Wutentbrannt pustete er mit voller Kraft in Richtung des Fasses und brachte es zum Platzen. Die entsetzten Heiden, so endet die Geschichte, traten spontan zum Christentum über. Traurige Sache, aber am schlimmsten trieben es später die Protestanten. Calvin und der Puritanismus halten bekanntlich noch heute ihren bigotten Daumen über den Bible Belt dieser Welt. Und auch der deutsche Luther hatte seine klaren Vorstellungen: »Willst du eine Sau sein, wie du ja eigentlich von Geburt her bist, so verschlinge nur immerhin Bier und Wein.«

Tja, Martin, ich will. Zumindest heute. Gevatter Odin und die schöne Hathor haben mich zu einem Gelage in den *Gauß-Keller* eingeladen. Zuerst hat Titus eine Runde geschmissen, danach Jan, also bin jetzt ich dran. Und dann wieder Titus. Das hat nichts mit Dekadenz und Heidentum zu tun, sondern mit Anstand, Martin. Das gehört sich so! Also lassen wir den lieben Gott heute mal einen guten Mann sein, okay, Martin?

»Die nächste Runde geht auf mich, Panja!«

Fliederrouladen

Castrop-Rauxel

In meiner Jacke steckt ein halbierter Bierdeckel mit Titus' Adresse. Irgendetwas habe ich ihm gestern wohl zu schicken versprochen. Keine Ahnung, was. Ich bin in den 97. Tag hinein aufgewacht, so langsam freue ich mich auf ein frisches, heimatliches Kölsch. Das würde wahrscheinlich auch bei der Beantwortung jener Frage helfen, über der ich schon den halben Morgen brüte: Wo soll ich die letzten drei Kneipentourtage verbringen?

Zwischen Helmstedt und Köln liegt das riesige Ruhrgebiet, von dem ich bisher nichts gesehen habe. Großstädte, so viel steht fest, will ich weiterhin meiden. Also fallen Dortmund, Essen, Duisburg und Bochum schon einmal weg. Den Ausschlag gibt schließlich ein Helmstedter Schnellimbiss, der im Schaufenster seinen panierten Seelachs bewirbt. Die Gedankenkette von diesem fahlen Fischfoto über die Fuselflaschen im Regal führt mich zu Hubi, den ich ganz am Anfang meiner Fahrt in Cuxhaven kennengelernt habe. Der Gehängte, den ich mit ihm trank, bestand aus einer Sardelle in Wacholdergeist – ein unvergessliches kulinarisches Erlebnis. Und woher kam dieser Mann, der einst auf Gran Canaria eine legendäre Bodega namens *Zum Hubi* betrieb? – Aus Castrop-Rauxel.

Da wollte ich schon immer mal hin.

Ein gängiger Witz besagt, Castrop-Rauxel sei der lateinische Name von Wanne-Eickel. Römische Spuren finden sich zwar nicht in der Stadt, aber die Castroper Germanen sollen immerhin Handelsbeziehungen zu Cäsars Truppen unterhalten haben. Außerdem liest man, Castrop-Rauxel sei so etwas wie der weltweite Abonnementmeister in einem basketballähnlichen Spiel namens Korfball. Was wohl vor allem daran liegt, dass diese Sportart ausschließlich in Castrop-Rauxel betrieben wird.

Wie seinerzeit in Cuxhaven bei den Pohls wohne ich auch hier wieder ziemlich privat. Noch privater eigentlich. Herr Kasperek empfängt mich an der Tür, während seine Frau im Hintergrund ein Kreuzworträtsel löst. Vorbei an ihren Gummischlappen steigen wir in den ersten Stock, wo vor geschätzt 60 Jahren die Kinder ausgezogen sind. Für ein paar Euro nebenher wohnen dort nun werktags Monteure. Dass ich in Castrop-Rauxel Urlaub machen will, quittiert mein Vermieter mit einem ungläubigen Grinsen. »Am Wochenende«, sagt er, »hatten wir hier noch nie jemanden.«

Ein eigentümlicher Geruch, den ich zunächst nur unbewusst wahrnehme, treibt mich zum Fenster. Ich trenne die altrosafarbenen Vorhänge und schiebe die lebhaft gemusterten Gardinen beiseite, um frische Luft einzulassen. Unten im Hof breitet sich eine Garagenlandschaft aus. Auf einem der geteerten Flachdächer liegt ein einsamer Fußball. Vor dem offenen Tor der Garage poliert jemand die Stoßstange seines alten Benz-Kombis, ein T-Modell aus den späten 1970ern. Er drückt aus seiner Tube eine weiße Schlange aufs Metall, verteilt sie mit kreisenden Bewegungen seines Wattebausches über die gesamte Fläche und beobachtet dann mit in die Hüften gestemmten Fäusten, wie sich überm Chrom ein matter Film ausbreitet. Dann entfernt er mit einem weiteren Wattebausch den Überschuss und streicht liebevoll über die nun leuchtende, samtweiche Oberfläche. Zufrieden zündet er sich eine Zigarette an. Eine HB.

Wie diese kleine Szene, so spiegelt auch meine komplett in Gelsenkirchener Barock gehaltene Wohnung die alten Zeiten des Ruhrgebiets. Vor allem das Wohn- und Schlafzimmer besticht durch eine Überfülle an Inventar. Über mehrere Schichten Auslegware verteilen sich Läufer und Teppiche, in denen die gedrechselten Füße der tonnenschweren Polsterstühle versinken. Auf dem eiche-rustikal furnierten Esstisch stehen Kerzen mit dem Durchmesser von Ofenrohren, sanft abgefedert von jenen geblümten Häkeldeckchen, die sich auch auf den Fensterbänken, Nachttischen und Regalbrettern finden. Feng-Shui geht sicherlich anders, aber die bommelbehangenen Schirme der Lampen korrespondieren innig mit den unzähligen, über Sofa und Sessel drapierten Fransenkissen. Der Inhalt der beiden Vitrinenschränke verweist zudem auf eine ausgeprägte Leidenschaft für Zinn-Accessoires. Die metallenen Teller, Becher und Kannen teilen sich den Platz mit der Gläsersammlung von Onkel Herbert – man sieht den alten Knaben förmlich vor sich, wie er aus diesen kleinen, sich nach oben hin weit öffnenden Stielgläschen seinen Eierlikör schlörkt. Und immer wenn Tante Erna mal gerade wegsieht, pimpt er das Zeug mit einem Schuss Dujardin.

Vorbei an den selbst gestickten Wandbildern mit ländlichen Motiven, einer Armee kunterbunter Kunstblumen und einer nicht minder imposanten Porzellantiersammlung erreiche ich das Bücherregal. Neben Klassikern wie der »Schatzinsel« und dem »Graf von Monte Christo« stehen dort auch ein paar vielversprechende Exoten. »Die Geishas des Captain Fisby« will ich mir genauso einmal ansehen wie »Georg Cornielje und die paranormale Begabung«. Hoffentlich finde ich in den folgenden Tagen Zeit dazu.

Kaum bin ich durch die Tür, setzt ein Platzregen ein. Nach 200 Metern in Castrop-Rauxel bin ich bereits nass wie ein Fisch im Rhein-Herne-Kanal, der hier nördlich vorbeifließt. Der *Holzkrug* in der Holzstraße hat für immer geschlossen, scheint es. Hinter den Butzenscheiben stapelt sich der Krempel, im Briefschlitz stecken verregnete Werbeprospekte, und aus dem Getränkekasten vor der Tür ist die Preisliste verschwunden. Diese abgehalfterten Kneipen machen mich immer traurig. Ich überquere den Altstadtring und biege in die Obere Münsterstraße ein. In der Fußgängerzone finde ich einen Buchladen und frage nach einem Stadtplan. Schließlich will ich auch Castrop-Rauxel Gasse für Gasse, Kirche für Kirche und Museum für Museum erobern. Ganz zu schweigen von den Kneipen.

Der Buchhändler reibt seinen Zeigefinger übers Kinn: »So etwas gibt es hier nicht«, sagt er. »Könnte höchstens sein, dass man Vergleichbares im Rathaus bekommt.« Das jedoch, bescheidet er mich, liege gut fünf Kilometer vom Stadtkern entfernt. Ja, es sei schon seltsam mit Castrop-Rauxel, fügt er noch an, und da muss man ihm wohl zustimmen. Was sagt es über eine Stadt aus, wenn sie keine touristisch verwertbaren Stadtpläne verlegt?

Ohne Karte bin ich aufgeschmissen, mein Orientierungssinn ist so ausgeprägt wie die Sehkraft eines Maulwurfs. Um jedoch nicht sofort aufzugeben, lasse ich mich ein wenig treiben. Ganz so schlimm, wie es das Stadtplanproblem vermuten lässt, ist es um Castrop dann doch nicht bestellt. Es gibt hier durchaus Klamotten jenseits von KiK und Restaurants oberhalb der Burger-Borderline. Im Einkaufszentrum am Widumer Platz wird sogar meine Sammlung bescheuerter Friseurnamen »Hairvorragend« ergänzt. Über die Leonhardstraße, wo einst die »Edelen von Castorpe« residierten, erreiche ich den Stadtgarten mit dem inzwischen kulturell genutzten alten Strandbad. Recht hübsch das alles, und ziemlich ausgestorben. Jetzt, um elf Uhr, trifft man hier vor allem Hundebesitzer und schwänzende Schüler. Hinter einem Baum, nur sehr notdürftig verdeckt, steht ein krummer Berber, der sich oral um die ersten Bierchen erleichtert.

Ich rette mich vor dem Anblick in eine Kirche. Echte Ruhe finde ich dort nicht, jagt doch der Küster gerade mit seiner Bodenpoliermaschine durch die Gänge. Das Teil macht einen Heidenlärm, und der berockte Kerl reißt wie ein Höllenengel am Gasgriff.

Eigentlich bin ich misstrauisch gegenüber Heiligen aller Art. Aber dieser Rochus, dessen Reliquienschrein in einer Nische links neben dem Chor steht, scheint in Ordnung gewesen zu sein. Angeblich verschenkte er sein ansehnliches Erbe und heilte Pestkranke durch nichts weiter als ein Kreuzzeichen. Selber von der Seuche bis zur Unkenntlichkeit entstellt, warf man ihn ins Gefängnis, wo er 1327 auch starb. »Wenn St. Rochus trübe schaut, kommt die Raupe in das Kraut«, lautet die Bauernregel für den 16. August, den Gedenktag des Heiligen.

Um mich näher an das soziale Leben von Castrop-Rauxel heranzupirschen, suche ich eine der zahlreichen Gaststätten auf. *Alt Castrop*, das heute *Hell's Kitchen* heißt, öffnet erst später. Der *Treffpunkt* (»Täglich ab 9«, großartig!) ist gerade gähnend leer, also entscheide ich mich für die *Marktklause*. Am ersten Hochtisch sitzen zwei Frauen, die verbissen würfeln. Die Spielregeln durchschaue ich nur insofern, als sie zu allen möglichen Anlässen verlangen, dem Kontrahenten einen Korn zu spendieren. Zwischen zwei Runden erzählt eine der beiden von ihrem Nasenpiercing, das sie anlässlich einer Operation habe abnehmen müssen. »Einen Tag später«, sagt sie, »war das Loch zugewachsen, das machen die Schleimhäute. Und du glaubst nicht, wie das wehgetan hat, als ich den Brilli da wieder durchdrücken musste. Mein Gott, das waren Schmerzen.«

Ich glaube es ihr und wende mich den zwei alten Kerlen rechts von mir zu, die sich über einen kürzlich begangenen Mord unterhalten. Der mit der Schiebermütze darf zurzeit nur Wasser trinken. »Ich hab 'ne Hopfenallergie«, sagt er entschuldigend in meine Richtung, als er sein Glas hebt. Danach wechselt das Thema, es geht um eine Frau von 67 Jahren: »Ein junges Ding ist das noch«, sagt die Schiebermütze. Keiner der beiden grinst darüber.

Eine echte Geschichte zu erzählen hat Rudi, der seit dem zweiten Pils links neben mir sitzt. Ich hatte die Wirtin nach dem Alter der *Marktklause* gefragt, und dabei ist ihm die Duisburger Kneipe *Zum Reichsadler* eingefallen. »Regelmäßig um 6, 14 und 22 Uhr ham wir da die Doppelbestattung gefeiert. So nannten wir das Aufeinandertreffen der Früh- und Spät- beziehungsweise Spät- und Nachtschichtler vom kruppschen Stahlwerk. Da standen immer Hunderte Fahrräder vor der Tür, und an der Theke wurde gebechert, was das Zeug hält.

Ich war 30 Jahre bei Krupp, habe da als 14-Jähriger angefangen. Früher durfte man im Stahlwerk noch trinken. Wir bekamen das Zeug vom alten Krupp sogar gestellt. War allerdings Dünnbier, überhaupt kein Wumm dahinter. Also haben wir uns richtiges mitgebracht, das Etikett abgeschwemmt und runter damit.«

Der *Reichsadler* in Duisburg-Rheinhausen sei seinerzeit eine Goldgrube gewesen, sagt Rudi, »aber '87 war Schluss.

Ich war Ende 40 damals. Überleg mal: fast 50 Jahre alt, eine Frau, zwei Kinder, Auto, Wohnung, kranke Mutter. Das Übliche. Da bleibt dir nichts.« Die Stahlkrise erfasste das Ruhrgebiet, und auch in Rheinhausen gingen nach langen Kämpfen die Lichter aus. Über 6000 Menschen verloren ihren Job. Während jedoch draußen alle Dämme brachen, verblieb der *Reichsadler* im Zustand der letzten Renovierung aus den 1960er-Jahren. Bis 2013, als der alte Besitzer verstarb, wurde hier eine untergegangene Welt konserviert, in der alte Kruppianer allmählich älter wurden.

»Der Laden hatte hölzerne Schwingtüren – wie ein Westernsaloon, weißt du. Und wenn du da durch warst, stand die Zeit plötzlich still.«

Rudi nippt an seinem Pils, schnickt eine Reval aus seinem Softpack und schiebt nach: »Der Name geht übrigens auf einen historischen Besuch zurück.« Denn als 1897 der erste Duisburger Hochofen angeblasen wurde, sei auch Kaiser Wilhelm II. mit von der Partie gewesen. In Rheinhausen erzählt man von seiner goldenen Uhr, die er auf einen nagelneuen hydraulischen Amboss gelegt habe, um die Feinarbeit seiner Untertanen zu testen. Der Stahlwerker bestand die Prüfung, stoppte den Hammer millimetergenau über dem Glasgehäuse. Und bekam die Uhr zum Geschenk.

»Anschließend«, schwört Rudi, »hat sich der Regent im *Reichsadler* einen Absacker genehmigt.«

Und ebendies tun Rudi und ich nun in der *Marktklause* von Castrop. Vor der Tür hat der wolkenverhangene Himmel einem blauen Platz gemacht, der Bürgersteig wird von Jugendlichen belagert. Aus einer Kneipe genau mit dem Gong der gegenüberliegenden Schule zu treten, ist mir das letzte Mal mit 17 passiert. Damals allerdings war es mir nicht so unangenehm wie jetzt zwischen all diesen vor Vitalität strotzenden Teenagern. Ich bahne mir einen Weg durch die Rucksäcke und sehe zu, dass ich Land gewinne.

Westlich der Altstadt spaziert man heute durch eine sanierte, renaturierte Hügellandschaft. Früher erstreckte sich hier das Gelände der Zeche Erin. Dass der Boden weitgehend mit Disteln und Heide statt Rasen und Beeten bepflanzt wurde, legt den Schluss nah, es habe mit der Dekontamination vielleicht doch nicht so richtig geklappt. Aber nein, diese ungewöhnliche Flora soll an Irland erinnern, und das aus gutem Grund. Denn es war erstaunlicherweise ein Unternehmer aus Dublin, der 1867 Castrops erste Zeche unter dem Namen Erin, also »Irland«, eröffnete. In der Folge entstanden vier weitere Anlagen, und die seinerzeit gerade einmal 1000 Seelen umfassende Gemeinde wuchs binnen weniger Jahrzehnte um das 80-Fache. Nachdem die Erin 1983 als letzte Zeche dichtmachen musste, blieben nur ein paar verstreute Betonsockel und der Förderturm erhalten. Das 68 Meter hohe Gerüst aus stählernen Streben bildet seitdem das Wahrzeichen der Stadt. Und genau dort feiert die Castroper SPD heute ihr alljährliches »Rock unterm Förderturm«-Festival.

»Diese Region wurde geprägt von Kohle, Stahl und Bier«, lese ich in einer der auliegenden Broschüren. Zumindest das Bier ist geblieben. Rund um die kleine Bühne haben die Veranstalter eine lauschige Partyzone aus dem Boden gestampft. Pils- und Würstchenstände wechseln sich ab mit solchen für Knabberzeug und Süßigkeiten. Die Sozialdemokraten tragen grellgelbe Westen, wie auf einer Demonstration gegen, nun ja, die kapitalen Wetterfronten dort oben. Trotzdem verlieren sich zunächst mehr Polizisten und Sanitäter als Zuschauer auf dem Gelände. Den Auftakt macht schließlich eine aus Einheimischen bestehende Kuba-Band, die mit »Banana Joe«, dem Titelsong des gleichnamigen Bud-Spencer-Films, allerdings nicht wirklich mittelamerikanisch eröffnet. Auch der im Festivalnamen angekündigte Rock'n'Roll scheint mir ein wenig kurz zu kommen. Gesteht der an sich recht junge Sänger zunächst, dass sich in seiner Havanna-Club-Flasche statt Rum nur Wasser befinde, so erzählt er danach ausdauernd von seinen Rückenproblemen, die auch diese Pille und jene Spritze nicht beseitigt hätten. Aber gut, die Jungs nennen sich ja auch *Soñadores*, also Träumer.

Mit der Dunkelheit kommt der große Regen. Wie die anderen Zuschauer flüchte ich mich unter einen der Bierpilze. Dort lande ich neben zwei dicken Typen mit Ohrringen, ausgewaschenen Jeansjacken und zerknitterten Tabaksbeuteln, die sich im Platt ihrer Stadt unterhalten.

»Getz müsste man in Ualaub sein.«

»Mein Ualaub steht vor der Tüa.«

»Wie meinzu dat?«

»Ja, der Coasa. Wegfahrn is nich, seit ich die Karre gekauft hap.«

»Ich hap ma wegen Dubai gekuckt, aber weißte: Dat kannzu nich bezahlen. Da müssen wir wohl doch wieda na Malle.«

»Scheiß Regen.«

»Hol dir doch 'nen Luffballong vom Stand vonne SPD hinten. Den kannze dir dann üban Kopf ziehn.«

»Iis kla, du Eima. Un wenn du ma musst: Ich hap Hundebeutel dabei.«

Dann reichen sie der Kellnerin ihre leeren Pfandbecher über die Theke: »Hia, lass noch ma die Luft raus, Irene.«

Und stoßen an: »Auf große Brüste …«

»… und den Weltfrieden. Prost, Harry.«

Als die nächste Band an der Reihe ist, bläst der Wind bereits so stark, dass er die Schirme einiger Stände nach oben weggeknickt hat. Zu allem Überfluss fällt dann auch noch der Strom aus. Nur die Bühne ist versorgt, rundherum jedoch herrscht Finsternis. Mit meiner Taschenlampe und dem Bier kämpfe ich mich durch den Sturm zum Förderturm und platze in eine Traube Jugendlicher. Wo ihre Väter sich einst die Lunge im Bergbau ruinierten, ziehen die Kinder heute einen Joint durch. Unter Tage Kohlenstaub – Open-Air-Marihuana, sozusagen. Bevor sie mich für einen Mitarbeiter des Ordnungsamts halten, beschließe ich, ins Bett zu gehen. Mein morgiger Stundenplan ist eng getaktet. Unter anderem lädt die hiesige Justizvollzugsanstalt zum Tag der offenen Tür, und solch einen charmant-zynischen Widerspruch in sich erlebt man schließlich nicht alle Tage.

Zu Hause angekommen, stöbere ich in der Küche (»Hier dürfen Sie rauchen!«) nach etwaigen Kaffeeresten meiner Vorgänger, finde jedoch nur ein paar lose Teebeutel. Apfel-Ingwer zählt zwar nicht gerade zu meinen Favoriten, aber in der Not trinkt der Klabautermann bekanntlich Walschlonze. Der heiße Aufguss desinfiziert mich ein wenig. Als ich jedoch meine Jacke in den Kleiderschrank hängen will, überfällt mich wieder dieser eigenartige Geruch nach vermodertem Flieder, den ich schon heute Morgen irritierend fand. Auf dem obersten Regalbrett, hinten links in der Ecke, entdecke ich die Quelle des Buketts: drei bauchige Flakons, die ihre stark riechende Essenz über einen zigarettenfilterartigen Docht in die Umwelt entlassen.

Dass Frau Kasperek hier gleich mehrere dieser Fläschchen deponiert hat, mag ihrem Misstrauen den Gästen gegenüber geschuldet sein. Jedenfalls schließt dieser Schrank schlecht, und seine kleinen, dicken Bewohner schwängern das gesamte Zimmer mit ihren Ausdünstungen. Um über Nacht nicht violett anzulaufen, schnappe ich mir das duftende Trio und verbanne es in den Blumenkasten vorm Fenster. Sollen die Geranien sehen, wie sie mit diesen Gesellen klarkommen.

*

Mein Wecker zeigt gerade einmal sechs Uhr, als ich hochschrecke. Erste Sonnenstrahlen durchfluten den Raum, das könnte eigentlich ein schöner Tag werden. Aber irgendetwas stimmt hier nicht. Objektiv mag sich der Geruch in meinem Zimmer nicht verändert haben. Mein persönliches Empfinden jedoch entspricht einem olfaktorischen Overkill. Der Fliederduft hat jeden Rezeptor meiner Nase erobert und ihn von innen her zersetzt. Ein Verdacht keimt in mir auf: Sollten sich diese Duftis, wie ich sie inzwischen nenne, etwa über Nacht wieder hineingeschlichen haben? Ich reiße das Fenster auf: Nein, da hocken sie brav zwischen den Blumen.

Aber der Mief verzieht sich trotz aller Frischluft nicht nachhaltig. Ich wechsele in die Küche, einer Ohnmacht nahe. Als ich mir meinen morgendlichen Apfel-Ingwer-Tee aufbrühe, schmeckt er unverkennbar nach Flieder. Ich muss davon ausgehen, dass sich die Duftis während meiner Abwesenheit an den Teebeuteln vergangen haben!

Es wird Zeit, mich zur Wehr zu setzen.

Allein in dem winzigen Badezimmer haben sich acht Duftis verschanzt. Einer steht dreist auf dem Spülkasten des Klos, als wollte er bestätigen, dass Offensive die beste Verteidigung ist. Die Mauertaktik verfolgt hingegen sein Kollege neben der Klorolle, der sich mit seiner Halterung zwischen die Fliesen gedübelt hat. Ich zerre die genoppte Duschmatte vom Acryl und durchwühle die zentimeterdicken Frotteehandtücher. Hinterm Vorhang am Fenster stehen zwei Duftis, dicht aneinandergeschmiegt wie ein Ehepaar. Drei weitere finde ich in dem Schränkchen unter dem Waschbecken, listig versteckt hinter Scheuermittel und Rohrreiniger. Auch rechts von ihnen, zwischen zwei Stahlschwämmen, lugt ein Docht heraus, bedrohlich wie ein emissionsintensiver Industrieschornstein.

Mit Duftis ist es offenbar wie mit Ostereiern und Küchenschaben – man findet sie an den unmöglichsten Stellen. Mittlerweile habe ich eine gewisse Routine entwickelt, mein Vorgehen wird strukturierter. Wie ein erfahrener Pilzesammler ahne ich, wo so ein Dufti Unterschlupf findet. Einer geht mir hinter den an die Wand gelehnten Zinntellern ins Netz. Einen anderen erwische ich im Innern des Nachttischlampenschirms. Als ich einen Dufti entdecke, der sich heimtückisch unter meinem Bett verkrochen hat, platzt mir der Kragen. Ich ziehe ihm seinen Docht aus dem Wanst, gieße die zähflüssige Brühe ins Waschbecken und entsorge die Leiche in der leeren Kaffeedose auf der Spüle.

Mein Jagdtrieb ist nun voll erwacht, ab sofort werden hier keine Gefangenen mehr gemacht. Verdanken sich meine rot brennenden Augen noch dem ätzenden Fluidum oder bereits meinem Blutrausch? – Ich weiß es nicht, und für die Duftis kommt das auf das Gleiche hinaus. In panischer Angst eiern sie auf ihren dicken Bäuchlein in immer neue Verstecke, aber mir entkommt keiner von ihnen.

Den letzten schnappe ich am Bücherregal vor Captain Fisbys Geishas und trage ihn zum Tisch. In seiner Todesangst schießt er einen tödlichen Strahl Fliedergalle auf mich ab, aber ich kann den Kopf noch gerade eben zur Seite reißen. Außer mir vor Wut drehe ich ihm den Hals herum, bis die Fasern krachen und der Duftisaft heiß über die Häkeldecke spritzt.

Dann wache ich endlich auf.

Gegen elf Uhr, noch immer Mord und Totschlag im Kopf, mache ich mich bereit für den Ausflug ins Gefängnis. Der Weg zur Castroper Justizvollzugsanstalt führt mich durch sattgrüne, wohlriechende Wiesen und westfälisch fruchtbare Äcker mit roten Klatschmohnrändern. Am Rhein-Herne-Kanal lege ich eine Pause ein und beobachte vom Ufer aus die Freizeitkapitäne in ihren Motorbooten. Schöne Spielzeuge. Je näher der Knast rückt, desto mehr Volk verstopft die Straßen, einen offenen Knast bekommt man nicht alle Tage geboten. Die Einheimischen sprechen von ihrem Gefängnis als »Meisenhof«. So hieß das Heim, das die Duisburger Klöckner-Werke hier früher zur Unterbringung von Bergknappen nutzten. 1968 rückten dann die ersten Straftäter ein, »30 Alkoholsünder«, wie es auf der Website heißt. Ich passiere mehrere Verkehrssperren, am Tor jedoch geht es recht locker zu: Niemand wird gefilzt, Besucher bekommen lediglich die Programmvorschau und einen Stempel auf den Handrücken. Wie vor der Disco, und Musik wird später auch noch geboten werden.

In Castrop-Rauxel herrscht offener Vollzug, die Gefangenen schließen ihre Zimmer selber auf und zu. »Wenn wir bei jemandem hineinwollen, klopfen wir an, wie es sich gehört«, erklärt mir die für die Besucher abgestellte Beamtin. »Deshalb bringen wir in die Türen selbstverständlich auch keine Gucklöcher ein.« Zwei Gefangene haben sich bereit erklärt, ihre Zellen zur Besichtigung freizugeben. Die Mischung aus Pin-ups und Familienfotos wirkt zugleich authentisch und inszeniert. Auch ist der Raum so klein, dass man es gar nicht glauben möchte. Hier hat man genau für ein Bett, einen Stuhl und eine Kaffeetasse Platz. Weil die Häuser rauchfrei sind, steht der Aschenbecher vor der Tür.

Das Gefängnisgelände wirkt eher wie ein Vorort als ein

Knast. Viel Grün, golfplatzartige Rasenflächen und helle Häuser, die modernen Mietskasernen ähneln. Anders als in Suburbia ist diese Welt allerdings direkt hinter den Büschen zu Ende.

In meinem Leben war ich bislang zwei Mal im Knast, in Bautzen und in Siegburg. Das Stasigefängnis im Osten, heute eine Gedenkstätte, beeindruckt durch die Perfidie, mit der man im Realsozialismus politische Gegner zu bekehren versuchte. Im rheinländischen Siegburg nahm ich an einem Freundschaftsspiel gegen die dortige Tischtennismannschaft teil. Am nachhaltigsten ist mir in Erinnerung, dass in der Turnhalle geraucht werden durfte. Jeden Seitenwechsel begleitete ein Gang zur Fluppe, in den dichten Schwaden den Ball zu treffen, war zuweilen reine Glücksache.

Sehr entspannt hingegen verliefen die Gespräche mit den Insassen. Wer ein wenig Stil und Anstand besitzt, fragt solche Jungs nicht danach, was sie ausgefressen haben. Auch wenn man natürlich neugierig ist. Aber wenn dir jemand erzählt, dass er hier schon seit zehn Jahren sitzt, kannst du dir ausrechnen, dass er keine Brötchen geklaut hat.

Auf dem Rundweg über das Gelände passiere ich lang gestreckte Werkhallen. In der Schreinerei basteln die Knastis Vogelhäuser in den Farben von Borussia Dortmund, Schalke 04 und dem VfL Bochum. In der Elektronikabteilung können die Besucher für simulierte Knastfotos posieren. Vor einem Bildschirm für Phantombilder sitzt ein schmalbrüstiger Kerl mit Ziegenbart. Er ist tätowiert bis zum Hals, auch unter den Augen kleben ein paar aschgraue Sterne. Seine offenbar medaillengroßen Ohrknöpfe hat er herausgenommen, die Läppchen baumeln herunter wie der labbrige Kehllappen eines Hahns.

Obwohl sich hier alles vermischt, Ordnungskräfte, Besucher und die Insassen dieses reinen Männerknastes, erkennt man Letztere sofort. An ihrem trotzigen Ich-bin-hier-zu-Hause-Blick; an ihrem freundlich-bestimmten, zugleich rotzigen Auftreten; und an ihren Muscle-T-Shirts und Tattoos, die sie breitbeinig übers Gelände tragen. Klassische Verbrechervisagen sieht man trotz der maskulinen Masken kaum. Wer hier herumstreunt, blickt eher in die Gesichter jener blassen, verlassenen Jungs, die man aus den Stehkurven unserer Gesellschaft kennt. Heute sitzen sie an langen Biertischen und blicken hinüber zu der kleinen Bühne, auf der Tina vom Duo »Tina und Felix« ihren letzten Song ankündigt.

»Das ist von Jürgen Drews und mein absolutes Lieblingslied«, sagt sie, »da läuft mir immer so ein Schauer über den ganzen Körper.«

Die Knastis verziehen das Gesicht, aber Tina stört das nicht. Man spürt den Schauer, man sieht ihn, wie er ihr in die Schultern und die Wirbelsäule hinab bis zum Steiß fährt. Felix schmeißt die Rhythmusmaschine an und ab geht's: »Irgendwann, irgendwo, irgendwie sehn wir uns wieder/ irgendwann, irgendwo, irgendwie ist es vorbei/ ich weiß nur irgendwann, irgendwo, irgendwie muss man verlieren/ was man nicht halten kann.«

Könnte eine Knasthymne werden.

Ich besorge mir eine reichlich bemessene Erbsensuppe aus der Anstaltskantine und warte auf den nächsten Interpreten. Neben mir futtert eine Abordnung der »Blue Knights«, ein ausschließlich aus Polizisten bestehender Motorradklub. Ein bärtiger Kerl mit Kutte erzählt, man habe diverse Bikes und Trikes mitgebracht – »für die Kinder zum Reinsetzen«. Der Mann, der schließlich die Bühne stürmt – schwarzes Haar, tailliertes, folkloristisch gemustertes Hemd, verwaschene Jeans über lackglänzenden Schuhen –, nennt sich Chris Alexandros. Geschickt komponiert, dieses Pseudonym, da geben sich Alexandra und Peter Alexander ein Stelldichein, um Chris Roberts und Vicky Leandros zu zeugen. Ein echter Schlager-Cocktail, dieser Beau, der jetzt ein Lied namens »Engel mit den blonden Haaren, wo bist du geblieben« singt.

Meine Erbsenterrine will einfach nicht leerer werden, unglaublich, was so ein Knastbruder vertilgen kann. An einem der Biertische gegenüber der Bühne wird Skat gespielt, ein bisschen respektlos, wie mir scheint. Die Ansage »Kreuz offen« fällt genau in eine Pause zwischen zwei Songs, während die Erwiderung »Kontra, du Sack« in einem stampfenden, dampfenden Dreivierteltakt untergeht. Chris zu Füßen drängt sich ein gutes Dutzend Frauen um die Bühne und klatscht verzückt. Zwei XXL-Fleecejacken sind mit dem Schriftzug »Chris Alexandros Fanclub Herne/Wanne-Eickel« bedruckt. Während sich der Song kaskadenhaft aufbaut, springt Chris für ein Foto der Castroper Presse hinter die Rohrsäulen des Bühnendachs und haut einen raus: »Chris hinter Gittern, wenn ich das mal so sagen darf, ihr seid mir sicher nicht böse, man muss ja auch mal einen Witz machen können ...«

Zu meinem persönlichen Höhepunkt wird jedoch der Besuch des Fußballspiels Knastis vs. Promis. Um zum Platz zu gelangen, muss eine Kanalbrücke überquert werden, und offenbar verlangt dieser Zugang nach einer besonders scharfen Kontrolle. Hier wird die Gefangenenspreu per separatem Stempel vom Freienweizen getrennt. Als ich an die Reihe komme, verpasst mir der Aufseher umstandslos die für die Insassen vorgesehene Kennung.

»Das muss ein Irrtum sein«, sage ich ein wenig eingeschüchtert. Aber unterm Hemd schwillt mir im selben Moment die Brust. »Die haben mich für einen harten Jungen gehalten«, sagt eine innere Stimme, drei Oktaven tiefer als die von Charles Bronson. »Der Kerl hatte Angst vor mir!«

Erstaunlich, was eine abgewetzte Lederjacke und ein Dreitagebart aus einem seriösen Journalisten machen können. Seltsam auch, woran Männer ihr Selbstbewusstsein aufhängen.

In der Prominentenmannschaft erkenne ich nur den Ruhrpott-Kabarettisten Hans Werner Olm. Der lässt sich jedoch schon nach wenigen Aktionen wieder auswechseln und hängt dann schwer atmend neben mir. Sein Bühnencharakter Luise Koschinsky würde ihn zur Schnecke machen für die maue Vorstellung. Der ebenfalls professionelle Kommentator steht in bayrischen Lederhosen am Spielfeldrand und imitiert Franz Beckenbauer. Aber sein bester Gag ist es, die Knastmannschaft konsequent »Gastgeber« zu nennen. Während diese im Dortmunder Schwarz-Gelb auftreten, präsentieren sich die Promis im Blau-Weiß von Bochum und Schalke.

»Come on, Schwarz-Gelb«, schreit der hagere Junge zu meiner Rechten. Das Fahrige in seinen Bewegungen, sein zerhacktes Gerede und der so stiere wie leere Blick kennzeichnen ihn als Exjunkie und Methadonpatienten. Schwankend und ausgezehrt steht er zwischen zwei fülligen Frauen mit großen Brillen und vielfarbigen Fönfrisuren.

»Deine Mutter müsste dir eigentlich rechts und links eine ballern für die Scheiße, die du immer baust«, sagt die mit der Leopardenjacke.

Der Junge beugt sich zu seiner Mutter herunter, ganz nah, Nase an Nase, und spannt ihre Augen in den Schraubstock seiner drogenbefeuerten Blickzange: »Die Zeiten sind aber so was von vorbei, hab ich nicht recht, Mutter?!«

Die Frau zeigt sich von diesem Auftritt nicht im Geringsten eingeschüchtert: »Lass ihn doch, Margot«, sagt sie an ihrem Sohn vorbei, »kann er doch alles nix für. Meine Älteste ist genauso, die kriegt auch nix auf die Reihe. Nur mein Christian, aus dem wird mal was. Der geht den geraden Weg.«

Hans Werner Olm schüttelt den Kopf, der Junge reißt die dürren, fleckigen Arme hoch. Schwarz-Gelb hat den Ausgleich zum 2:2 geschossen, kurz danach folgt der Abpfiff des Schiedsrichters. Die Mutterfreundin lässt nicht locker: »Milchbubi, du«, sagt sie, »du hast doch nur zehn Monate. Mein Mann sitzt seit 13 Jahren!«

Aber der Junge winkt nur ab. Er scheint nun wieder ganz woanders zu sein. Seine bislang vor Wut spuckende Stimme wird weich, als er, die Augen noch immer auf den Platz gerichtet, sagt: »Meine Mutter ist Herz, verstehst du. Mein Papa würde mich nie im Knast besuchen, da ist der knallhart. Aber meine Mutter ist komplett Herz.«

Bevor meines mir bricht, mache ich mich auf den Rückweg. Plötzlich glaube ich überall Mütter zu sehen, die ihre auf die schiefe Bahn geratenen Söhne im Arm halten. Ein trauriges Bild, gegen das keine Erbsensuppe hilft. Hinter den Werkhallen starten die »Blue Knights« ihre Maschinen und verabschieden sich mit Leder, Chrom und Geknatter. Auch die Bühne ist verwaist, Chris Alexandros hat das Feld geräumt. Am Ausgang werde ich durchgewinkt wie ein akurater Familienvater, ohne dass mir ein Zacken aus der Krone meiner Männlichkeit bricht. Diese offene Tür wird sich in weniger als einer Stunde wieder schließen und kaputte Familien, Träume und Ohrläppchen zurücklassen. Mal sehen, was in der *Marktklause* läuft.

∗

Schon von draußen höre ich die um Inbrunst bemühte Stimme einer Frau, ein lateinisches Kirchenlied singend. Dann sehe ich sie vor mir: wirre Haare, indischer Schmuck und ein langes Batikkleid mit eingenähten Spiegelchen.

So ein Dixit Dominus gehe viel tiefer als der »Schrott«, der da gerade aus dem Radio kommt, sagt sie. Ob sie weiß, dass das Elvis ist?

Die Frau trinkt Rotwein, der Mann neben ihr Apfelschorle. Und dementsprechend schweigsam ist er auch. Ganz anders als der Typ mit den beiden Ladys am Fenstertisch: »Ich spiele in letzter Zeit gern Minigolf mit der Hand. Da roll ich den Ball einfach los, und wo der liegen bleibt, mach ich weiter.«

»Auf so 'ne Schwachmatenidee können aber auch nur Männer kommen«, sagt die Frau mit der extrem tiefen Stimme. »Ich hab sowieso genug von Schwanzträgern, ich werd lesbisch.«

»Wie eklig«, entgegnet ihre Freundin, die seit Minuten ihre Ernte 23 streichelt. In der Folge erweist sie sich als Fachfrau für Wortspiele, Alliterationen und Koprophilie. Wenn sie von einem Betrunkenen erzählt, war der »voll wie 'n Fußball«. Wenn sie sich über etwas aufregt, sagt sie »Alter Falter, da krieg ich 'nen Kackreiz«, und setzt nach: »Aber so was von!«

In Eckernförde schenkte man vor 500 Jahren ein Bier mit dem sprechenden Namen »Cacabella« aus – das hätte ihr vermutlich gefallen. Der Mann, zwischen zwei Gläschen Korn, will ihr mit F. W. Bernstein imponieren: »Die schärfsten Kritiker der Elche waren früher selber welche.« Leider verhunzt er den Spruch zu »Die schlimmsten Elche waren früher selber welche« und raubt ihm damit, nun ja, einiges.

Aber die Damen stört das nicht sonderlich. Inzwischen gehen sie beide fest davon aus, dass Männer nichts taugen.

»Wenn ich rauchen bin und einer meinen Hocker nimmt«, dekretiert die Baritonfrau, »dann muss der danach wieder aufstehen. Und wenn dat Brad Pitt wär!«

»Den Brad kannste dir meintwegen sowieso dahin schieben, wo nie die Sonne scheint«, sagt die Koprophilistin, »ich steh mehr auf Leonardo DiCaprio.«

Dann greifen sie nach ihren Zigarettenschachteln und schieben sich aus der Bank.

Der Daddelautomat spuckt im Takt von Rod Stewarts »Baby Jane« ein paar Münzen aus. Es riecht nach frischem Spülwasser, solide gehopftem Bier und altem Holz. Ein wenig auch nach wechselbedürftigen Kleidern und dem kalten Rauch heiserer Kehlen, aber das ist allemal angenehmer als meine fliederverseuchte Wohnung bei den Kaspereks. Außerdem stehe ich kurz vor dem Ende meiner Kneipenodyssee, da sollte man alles mitnehmen, was auf dem letzten Wegstück liegt. Um mich für den anstrengenden Tag zu entschädigen, bestelle ich einen Korn zum Pils.

»Gestern ging's bis vier, und jetzt steh ich seit sieben heut Morgen schon wieder hier«, erzählt mir Therese, die Wirtin. Es klingt wie eine Entschuldigung für irgendetwas, über das ich mich nie beschweren würde. Auf ihre alten Tage hat sie sich noch ein Tattoo in den Unterarm stechen lassen: drei verschlungene Blumen, denen jeweils ein Buchstabe als Stempel heraussteht.

»Das ist mein eigener Vorname, der von meinem Sohn, und das P ist für meinen neuen Freund Paul, wir sind erst seit zwei Wochen zusammen.«

»Und wenn das nicht so richtig lange hält mit euch beiden?«, frage ich.

»Kein Problem«, sagt sie, »dann mach ich unten 'nen kleinen Strich dran und dann heißt das Ralfi. Und bevor du fragst: Ralfi ist mein Hund.«

Um den Schlafmangel und die lange Schicht zu kompensieren, hat sie offenbar ordentlich mitgebechert über die Stunden. Auf und hinter der Theke stehen mehrere angetrunkene Gläser Schnaps und Bier, an denen sie sich immer wieder zu schaffen macht. Auch ihre Gästeschar scheint vom Vollmond verfolgt, anders ist die gefährlich zwischen Karneval und Apokalypse schwankende Stimmung hier nicht zu erklären. Wo die Theke einen Knick zur Wand hin macht, sitzt ein im Halbschlaf schwankender Alter, der immer wieder dieselben Worte vor sich hin lallt: »Aber mein Inge wollte dat ja nich.« Neben ihm krallt sich jener junge Kerl an sein Glas, den alle Qualle nennen. Egal in welcher Castroper Kneipe ich war, früher oder später kam Qualle durch die Tür. Und flog auch sofort wieder raus, weil er zu betrunken war, um sich zuverlässig auf den Beinen zu halten. Auch heute ist Qualle schon drei Mal in sich zusammengesackt. Dann hockt er auf den Kacheln, hilflos, und sagt jedes Mal: »Ich hab euch da was hingelegt.«

In einem Song von Willy de Ville spielen Spanish Jack und Gentleman Jim eine Runde Poker. Letzterer bescheißt, deshalb tragen sie die finale Runde auf der Straße aus. Jack erschießt Jim, und an der Stelle, wo es um die Beseitigung der Leiche geht, heißt es: »He was so full of lead, it took six men to move him over.« Verlöre er da unten das Bewusstsein, der megadicke Qualle, bekämen ihn auch keine acht Mann von der Stelle bewegt.

Als ich mich schon damit abgefunden habe, mein Bier hier trotz allen Trubels allein zu trinken, sitzt plötzlich der Automatenspieler neben mir. In seiner Rechten klingeln die Zweieuromünzen, in der Linken das Handy. Aber er würgt es ab.

»Die eine Woche Urlaub hat mir überhaupt nicht gutgetan«, sagt er zur Begrüßung. Ein erstaunlicher Anfang, schließlich haben wir noch nie miteinander geredet. Und von seinem Urlaub weiß ich dementsprechend erst recht nichts. Aber noch erstaunlicher an diesem Satz erscheint mir der Vorwurf, der darin mitschwingt. Im Laufe meines Castrop-Aufenthalts war ich vier Mal in der *Marktklause*, stets zu ganz unterschiedlichen Zeiten. Aber immer habe ich Thorsten angetroffen, zuverlässig auf seinem Hocker vor dem Automaten. Kein Wunder eigentlich, wenn er im Urlaub unruhig wurde.

»Wo warst du denn?«, will ich wissen.

»In Cuxhaven, aber frag mich nicht nach Sonnenschein.«

»Kennst du einen Hubi?«

»Den Gehängten-Hubi? Klar! Deswegen ja.«

Aber anstatt sich mit mir weiter über unsere Cuxhavener Abenteuer zu unterhalten, wirft er den Kopf in den Nacken, greift nach seinem Pils und stellt es auf der Stirn ab. Die sehr spezielle Form seines Schädels mag nicht jeder Frau Sache sein. Aber sie ermöglicht es ihm, ein Glas so sicher zu balancieren, als sei es dort oben festgeschraubt.

»Kuck ma«, sagt er immer wieder zu Therese, »kuck ma.« Und obwohl sie gelangweilt abwinkt, erhebt er sich samt Stirnglas von seinem Hocker und beginnt einen schlangenartigen Tanz. Ein paar Gäste – die, die neu hier sind – klatschen Beifall. Der Rest lacht. Irgendwann greift er vom Hinterkopf her nach dem Glas und trinkt es leer – der Stunt ist vorbei, seine Wiederholung gewiss.

»Alles gut?«, fragt Therese.

»Alles wird gut, ja«, sagt der Thekenhocker mit der Baskenmütze. Unter der Kopfbedeckung fällt ihm ein Flechtzöpfchen von der linken Schulter bis auf die Brust. Darunter trägt er eine Hochwasserhose, weiße Frotteesocken und ein Paar blauer Kunstledersandalen, die ihre besten Jahre in den 1980ern hatten. Ich weiß nicht, ob ich mich verbeugen soll vor so viel Nonchalance, vor so viel Leckt-mich-am-Arsch. Oder ob ich dem Mann einfach ein Bier hinstelle? Aber da hat er die Augen bereits geschlossen, um sich für die nächste halbe Stunde seiner Luftmundharmonika zu widmen. Kaum hat ein neuer Song begonnen, legt er auch schon die zur Mulde geformte Linke vor den Mund, während die Rechte das Tremolo übernimmt.

»Alles klar auf der Andrea Doria«, singt Udo Lindenberg irgendwann. Thorsten tanzt mit dem Stirnglas zur Luftharp, während die Batikbraut einen Fluch über die Popmusik durchs Karree schickt. Ihr stummer Begleiter prostet ihr mit seiner Apfelschorle zu, Rücken an Rücken mit dem kleinen Rentner, der seine widerspenstige Inge betrauert.

Auf dem alten Castroper Zechengelände steht heutzutage ein keltischer Baumkreis. Die Eberesche will die Welt verschönern, heißt es dort, und die Birke sorgt sich gern um andere. Während Thorsten die Eberesche gibt, versuche ich mich an der Birke: Als Qualle zum vierten Mal zu Boden geht, hieve ich ihn hoch und bugsiere uns beide durch die Tür. Auf dem Bürgersteig entlasse ich ihn vorsichtig aus meiner Umarmung und sehe ihm hinterher, wie er sich zur nächsten Kaschemme schleppt. Grell leuchten die Straßenlaternen und scheinen den schwarzen Asphalt dennoch nicht zu erreichen. Auf dem Seitenstreifen erstirbt die Lichtanlage eines eingeparkten Autos. Qualle wird zum Strich und dann zum Punkt. Schließlich verschluckt ihn ein Eingang.

4711

Köln

In St. Lambertus hatte ich eigentlich nur eine Kerze aufstellen wollen – als Dank an seinen heiligen Kollegen Gambrinus für 100 erfüllte Tage. Oder 100 volle, wie man's nimmt. Aber dann stieg dort ausgerechnet an diesem Morgen das Jubiläumskonzert zum Zehnjährigen des Castroper Kirchenchors. Von überall her strömten festlich gekleidete Menschen herbei. Der Weihrauch waberte so dicht wie damals im Knast der Kippenqualm. Ätherische Öle benebelten meine Synapsen, ich sank in meine Bank wie ein Toter.

»Lambertus heil'ger Schutzpatron, du großer Gottesmann/ schau aus dem Reich der Herrlichkeit in Lieb auf uns herab«, sang der Chor. Ich hob den Kopf, und mir war, als sähe Lambertus mich an. Er schüttelte den Kopf, resigniert.

Ein wenig betrübt, aber zugleich geläutert trat ich ins Freie. Das Gekrächze aus der gegenüberliegenden Kneipe erschien mir plötzlich lasterhaft. Durch die offene Tür konnte ich das Würfelbrett sehen, anscheinend wurde da gerade ein Schock-Aus begossen. Große und kleine Gläschen bevölkerten den Tresen. Es ist immer wieder erstaunlich, wie abtörnend ein Getränk des Morgens wirken kann, obwohl man es gerade am Vorabend in vollen Zügen genossen hat.

Noch ganz in meine Andacht versunken, habe ich nun auch gewisse Schwierigkeiten mit dem verhaltensauffälligen Berber im Castroper Bahnhofscafé. Warum sucht der ausgerechnet meinen Blickkontakt und gibt mir mit seinen fingerfreien, nietenbesetzten Lederhandschuhen die Teufelshörnchen? Trägt man nach drei Monaten Kneipentour so eine Art Kainsmal auf der Stirn, das nur Artgenossen erkennen? Der geheimnisvolle Wissenschaftler de Selby aus Flann O'Briens »Drittem Polizisten« behauptet, jeder fleißige Fahrradfahrer werde früher oder später selbst zu einem Fahrrad – wegen des Molekülaustauschs. Demgemäß müsste mir inzwischen ein Kronkorken aus dem Scheitel wachsen.

Ich nicke der Schnapsnase kurz zu und sehe dann schnell aus dem Fenster. Mit Zutraulichkeiten solchen Jungs gegenüber halte ich mich seit meinem Bootstrip mit Eddy aus Bremerhaven zurück. Aber der Kerl hat ohnehin längst jemand anders im Visier und kräht nun wie ein aufgebrachter Rabe nach dem Kellner.

»Da«, zeigt er auf seine randvoll mit Kaffee gefüllte Untertasse, »kuck dir mal die Schweinerei an.«

»Das waren Sie doch selbst!«, gibt der Angestellte zurück. »Und seit wann duzen wir uns?«

Der Berber mosert weiter. Mit seinen ausgeprägten roten Wangenknochen und der langen Nase sieht er aus wie eine Kasperlefigur. Die noch funktionierenden Abteilungen seines Kopfes arbeiten offensichtlich nicht gerade Hand in Hand. Aber sie erzeugen ein ziemlich lustiges Chaos. Während er mir wiederholt zuzwinkert, schiebt er sich sein Beiplätzchen in den Mund und wankt auf mich zu.

»Wo kommst du her?«, fragt er.
»Aus Köln.«

»Schön, der Dom. Viele Kirchen. Ich habe lange in Bamberg gelebt. Würde gern mal wieder ein Rauchbier trinken. Aber da kann ich mich nicht mehr blicken lassen.«

Dann macht er abrupt kehrt und stapft zum Verkaufstresen, wo er sich vor zwei hungrige Reisende drängelt und dann aufbaut wie ein Preisboxer: »Alle kriegen einen Keks, nur ich nicht.«

»Sie haben Ihren Keks doch längst gegessen!«, empört sich die Buffetkraft.

»2 Euro 70 für einen Kaffee, und dann ist da nicht mal ein Keks bei?«

Ich verlasse das Café nach hinten raus und suche mir eine windstille Ecke auf dem Bahnsteig. Zwei Stunden später nähert sich mein Zug dem Kölner Hauptbahnhof.

Ich bin ein bisschen nervös. Wandergesellen sind mindestens zwei Jahre auf der Walz, bevor sie ihre Heimatstadt wieder betreten dürfen. Bei mir sind es gerade einmal 100 Tage, die ich fort war. Dennoch schließe ich nicht aus, dass der Dom nur noch einen Turm in den Himmel streckt, der Rhein inzwischen rückwärts fließt und, nun ja, der FC die Champions League gewonnen hat.

Beim Ausstieg suche ich als Erstes die riesige 4711-Reklame am östlichen Dachabschluss. Da hängt sie – wie eh und je und Gott sei Dank. Ein gelb liniertes Karree weist den Raucherbereich aus, der junge Drum-Dreher schnippt seine Asche mit dem Ringfinger weg. Im Bahnhofsbauch echauffiert sich ein Kunde: »Die Soße ist ja gelb! Aber scharf muss rot!«

»Bei uns ist scharf gelb«, gibt der asiatische Wok-Künstler trocken zurück.

Das alte Römertor auf der Domplatte wird von einer Bibelgruppe belagert. Die Mitglieder laufen als Werbesandwich umher, es geht um die ewige Wahrheit. Vorbei an diversen Statuen im Clown- und Römerlook zickzacke ich durch die Touristenströme, bevor es am Heinzelmännchenbrunnen etwas ruhiger wird.

Der Anblick der fleißigen Zwerge hilft mir beim Verschnaufen. Der Legende nach sollen sie einst all die Arbeiten erledigt haben, die den faulen Kölnern zu viel waren. Auch ich habe in den letzten drei Monaten den lieben Gott einen guten Mann sein lassen und alles auf die Heinzelmännchen gesetzt. Was mit Ostfriesischer Bohnensuppe begann, endete mit Gehängtem, Eiergrog und Red-Bull-Mariacron, mit mordsmäßigen Haxen, Killerburgern und einer Erbsensuppe im Knast. »Das ist das pralle Leben hier«, hatte der Kopfoperierte aus Helmstedt gejubelt. So komisch der Satz damals wirkte, so sehr vermisse ich jetzt schon, was dahintersteckt. Ich habe Deutschland am Tresen kennengelernt und festgestellt: Das ist nicht der schlechteste Ort, um von sich weg und zu sich selbst zu kommen. Eigentlich müsste man die ganze Tour noch einmal rückwärts machen. Und wenn ich's recht bedenke: Die Bahncard ist noch ein paar Monate gültig.

In der Budengasse hat der kleine irische Pub geöffnet, in den ich manchmal auf ein Guinness einkehre. Charlie steht heute selbst hinterm Tresen und winkt mir durch die Scheibe zu. Plötzlich passt alles zusammen. Die Sonne lacht, ein kleines Kind leckt an seinem großen Erdbeereis. Unten vom Rhein her fliegt eine Möwe gen Dom, und auf dem Rathausplatz parkt die geschmückte Limousine eines Hochzeitspaares. Es ist 20 Minuten nach eins.

Kein Bier vor vier?

Na ja, das sollte man wohl nicht so eng sehen.

Damit sich nicht womöglich jemand auf den Schlips getreten fühlt, wurden einige Namen verändert. Auch der von Frau Pohl.

Ich bedanke mich bei allen Kneipiers, Kellnern und Kellnerinnen, die mich während dieser 100 Tage versorgt haben. Menschen wie Aale Peter, Ina, Titus und die tätowierte Therese machen aus 20 Quadratmetern eine Welt – großartig. Mein besonderer Dank gilt Pete McCarthy (1951–2004), dem Autor des Buches »McCarthy's Bar«.